바보야,
문제는 사업화야!

바보야,
문제는 사업화야!

발행일 2025년 10월 15일
지은이 김재수 김찬호 김명환 허성직
펴낸이 모두출판협동조합(이사장 이재욱)
펴낸곳 모두북스
표지 김성환
디자인 디자인플러스

ⓒ 김재수 김찬호 김명환 허성직, 2025

등록일 2017년 3월 28일
등록번호 제 2013-3호
주소 서울 도봉구 덕릉로 54가길 25 (창동 557-85, 우 01473)
전화 02)2237-3301, 02)2237-3316
팩스 02)2237-3389
이메일 seekook@naver.com

ISBN 979-11-89203-64-1 (03320)

*책값은 뒤표지에 씌어 있습니다.

바보야,
문제는 사업화야!

김재수, 김찬호, 김명환, 허성직 공저

MODOOBOOKS

> 추천사

지속 가능한 혁신을 위한 실천 로드맵

이태호 / 삼천리 사장, 한국공인회계사

"측정할 수 있는 것은 관리할 수 있고, 관리할 수 있는 것은 혁신할 수 있다"는 원칙은 단순한 경영 철학이 아닙니다. 그것은 지속가능한 혁신을 위한 실천 로드맵입니다.

기술은 단순히 개발되는 것으로 끝나지 않습니다. 진정한 가치는 그 기술이 어떻게 수익으로 전환되고, 조직의 미래 경쟁력으로 연결되는가에 달려 있습니다.

『수익 맵(Return Map)』은 기술의 경제적 가치를 정량적 시각과 체계적 구조로 해석함으로써, 기술혁신의 성과를 측정하고 관리하며, 궁극적으로 혁신으로 이어지게 하는 실질적인 방향을 제시합니다.

"측정은 조직의 거울이고, 혁신은 그 거울 속 자신을 마주하고 행동하는 용기"입니다. 이 책은 그 거울을 세우는 방법을 알려주고, 그 앞에 설 용기를 북돋아 줍니다.

기술 기획자에게는 전략적 판단의 프레임을, 사업화 실무자에게는 실행 가능한 구조와 도구를 제공합니다. 기술개발이 투자로 끝나지 않고, 측정 가능한 수익성과 지속 가능한 혁신으로 연결되는 여정을 고민하는 모든 이들에게 이 책을 강력히 추천합니다.

> 추천사

사업화와 성과 창출까지 이어지는 실전 전략

김석원 / 한국자동차부품협회 명예회장

　오늘날 산업 현장은 빠르게 변하고 있으며, 특히 자동차산업처럼 경쟁이 치열한 분야에서는 변화에 뒤처지는 순간 생존조차 위태롭습니다. 수십 년간 자동차 부품 산업의 최전선에서 중소기업들과 함께하며, 성공의 열쇠는 '혁신을 체득했느냐'에 달려 있다는 사실을 절감해 왔습니다.

　혁신은 단순히 새로움을 추구하는 것이 아니라, 가장 앞선 방법을 찾아내고 자기 것으로 만드는 체질화의 과정입니다. 삼성전자도 처음엔 중소기업이었지만, 선진 방식을 내재화해 오늘의 자리에 올랐습니다. 반면 많은 기업들은 여전히 후진적 체제에 머물러 있습니다.

　《바보야, 문제는 사업화야!》는 이러한 현실을 직시하며, 기술개발을 넘어 사업화와 성과 창출까지 이어지는 실전 전략을 제시합니다. 중소기업이 유한한 자원을 효과적으로 활용하고, 시장에서 살아남는 힘을 기를 수 있도록 돕습니다.

　이 책은 자동차산업뿐 아니라 모든 제조업 중소기업이 '혁신의 길'을 배우고 실천하는 데 필요한 길잡이가 될 것입니다. 변화의 방향을 고민하는 모든 기업인에게 자신 있게 추천합니다.

> 추천사

연구개발이 어떻게 수익으로 연결될 수 있는가?

현병환 / 대전대학교 교수

한국계 미국 작가 이민진은 『파친코』에서 "한국인들은 자신을 더 약하다고 느끼기 때문에 힘을 가지기 위해 항상 공부하고 일하는 사람들"이라고 말했습니다. 또 "한국인은 자기 생각을 말로 다 표현하지 않지만, 언제나 몸짓으로 행동으로, 묵묵히 자신을 길을 개척해 나가는 이들"이라고 했습니다.

《바보야, 문제는 사업화야!》는 바로 그런 한국인의 기술혁신 여정을 조망합니다. 겉으로 드러나지 않지만 끊임없이 고민하고, 조용히 그러나 치밀하게 움직이는 이들의 노력, 즉 연구개발(R&D)이 어떻게 수익으로 연결될 수 있는가에 대한 실천적 지도를 제기하는 책입니다.

대학에서 기술이전과 사업화 교육을 담당해온 입장에서 보건대, 이 책은 단지 개념서가 아닌, 현장의 고민에 응답하는 실천적 프레임입니다. 기술개발 성과를 '이전 가능한 가치'로 전환하고, 시장과의 접점을 구체적으로 설계할 수 있는 전략적 도구가 담겨 있습니다.

특히 "기술은 좋은데, 왜 안 팔릴까"라는 산학협력 담당자와 연구자들의 근본적인 질문에 대해 이 책은 정책, 제도, 시장의 언어를 통합한 구조적 해답을 제시합니다. 기술과 수익 사이의 간극을 메우려는 이들, 정책과 현장 사이에서 길을 찾고 있는 이들에게, 이 책은 강력하고 명확한 나침반이 될 것입니다.

추천사

'수익을 설계할 줄 아는 역량' 제공

이광근 / (사)한국창업보육협회 회장

그동안 수많은 예비창업자와 초기기업을 만나며, '기술'보다 더 절박한 것이 '사업화'라는 사실을 현장에서 체감해왔습니다. 《바보야, 문제는 사업화야!》는 바로 그 간극을 메우기 위한 치열한 고민의 결과입니다.

이 책이 제시하는 '수익 맵(Return Map)'은 창업자가 가진 기술 아이디어가 실제 시장성과 수익으로 이어지는 과정을 시각적으로 분석하고 실행 가능한 전략으로 전환해주는 강력한 도구입니다.

창업보육 현장에서는 특히 수많은 초기 창업자가 '어디에 집중해야 하는가?'를 몰라 헤매는 경우가 많습니다. 이 책은 그들에게 명확한 방향을 제시합니다.

작은 기업일수록 전략이 필요하고, 창업이라는 여정이 불확실할수록 수익을 설계하는 도구가 절실합니다. 《바보야, 문제는 사업화야!》는 창업보육기관과 초기 창업자 모두에게 '수익을 설계할 줄 아는 역량'이라는 새로운 기준을 제공합니다.

"같은 일을 되풀이하면서 다른 결과가 나오기를 기대하는 것만큼 어리석은 일은 없다."

알베르트 아인슈타인의 말처럼, 지금이야말로 새로운 방식이 필요한 시점입니다. 그 출발점이 바로 이 책이 되기를 기대하며, 진심으로 추천합니다.

> 발간사

R&D 사업화 현장의 기업과 조직을 위한 실용적 안내서이자 전략서

기술이 곧 기업의 미래를 결정짓는 시대이다. 수많은 기업이 기술개발에 막대한 자원을 투자하며 경쟁력을 확보하려 애쓰고 있지만, 그 기술이 시장에서 실질적인 성과로 이어지는 경우는 그리 많지 않다. R&D가 곧 성공이라는 등식은 더 이상 성립하지 않는다.

오늘날 우리가 직면한 진짜 과제는, 기술을 '가치'로 연결하는 실행력, 다시 말해 R&D 사업화 혁신 역량이다. 기술을 보유하는 것에 머무르지 않고, 그 기술을 전략화하고, 시장과 연결하고, 재무적·사회적 성과로 확산시키는 전 과정을 조직이 어떻게 수행할 수 있느냐가 관건이다.

이 책은 R&D 사업화의 현장에 있는 기업과 조직을 위한 실용적 안내서이자 전략서이다. 기술, 마케팅, 법률, 운영, 조직, 재무라는 여섯 가지 핵심 영역을 기준으로, 기업이 안고 있는 보이지 않는 약점들을 사전에 진단하고, 실질적인 대응 전략을 수립할 수 있도록 설계되었다.

특히 기업이 간과하기 쉬운 '치명적인 약점(deadly weakness)'을 조기에 포착하여, 실패를 줄이고 성공 가능성을 높일 수 있는 실행중심 도구로 활용되기를 기대한다.

또한 이 책은 R&D 투자성과를 보다 정교하게 진단하고 조망할 수 있는 '수익 맵(Return Map)' 시스템의 적용 방법도 함께 소개하고자 한다. 수익 맵은 단순한 성과평가 수단이 아니라, 기업의 R&D가 어떤 경로를 통해 수익과 사회적 가치로 환원되는지를 구조화해 보여주는 전략적 설계도이다.

혁신은 관리에서 나오고, 관리는 가시화에서 시작된다. 이 시스템은 기업이 R&D 투자의 흐름과 파급력을 입체적으로 파악하고, 보다 정교한 투자 결정을 내릴 수 있도록 도와줄 것이다.

우리는 흔히 "측정할 수 없으면 관리할 수 없고, 관리할 수 없으면 혁신할 수 없다."라는 말을 들어왔다. 그러나 저자들은 이 책을 통해 그러한 정량주의의 고정관념을 뛰어넘는 새로운 길을 제안하고자 한다. 혁신은 때때로 숫자 너머에서 태어난다. 실천의 현장에서는 수치로 잡히지 않는 가능성과 감각, 통찰이 더 큰 영향을 미친다.

이 책이 측정할 수 없는 것을 무시하지 않고, 오히려 그것을 발견하고 길러내는 통합적 시야를 제공하는 전환점이 되기를 간절히 염원합니다.

이 책은 오랜 세월 R&D 사업화 모델을 연구해온 저자들의 작지만 깊은 꿈의 결실이기도 하다. 기술이 사회를 바꾸는 도구가 되려면, 반드시 그 길목에서 기술과 시장, 사람을 연결해줄 안내자가 필요하다. 이 책이 바로 그런 안내서가 되기를 바란다..

"SOME PEOPLE DREAM, SOME PEOPLE DO."

기술을 상상하는 데 그치지 않고, 그것을 실현하는 사람들과 함께 미래를 움직이는 혁신의 여정에 이 책이 작은 불씨가 되기를 희망해 본다.

2025년 9월
저자 일동

차례

[추천사]
4 이태호/ 지속 가능한 혁신을 위한 실천 로드맵
5 김석원/ 사업화와 성과 창출까지 이어지는 실전 전략
6 현병환/ 연구개발이 어떻게 수익으로 연결될 수 있는가?
7 이광근/ '수익을 설계할 줄 아는 역량' 제공

[발간사]
8 R&D 사업화 현장의 기업과 조직을 위한 실용적 안내서이자 전략서

[Intro] R&D 사업화 혁신

20 R&D 사업화 혁신의 길로 들어가며
  왜 R&D 사업화의 혁신은 측정에서 시작되는가?
  R&D 사업화 활동의 측정 가능한 지표들
  측정이 불러오는 관리와 혁신의 선순환
  국내외 R&D 관리와 혁신 사례
  도전과 과제
  마무리하며

[제1부] 바보야, 문제는 사업화야!

28 바보야, 문제는 R&D가 아니라 사업화야!
  기술개발에서 가치 창출로 가는 여정
  기술개발의 함정: 완성은 했으나 팔 수 없다
  기술은 시작일 뿐, 진짜 싸움은 시장에서 일어난다
  성공과 실패를 가르는 보이지 않는 요소들
  R&D 사업화를 위한 시스템의 전환이 필요하다
  수익 맵(Return Map)의 관점에서 본 R&D 사업화
  마무리: 기술개발 자체가 R&D의 성공일까?

38 　**기술사업화와 R&D 사업화는 같은 말이 아니다**
　　　기술을 어떻게 시장과 연결하느냐의 문제
　　　기술사업화는 '기술 중심의 이전', R&D 사업화는 '성과 중심의 실현'
　　　기술사업화는 '기술 언어', R&D 사업화는 '시장 언어'
　　　마무리: 구분은 목적이 아니라 연결을 위한 출발점

42 　**좋은 기술이 시장에서 실패하는 이유**
　　　올림포스에서 내려다본 시장-좋은 기술의 몰락에 대한 신들의 관찰
　　　나르시스의 함정: 기술의 자만이 불러온 실패와 그 돌파구
　　　이카루스의 추락: 과도한 욕심과 폐쇄성이 만든 기술 실패
　　　아킬레스의 발꿈치: 기술적 결함이 만든 실패의 그림자
　　　시지프스의 언덕: 끝없는 노력, 그러나 미비한 성과

58 　**기술만으로 창업이 유효한 경우는 단 3%**
　　　기술의 착각과 3%의 공식, 나머지 97%가 실패하는 이유
　　　기술만 있으면 되는 줄 알았다
　　　왜 기술 중심 창업은 실패하는가
　　　기술은 필요조건일 뿐, 충분조건이 아니다
　　　단 3%만이 기술로 유효하다
　　　나머지 97%는 기술 이후를 준비해야 한다
　　　마무리, 진짜 창업은 기술 이후에 시작

63 　**혁신 창업은 고객의 인지 흐름을 설계하는 일이다**
　　　제품 중심에서 '느끼고 반응하는 흐름' 중심으로의 전환
　　　제품 중심 창업의 한계: 왜 실패하는가?
　　　고객의 인지 흐름이란 무엇인가?
　　　기술 창업과 혁신 창업의 사고방식 차이
　　　고객의 인지 흐름을 설계한 사례들
　　　혁신 창업자가 던져야 할 다섯 가지 질문
　　　마무리: 새로운 흐름을 설계하는 혁신 창업

69 　**시장은 기술이 아니라 흐름에 반응한다**
　　　혁신은 기술이 아니라 타이밍, 맥락, 그리고 감각적 공명의 문제
　　　혁신은 결국 기술이 아니라, 그 흐름과의 공명 속에서 완성된다.

　　　　　기술보다 더 중요한 맥락의 힘
　　　　　감각적 공명이 만들어 내는 시장 반응
　　　　　왜 기술은 따라잡히지만, 흐름은 선점이 되는가?
　　　　　마무리: 시장은 움직인다

74　**기술의 길을 여는 사람들**
　　　　　에반젤리스트의 진화와 필요성
　　　　　기술 에반젤리스트: 기술의 가치를 전파하다
　　　　　기술사업화 에반젤리스트: 기술과 시장을 잇는 다리
　　　　　R&D 사업화 에반젤리스트: 연구에서 시장까지를 설계하다
　　　　　세 가지 에반젤리스트의 관계와 진화
　　　　　마무리: 기술의 가치를 실현하는 주체들

80　**"SOME PEOPLE DREAM, SOME PEOPLE DO."**
　　　기술의 시대를 살아가는 우리에게 전하는 실천의 메시지
　　　　　단순한 문장이 전하는 혁신의 철학
　　　　　'꿈꾸는 자'와 '실행하는 자'의 차이
　　　　　R&D 사업화(R&BD) 교육에서의 적용 맥락
　　　　　맥킨지의 진단: 왜 지금 'Doer'가 중요한가?
　　　　　이 문장을 뒷받침하는 이론과 문헌적 기반
　　　　　왜 지금 'Doer'가 중요한가?
　　　　　마무리: "기술을 넘어 실행하라"는 시대의 요청

85　**한국인의 문화적 특성과 R&D 혁신의 내재된 동력**
　　　　　침묵 속의 진군(進軍)
　　　　　문화적 자각: 스스로를 '약하다'고 느끼는 민족의 내면
　　　　　말보다 강한 행동의 민족: 비언어적 실천성과 기술개발의 추진력
　　　　　지시보다 자각, 그리고 자율의 혁신 DNA
　　　　　마무리: 조용한 혁명이 가능한 문화

[제2부] AI시대 R&D 사업화 혁신의 미래상

92   AI 시대 R&D 투자평가와 사업화 성공률 제고를 위한
수익 맵(Return Map)의 역할과 활용 전략

                 결과 중심이 아닌, 연결 중심의 시대
                 수익 맵(Return Map)의 개념과 기능
                 핵심 기능 1: 경제적 회수 가능성 예측
                 핵심 기능 2: 시장 유입 경로 및 전환 지점 가시화
                 핵심 기능 3: 기술 성과의 반복성 및 지속성 판단 지표 제공
                 AI와 수익 맵(Return Map)의 융합: 예측 기반 전략 도구로의 진화
                 수익 맵(Return Map)의 전략적 활용 방안
                 결론: 기술보다 중요한 것은 '기술의 흐름'을 읽는 힘

102   VPD 활용과 R&D 사업화의 미래: 디지털 혁신의 가속

                 실물 없이 시작되는 사업화의 시대
                 VPD의 개념과 기술적 구성
                 VPD의 핵심 기능
                 R&D 사업화에서 VPD의 전략적 가치
                 VPD와 AI의 융합: 지능형 사업화 플랫폼의 등장
                 적용 사례와 전망
                 마무리: 기술의 미래, 디지털과 데이터로 확장되다

111   AI와 R&D 사업화의 미래: 융합의 시대를 향하여

                 새로운 동력, AI와 사업화의 만남
                 AI가 재(再)정의하는 R&D 사업화의 흐름
                 AI와 R&D 사업화의 융합 시나리오
                 미래를 위한 준비: 전략적·제도적 제언
                 마무리: AI 시대의 R&D 사업화, 사람과 플랫폼을 잇다

120   디지털 전환과 R&D 사업화의 미래: 데이터 기반 혁신의 물결

                 디지털 전환, R&D 사업화의 새로운 조건
                 디지털 전환의 핵심 기술과 R&D 접점
                 디지털 전환이 R&D 사업화에 가져오는 변화

　　　　　디지털 전환 시대의 R&D 사업화 전략
　　　　　정책 및 제도적 과제: 디지털 기반 R&D 사업화를 위한 인프라 구축
　　　　　마무리: 디지털 중심의 R&D 사업화, 사람과 플랫폼을 잇다

131　AI 시대 R&D 사업화를 위해 넘어야 하는 '기술의 관문'과 '시장의 관문'
　　　　　기술이 뛰어나도, 사업화에 실패하는 이유
　　　　　기술의 관문: 실험실을 넘어서 현실로
　　　　　시장의 관문: 수요와 신뢰, 그리고 타이밍
　　　　　기술과 시장 관문의 통합 관점: '기술-시장 핏(GTM Fit)' 설계
　　　　　기술개발 → 시장 반응 분석 → 제품 포지셔닝 재설계: Data-Driven GTM 전략
　　　　　마무리: 관문은 허들이 아니라, 전략 포인트다

[제3부] R&D 혁신역량 진단

144　R&D 혁신역량의 진단과 R&D 사업화 성과의 결정
　　　　　사업화 성과 결정에서 '가장 부족한 것'은?
　　　　　최소량의 법칙: 가장 부족한 것이 결과를 결정한다.
　　　　　R&D 사업화 실패의 진짜 원인은 '보이지 않는 약점'이다
　　　　　진단이 필요한 이유: 약점을 모르고는 전환할 수 없다.
　　　　　진단은 전략의 출발점이다.
　　　　　마무리: 약점을 먼저 보라, 성공은 그다음 차례다.

151　기술은 있는데 왜 수익은 없을까?
　　　　　R&D 역량과 혁신역량의 차이
　　　　　R&D 역량과 혁신역량의 개념적 정의
　　　　　기능적 차이: 개발의 끝 vs. 실행의 시작
　　　　　조직 및 정책적 적용의 차이
　　　　　사례 비교: 특허 20건 vs. 수익화 1건
　　　　　마무리: 이제는 '기술 그 이후'를 말할 때

159　기술은 넘었지만, 시장은 못 넘는다
　　　　　무너진 혁신역량의 징후와 구조

　　　　　　R&D 혁신역량이 약화되는 주요 원인
　　　　　　혁신역량이 중요한 이유
　　　　　　마무리: 기술의 시대, 그러나 혁신의 실력은 다르다.

166　혁신은 진단에서 시작된다
　　　　　　약점을 전략으로 바꾸는 사업화 프레임
　　　　　　진단 방법의 장점과 한계
　　　　　　치명적인 약점에 대한 영역별 대응 전략
　　　　　　마무리하며: 시장·실행·수익을 위한 조직 역량

178　수치는 거짓말하지 않는다. R&D 혁신역량을 수치로 읽는 법
　　　　　　왜, 기업의 R&D 혁신역량인가?
　　　　　　창의성과 몰입을 이끄는 R&D 환경
　　　　　　지식 공유와 협업이 중심이 되는 R&D 시스템
　　　　　　변화에 적응하고 미래를 창조하는 기업의 핵심 동력
　　　　　　인재 유치와 기업 브랜드의 강화
　　　　　　R&D 사업화와 기업의 R&D 혁신역량
　　　　　　R&D 사업화를 위한 기업의 R&D 혁신역량 진단 방법
　　　　　　TEC 프로그램 기반
　　　　　　마무리: 수치는 조직의 전략 언어다.

[제4부] 수익 맵(Return Map), 혁신 설계도

200　수익 맵(Return Map)
　　　　　　기술에서 수익까지 혁신을 설계하는 지도
　　　　　　수익 맵의 이해
　　　　　　수익 맵의 핵심 지표
　　　　　　수익 맵이 던지는 다섯 가지 질문: 당신의 기술은 준비되어 있는가?

220　기술과 시장의 첫 만남: 시장 출시(Time to Market) 전략
　　　　　　기술과 시장 사이의 시간 차
　　　　　　TM(Time to Market)의 정의와 중요성

TM과 BEAR의 전략적 연결 고리
사례: A사의 TM 전략과 실행
TM을 단축하는 전략적 실행 요소
마치며: 기술의 생존력 = 빠른 시장진입

225 투자의 회수 시간(BET)
기술이 수익을 창출하기까지의 시간
R&D 투자: 기술 경쟁력의 씨앗
R&D 사업화: 기술을 시장으로 옮기는 가교
투자의 회수 시간 분석: 수익성과 생존의 분기시간
전략적 시사점
마치며: 기술은 시장의 언어로 번역되어야 제 역할

233 출시 후 투자의 회수 도달시간(BEAR)
기술의 진정한 성공
R&D 투자: 혁신의 씨앗을 뿌리다.
R&D 사업화: 기술을 사업 언어로 바꾸다.
시장 출시 후의 진짜 고지: BEAR(Break Even After Release)
BEAR을 고려한 R&D 사업화 전략
마치며: 기술의 성공은 출시 후 투자의 회수 시간(BEAR)에서 완성된다.

239 수익 계수(RF)
시장성 평가의 완성
R&D 투자: 미래를 위한 모험
R&D 사업화: 기술이 비즈니스로 변하는 과정
RF(Return Factor): 수익성의 객관적 지표
RF의 전략적 활용
마치며: 수치로 증명되는 R&D 사업화의 진정한 가치

245 수익 맵의 실제 활용 사례와 전략(Use Case)
성공한 기업의 수익 설계
HP 프로젝트: 수익 맵 적용 사례
작은 기업이 수익을 설계하는 법: 국내 중소기업 수익 맵 실천 사례
마무리: 전략은 감이 아니라 데이터다–수익 맵 기반 전략 수립과 의사결정

263 　수익 맵을 문화로 만드는 실행 방법: 수익 맵을 조직에 심는다
　　　　들어가며: 전략은 문서에 있지 않다.
　　　　수익 맵을 조직의 운영 원리로 내재화하기
　　　　기능별 역할을 정렬하는 전략적 지표
　　　　의사결정의 언어로 수익 맵 활용하기
　　　　'감(感)'이 아닌 '지표(指標)'로 협업하기
　　　　수익 맵 기반의 회의와 보고 체계
　　　　마무리: 전략이 문화가 되는 순간

270 　수익 이후의 전략: RF와 BEAR 이후를 설계하다
　　　　왜 많은 기술은 수익 이후 무너지는가?
　　　　수익은 곡선이 아니라 계단이다.
　　　　제품군 수익 맵 비교의 3가지 축
　　　　Return Factor를 제품군 전략의 지표로 확장하라.
　　　　이상적 제품군 수익 맵의 모습
　　　　마무리: 하나의 기술이나 제품이 아니라, '하나의 수익 구조'를 설계하라

280 　**참고문헌**

　　[에필로그] AI와 R&D 사업화의 미래

294 　기술은 지도가 필요하다!
　　　　R&D 수익 맵은 무엇인가?
　　　　바보야, 문제는 R&D가 아니라 사업화야!

297 　**저자 소개**
　　　　김재수
　　　　김찬호
　　　　김명환
　　　　허성직

INTRO

R&D 사업화 혁신

> "
> 혁신은 측정에서 시작된다.
> 측정되지 않는 R&D는 관리할 수 없고,
> 관리되지 않는 R&D는 혁신을 만들어낼 수 없다.
> "

R&D 사업화 혁신의 길로 들어가며

오늘날 기업들은 앞 다투어 R&D(Research & Development, 연구개발)에 투자를 아끼지 않는다. 기술이 기업의 생존을 좌우하고, 시장에서의 경쟁력을 결정짓는 시대이기 때문이다. 그러나 R&D에 아무리 많은 자원을 투입하더라도, 그것이 실질적인 혁신으로 이어지지 않는다면, 그 투자는 단지 숫자에 불과할 수 있다.

세계적인 경영학자 피터 드러커는 "측정할 수 없으면, 관리할 수 없고, 관리할 수 없으면 개선할 수 없다(If you can't measure it, you can't manage it. If you can't manage it, you can't improve it)."라는 말을 남겼다. 이 말은 R&D 사업화 혁신을 다룰 때 특히 절실하게 와 닿는 말이다. 혁신은 의욕만으로 이루어지지 않는다.

'측정 → 관리 → 혁신'이라는 선순환 구조가 반드시 필요하다고 하겠다. 기술개발은 복잡하고 불확실한 과정을 포함하기에, 성과나 진척 상황을 제대로 측정하지 못하면 전체 그림을 놓치기 쉽다. 결국 혁신도 이뤄지지 않는 결과를 낳기 때문이다. 기업이 성장과 경쟁력 확보를 위해 R&D에 대한 투자를 확대하고 있으나, 투자만으로 혁신이 곧바로 이루어지는 것은 아니다.

진정한 혁신은 R&D 자원의 전략적 운영, 조직문화, 기술 역량의 통합, 그리고 시장 수용성 등이 유기적으로 작동할 때 가능해진다. 이 장에서는 기업에서의 R&D 투자와 혁신성과 간의 관계, 그리고 혁신을 유도하기 위한 전략적 조건에 대해 다루고자 한다.

왜 R&D 사업화의 혁신은 측정에서 시작되는가?

R&D 사업화 활동은 본질적으로 보이지 않는 요소들이 많다. 기초연구 단계에서 오가는 아이디어, 실패를 반복하는 실험, 시제품 개발을 위한 시행착오 등은 결과로 명확히 드러나기까지 시간이 오래 걸린다. 이러한 과정을 수치나 데이터로 측정 가능한 구조로 만들지 않으면, 무엇이 잘되고 있는지, 어디에서 문제가 생기는지조차 알 수 없다.

혁신은 단번에 이루어지는 것이 아니다. 측정을 통해 흐름을 파악하고, 그 데이터를 바탕으로 전략을 조정하는 과정이 반복되어야 한다. 그렇게 해야만 변화가 일어나고, 그 변화가 쌓여 혁신으로 이어질 수 있다.

측정은 혁신의 '출발점'이자 '경로 이정표'

구분	역할
측정	현재의 상태와 활동을 정량·정성적으로 파악
관리	측정된 데이터를 기반으로 우선순위 결정, 자원 재배분
혁신	관리 과정 속에서 비효율 제거, 창의적 개선이 이루어짐

R&D 사업화 활동의 측정 가능한 지표들

기업이 R&D를 혁신으로 연결하기 위해서는 활동 전반에 걸쳐 다양한 지표를 측정할 수 있어야 한다. 예를 들어, 투입 단계에서는 연구개발 인력, 예산, 장비 등 자원의 확보 상태를 살펴야 하고, 수행 단계에서는 프로젝트의 진척률, 협업 빈도, 실험 횟수 등을 관리해야 한다. 결과물로는 논문, 특허, 시제품, 기술이전 등의 지표가 성과를 보여준다. 나아가 실제 사업화로 이어졌는지, 고객 가치나 사회적 영향까지 고려한다면 보다 입체적인 혁신 평가가 가능해진다.

영역	측정 항목
투입(Input)	R&D 예산, 인력 수, 장비 및 자원 확보 수준
과정(Process)	과제 진행률, 연구 기간, 협업 빈도, 지식 생산량
산출(Output)	특허 수, 논문 발표 수, 시제품 수, 기술이전 건수
성과(Outcome)	매출 기여도, 신시장 진입 성과, 고객 가치 창출 정도
영향(Impact)	산업 구조 변화, 사회 문제 해결 기여도, ESG 효과 등

측정이 불러오는 관리와 혁신의 선순환

측정이 뒷받침되지 않으면, 관리자는 무엇을 우선순위로 삼고 어떤 자원을 재배치할지 판단할 수 없다. 나아가 구성원에게도 명확한 목표와 피드백이 제공되지 않기 때문에, R&D 조직은 비효율과 혼란에 빠지기 쉽다.

반면에 측정 가능한 지표를 기반으로 한 관리 시스템이 갖춰져 있다면, 성과가 높은 영역과 부족한 부분을 구분해 전략을 조정하고, 자원을 재배분하며, 실험을 최적화할 수 있다. 이는 곧 혁신의 선순환 구조로 이어진다.

구분	내용
측정 (데이터 수집)	R&D 활동과 결과를 주기적으로 관찰하고 수치화
관리 (분석 및 조정)	·특정 연구가 정체 중인지, 어떤 조직이 성과를 내고 있는 지 파악 ·비효율 제거, 자원 재배분, 연구 전략 수정
혁신 (성과 개선 및 창출)	새로운 기획, 조직 변화, 기술전략 혁신 등으로 연결
재측정 (피드백 및 재설계)	혁신성과를 보다 정확하고 정교하게 다시 평가

다시 말해 혁신은 관리에서 나오고, 관리는 측정에서 시작된다.

국내외 R&D 관리와 혁신 사례

실제로 많은 글로벌 기업들은 자체적인 R&D 평가 모델을 운영하고 있다. 예컨대 삼성전자는 기술의 사업화 가능성과 수익성을 사전에 정량화해 평가하는 체계를 갖추고 있으며, IBM은 특허 수가 아닌 실제로 상용화된 기술의 기여도를 중심으로 성과를 측정한다. 이처럼 성공적인 기업은 예외 없이 측정에 기반을 두고 혁신 관리를 실천하고 있다.

기업/기관	전략	주요 성과
삼성전자	자체 '가치혁신 기반의 R&D 연구혁신 평가 모델' 운영. 기술의 수익성, 시장성, 사업화 가능성 등을 사전 분석	R&D사업화 성공률 제고, 불필요한 투자 최소화
IBM	특허 수보다 '기술 사업화율' 중심으로 R&D 성과 평가	실제 매출과 연계된 R&D 혁신 지표 강화
GE	6시그마 기법을 활용한 실험 데이터 기반 R&D 관리	R&D 낭비 비용 절감, 개발 프로세스 혁신
3M	연구자 자율성과 실패 허용, 내부 성과 공유 시스템 구축	포스트잇, 첨단소재 등 창의적 제품 다수 탄생
LG화학	'R&D 미션-성과 일치도' 평가 시스템 운영	과제 목표와 사업부 요구 연계 강화, 선택과 집중 실현
HP	수익 맵을 통해 단순히 제품 개발 비용을 절감하는 것을 넘어, 프로젝트 성공 확률을 획기적으로 향상시키고 기술사업화의 전략적 성과 도모	·R&D사업화 프로젝트 전 과정 시각화 부서 간 협업 및 의사 결정 프로세스 고도화 ·리스크 조기 대응으로 투자효율성 극대화 ·성과 평가의 객관화 및 피드백 순환 시스템 구축

특히 휴렛팩커드(Hewlett-Packard, HP)는 수익 맵(Return Map) 모델을 활용하여 단순히 제품 개발 비용을 절감하는 것을 넘어, 프로젝트 성공 확률을 획기적으로 향상시키고 R&D 사업화의 전략적 성과를 이끌어낸 대표 사례로 꼽힌다.

HP의 수익 맵은 R&D 사업화 과정에서 핵심적인 역할을 하는 전략적 도구로, 프로젝트의 전체적인 흐름을 재무적 관점에서 시각화하고 관리하는 것을 의미한다. 이는 제품 개발부터 시장 출시, 그리고 수익 창출에 이르는 전 과정을 단순하고 명확한 그래프로 표현하여 프로젝트의 재무적 성과와 진행 상황을 한눈에 파악할 수 있게 한다.

수익 맵의 기본 구조는 x축에 시간, y축에 비용과 수익을 나타내는 2차원 그래프로 구성되어 있으며 시간적 측면에서는 TM(Time to Market), BET(Break-Even Time), BEAR(Break-Even After Release), RF(Return Factor) 등을 통해 프로젝트의 핵심 성과를 측정할 수 있다.

HP 사례를 통해 확인된 수익 맵의 주요 성과는 다음과 같다.

① R&D 사업화 프로젝트의 전 과정 시각화 및 모니터링 가능
② 부서 간 협업 구조 및 의사결정 프로세스 고도화
③ 리스크 조기 대응을 통한 투자 효율성 극대화
④ 성과 평가의 객관화 및 피드백 순환 시스템 구축을 통한 R&D 투자의 효율적 관리

도전과 과제

물론 R&D에서 모든 것을 수치로 표현하는 데는 한계가 있다. 창의성과 도전은 본질적으로 정량화되기 어렵고, 단기 지표에 매몰되면 오히려 장기적 혁신을 방해할 수도 있다. 따라서 측정은 목표 그 자체가 아니

라, 혁신을 위한 통찰과 방향을 제공하는 수단으로 이해해야 한다. 지표 중심의 성과주의에 빠지기보다는, 데이터를 통해 더 나은 결정을 내릴 수 있는 통합적 혁신 시스템을 구축하는 것이 중요하다.

마무리하며

결국 R&D 사업화 혁신은 감이 아니라 데이터에서 출발해야 한다.

측정 가능한 구조를 갖추지 못하면, 혁신은 추상적인 이상에 머무를 뿐이다. 오늘날 R&D 사업화 혁신의 첫걸음은, 무엇보다 보이지 않는 것을 보이게 만드는 것, 다시 말해 측정하는 것에서 시작된다고 할 수 있다.

"측정할 수 없으면, 혁신할 수 없다."

R&D 시대를 살아가는 기업에게 이 말은 더 이상 선택이 아닌 생존의 원칙이다.

제1부

바보야, 문제는 사업화야!

바보야, 문제는 R&D가 아니라 사업화야!

기술개발에서 가치창출로 가는 여정

우리는 '기술 강국'이라는 타이틀에 자부심을 느낀다.

수많은 정부의 R&D 투자와 연구자들의 노력 덕분에 우리나라의 과학기술 수준은 세계적인 수준에 도달했다. 각종 국제지표에서도 기술개발 투자의 규모는 높은 평가를 받고 있으며, 특히 특허 출원 수나 논문 발표 실적 역시 선진국들과 어깨를 나란히 하고 있다.

그러나 그 이면을 들여다보면 뼈아픈 질문이 떠오른다.

이처럼 많은 연구개발이 진행되고 있음에도 불구하고, 실제로 시장에 진입하여 고객에게 가치를 제공하고 경제적 성과로 이어지는 기술은 얼마나 될까? 우리는 왜 여전히 "기술은 있는데, 사업은 안 된다"는 말을 반복하고 있는가?

이 질문은 단지 연구자 개인의 문제가 아니라, 국가 기술혁신 시스템 전반의 구조와 인식 문제를 되돌아보게 한다. 이제는 분명히 말할 수 있어야 한다. 기술개발은 필요조건일 뿐이다. 진짜 문제는, 그 기술이 얼마나 사업화될 수 있느냐에 있다.

"바보야, 문제는 R&D가 아니라 사업화야!"

이 문장은 단순한 구호가 아니다. 기술이 사회에 실질적으로 기여하고, 국가 경쟁력을 높이기 위해 반드시 넘어야 할 핵심 과제를 직시하라는 외침이다.

기술개발의 함정: 완성은 했으나 팔 수 없다

연구개발의 세계에서는 기술적 완성도가 중요한 평가 기준이 된다. 목표한 성능이 구현되었는지, 실험 결과가 일관성 있게 나오는지, 논문과 특허가 창출되었는지가 성과의 잣대가 된다. 그러나 이러한 기준만으로는 기술의 진짜 가치를 평가하기 어렵다. 그 기술이 실제 시장에서 살아남을 수 있는가, 그것이 진정한 시험대다.

현장에서는 기술이 아무리 뛰어나더라도 사업화로 이어지지 못하는 사례가 비일비재하다. 그 이유는 간단하다. 기술개발과 사업화 사이에 깊은 간극, 이른바 '죽음의 계곡(Valley of Death)'이 존재하기 때문이다. 수많은 기술이 연구실에서 태어나지만, 제품화, 시장진입, 고객확보, 투자유치 등의 관문을 넘지 못하고 사장된다.

그럼에도 우리의 R&D 정책과 제도는 여전히 기술개발 중심에 머물러 있다. 성과평가는 논문과 특허 중심이며, 예산의 대부분도 개발단계에 집중된다. 이러한 '기술 중심' 사고방식은 기술의 현실화에 필요한 시장전략, 실행력, 고객 접점에 대한 고려를 무시하게 만든다.

기술은 시작일 뿐, 진짜 싸움은 시장에서 일어난다

기술이 세상을 바꾸는 힘을 가지려면 반드시 시장과 연결되어야 한다. 기술은 출발점일 뿐이고, 그것이 어떤 방식으로 시장에서 가치를 창출하느냐가 핵심이다. 아무리 우수한 기술이라도 고객의 문제를 해결하지 못하면 무용지물일 뿐이다.

따라서 기술개발 초기부터 '사업화 가능성'을 함께 고려해야 한다. 기술을 어떤 시장에 적용할 것인가? 어떤 고객을 대상으로 할 것인가? 어떤 비즈니스 모델로 수익을 창출할 것인가? 이런 질문이 기술개발과 함께 설계되어야 한다. 기술을 먼저 개발하고 나중에 사업화를 붙이는 방식으로는 더 이상 성공할 수 없다.

특히 기술의 수명 주기가 짧고, 경쟁이 치열해지는 오늘날에는 기술개발과 시장진입의 속도를 동시에 설계하고 실행하는 체계가 요구된다. 기술과 사업이 동시에 출발해야 하는 시대, 우리는 그에 걸맞은 시스템으로 전환해야 한다.

성공과 실패를 가르는 보이지 않는 요소들

R&D 사업화의 성공은 결코 우연이 아니다. 성공한 R&D사업화 사례들은 몇 가지 공통점을 가지고 있다.

첫째, 기술의 방향성이 명확하다. 단순히 '기술이 되는가?'가 아니라, '누구에게, 어떤 문제를 해결해주는가?'가 분명하게 설정되어 있다.

둘째, 시장 검증이 철저하다. 고객 인터뷰, 프로토 타입 테스트, 피드백 수렴 등 고객의 반응을 바탕으로 반복적으로 개선한 제품일수록 성공률이 높다.

셋째, 사업화를 전담하는 팀과 네트워크가 갖춰져 있다. 연구자 중심의 기술개발만으로는 부족하며, 전문적인 사업개발 인력, 외부 파트너(투자자, 유통사 등)와의 협력 구조가 필수적이다.

반면에 실패한 R&D 사업화의 공통적인 원인은 대부분 기술에 대한 과신이다. 기술이 뛰어나면 시장이 알아줄 것이라는 착각, 고객의 언어를 무시하고 기술자의 시각에서만 판단하는 오만, 그리고 사업화 인력과 시스템의 부재가 그 실패를 부른다.

R&D 사업화를 위한 시스템의 전환이 필요하다

이제 우리는 질문을 바꾸어야 한다.

'기술을 어떻게 만들 것인가?'에서 → '기술을 어떻게 시장에 안착시킬 것인가?'로,
'개발을 어떻게 잘할 것인가?'에서 → '고객에게 어떤 가치를 전달할 것인가?'로.

정책적 측면에서도 변화가 필요하다. 기술성(TRL)뿐 아니라 시장 준비도(MRL), 고객 반응도(CRL)와 같은 평가체계가 병행되어야 하며, 기술이전 지원기관은 단순 중개에서 벗어나 비즈니스 설계와 실행 컨설팅 기능을 수행해야 한다.

연구기관과 대학도 R&D 사업화를 조직의 핵심 과제로 삼아야 한다. 기술이전 전담조직(TLO)은 보다 능동적이고 전략적인 BD(사업개발) 조직으로 진화해야 하며, 연구자들도 초기부터 시장의 언어를 고려하는 훈련이 필요하다.

수익 맵(Return Map)의 관점에서 본 R&D 사업화

이 책에서 제안하는 수익 맵(Return Map)은 기술이 시장과 연결되

고, 수익으로 전환되는 경로를 시각화하는 전략 도구다. 기술이 시장에 도달하고, 그 과정에서 필요한 자원, 파트너, 검증 절차 등을 구조화하여 기획 단계부터 '사업화 여정'을 설계할 수 있게 돕는다.

- 좋은 기술은 시작일 뿐이다.
- 수익으로 이어지는 '지도'가 없으면, 기술은 고립된다.
- 수익 맵(Return Map)은 기술-시장-수익을 연결하는 전략의 뼈대다.

기술이 실제로 가치를 만들어내기 위해선, 기술의 내부 완성도뿐 아니라 외부 환경과의 접속 경로가 필요하며, 그 경로를 설계하는 것이 바로 사업화 전략이다.

마무리

우리는 오랫동안 '기술개발' 자체를 R&D의 성공으로 여겨왔다. 하지만 이제는 진지하게 물어야 한다.

- 그 기술은 실제로 문제를 해결했는가?
- 시장에서 고객의 선택을 받았는가?
- 경제적 성과를 만들어냈는가?

기술개발은 시작일 뿐이다.
기술이 얼마나 잘 사업화되고, 실제 시장에서 가치를 창출하며, 사회와 산업에 영향을 미쳤는지가 진정한 성공의 기준이 되어야 한다.

"바보야, 문제는 R&D가 아니고 사업화야!"

이 말은 기술 중심의 시대에서 가치 중심의 시대로 나아가야 한다는 우리의 절박한 메시지다.

이제는 기술의 시대를 넘어, 사업화의 시대로 진입할 때다. 기술이 꽃을 피우려면 반드시 시장이라는 토양 위에 심어야 한다.

기술개발의 끝은 논문이나 특허가 아니라, 고객의 삶을 바꾸는 '가치의 실현'으로 완결되어야 한다.

- 기술-시장-수익을 연결하는 전략이 없다면, 혁신은 영원히 잠들 것이다.
- "바보야, 문제는 R&D가 아니라 사업화야!"는 단순한 외침이 아니라, 미래를 바꾸는 전략이다.

R&D 사업화의 교과서, 그래비티 샴푸 사례

이해신 KAIST 석좌교수가 개발한 기능성 헤어케어 브랜드 '그래비티(GRABITY)'는 과학기술 기반의 연구개발(R&D)을 시장에서의 성공으로 연결한 대표적인 사업화 사례로 주목받고 있다. 이 제품은 탈모 예방과 모발 볼륨 개선에 효과적인 특허 성분 '리프트맥스(LIFTMAX 308™)'를 기반으로 개발되었으며, 국내외 소비자들로부터 큰 반향을 일으켰다. 단순히 기능성 샴푸를 만든 것이 아니라, 기술개발-시장검증-브랜딩-유통-글로벌 확장이라는 전 과정을 체계적으로 실현한 점에서 모범적인 R&D 사업화 사례로 평가된다.

1. 기술 개발에서 사업화로의 전환

이해신 교수는 폴리페놀의 산화·중합 반응을 이용한 표면코팅 기술로 세계적인 인정을 받은 과학자다. 모다모다 샴푸에 이어 그는 이번에도 자연유래 성분인 폴리페놀을 활용하여 모발에 보호막을 형성하고, 탈모를 예방하며, 볼륨을 개선하는 기술을 개발하였다.

기술의 시장화를 염두에 둔 그는 2023년 8월, KAIST 교원 창업 스타트업인 '폴리페놀 팩토리'를 설립하였다. 이 스타트업은 단순한 기술이전이 아니라 직접 제품화와 브랜드화를 추진하는 적극적인 사업화 조직이었다. 이후 2024년 4월, 기능성 헤어케어 브랜드 '그래비티(GRABITY)'를 출시하며 기술이 시장에서 실질적 가치를 창출하는 과정을 본격화했다.

2. 제품 출시와 시장 반응

그래비티 샴푸는 출시 직후부터 시장의 뜨거운 반응을 얻었다. 출시 5일 만에 초도 물량이 완판되었고, 올리브영 오프라인 매장에 입점한 첫날 헤어 카테고리 판매 1위를 차지했다. 출시 후 약 8개월 만에는 누적 판매량 43만 병을 돌파하며 본격적인 대중성과 신뢰를 확보했다.

이러한 반응은 단순한 바이럴 마케팅 때문이 아니라, 기능성과 기술 기반 스토리텔링이 결합된 결과였다. 소비자들은 'KAIST 기술'에 대한 신뢰를 갖고 구매에 나섰고, 실제 사용 후 효과에 대한 긍정적 리뷰가 이어지며 브랜드 충성도가 높아졌다.

3. 글로벌 시장 진출

국내 시장에서의 성과를 기반으로, 그래비티는 글로벌 확장 전략도 본격화하고 있다. 2025년 1월, 미국 라스베이거스에서 열린 세계 최대 IT 박람회 CES 2025에 참가하며 글로벌 데뷔를 마쳤으며, 이후 아마존 미국 론칭, 북미·유럽 뷰티 시장 진출 등을 계획 중이다.

이러한 글로벌 진출은 단순한 수출이 아니라, 기술 신뢰성을 바탕으로 한 기능성 프리미엄 브랜드로의 포지셔닝을 전제로 한다. 특히 탈모, 두피 고민이 보편적인 글로벌 소비자들에게 과학 기반 솔루션을 제공한다는 점에서 'K-R&D 기반 코스메슈티컬'의 대표 사례로 자리 잡고 있다.

4. R&D 사업화의 성공 요인

그래비티 샴푸의 성공은 우연이 아니라 치밀하게 설계된 기술-시장 연계 전략의 결과였다. 이해신 교수는 단지 기술개발에 그치지 않고, 그것을 시장에서 통할 수 있는 제품과 브랜드로 전환하기 위한 다음과 같은 전략적 단계를 밟았다.

1) 소비자 니즈와 시장 트렌드 분석
제품 개발 이전부터 탈모 스트레스, 화학성분 기피, 고기능성 천연제품 수요 등 시장의 핵심 요구를 조사하고 분석했다. 이는 기술 설계에도 반영되어, 단순히 기능이 아닌 소비자가 '안심하고 쓸 수 있는' 제품이 되도록 했다.

2) 브랜드 및 마케팅 전략 수립

'그래비티(GRABITY)'라는 브랜드명은 과학의 중력(GRAVITY)과 사람을 끌어당기는 매력을 상징적으로 결합한 것이다. 이는 KAIST 기술을 기반으로 하되, 딱딱한 과학 이미지를 넘어서 감성적이고 일상 친화적인 브랜드로 포지셔닝 되도록 했다. 스토리가 있는 브랜드, 신뢰와 매력을 함께 담은 이름이었다.

3) 사업화 파트너 연계 및 투자 유치

기술력만으로 승부하지 않고, 초기 단계부터 생산, 유통, 브랜딩, 투자사와의 협력 구조를 갖췄다. 이를 통해 R&D 기술이 실제 제품과 유통 채널, 소비자 경험으로 연결되는 END-TO-END 사업화 로드맵이 현실화될 수 있었다.

5. 결론

그래비티 샴푸는 단순한 연구 성과의 제품화가 아니라, 과학기술 기반 R&D가 사업화로 전환되는 전 과정을 압축적으로 보여주는 교과서적 사례이다. KAIST에서 출발한 연구가 소비자의 욕구와 시장의 언어로 번역되었고, 그것이 매출과 브랜드로 이어졌다.

이 사례는 다음과 같은 교훈을 제공한다.

• R&D는 사업화 관점에서 기획되어야 한다.

- 기술이 고객의 문제와 만나야 비로소 의미가 생긴다.
- 브랜드와 유통 전략은 과학기술과 별개가 아니다. 오히려 그것을 실현하는 수단이다.
- 그래비티 샴푸는 지금도 진화 중이다. 이 사례를 통해 다른 연구자들 역시, 기술개발의 끝을 논문이나 특허가 아니라 시장과 고객에게 닿는 변화의 시작점으로 바라볼 수 있기를 기대한다.

기술사업화와 R&D 사업화는 같은 말이 아니다

들어가며

"기술사업화든 R&D 사업화든 어차피 기술로 돈을 버는 거 아닌가요?"

많은 사람들은 이렇게 말하며 두 개념을 구분하지 않고 사용한다. 심지어 정부의 정책 문서나 언론 기사, 심사 위원회의 평가 항목에서도 이 두 용어는 혼용된다. 하지만 이는 기술과 기술기획을, 제품과 브랜드를, 씨앗과 숲을 구분하지 않는 것과 같다.

'기술사업화'와 'R&D 사업화'는 모두 기술을 시장과 연결하려는 시도다. 그러나 그 출발점과 도달점, 그리고 그 사이의 여정은 본질적으로 다르다. 이 차이를 구분하지 못하면, 우리는 기술만 믿고 시장에서 실패하는 익숙한 전철을 밟게 될 것이다.

기술사업화는 '기술 중심의 이전', R&D 사업화는 '성과 중심의 실현'

기술사업화는 말 그대로 기술 그 자체를 중심에 둔다. 예컨대, A연구소에서 개발한 탄소 나노튜브 분산 기술이 있다면, 이 기술이 얼마나 우수한지, 어떤 특허로 보호되는지, 어떤 기업에 적합한지를 분석해 이전을 추진하는 것이 기술사업화다.

'기술의 완성도'와 '기술의 가치평가'가 핵심이다.

반면, R&D사업화는 그 기술이 실제 시장에서 사용되고 팔릴 수 있는 구조를 설계하는 일이다. 같은 탄소 나노튜브 기술이라 하더라도, 어느 제품군에 탑재해야 할지, 공정 단가는 맞는지, 최종 고객은 누구인지, 인증과 양산 가능성은 어떤지 고민해야 한다.

다시 말해 단순히 '기술을 이전하는 것'에서 '기술이 구현되는 사업 시나리오 전체'를 다룬다.

1) 기술사업화(Technology Commercialization)

- 정의: 연구개발(R&D) 등의 결과로 얻어진 '기술'을 기반으로 시장에 진출하는 전반적인 과정
- 대상: 기술 그 자체 (기술의 독창성, 차별성, 특허 등)
- 초점: 특정 기술의 시장 적합성, 기술 가치, 사업 적용 가능성

2) R&D 사업화(R&D Commercialization)

- 정의: 기초·응용·개발 연구를 통해 창출된 결과물(R&D outcome)을 상품 또는 서비스로 연결하여 수익화하는 과정
- 대상: R&D 프로젝트 전체 (기획 → 개발 → 시험 → 양산 → 시장 진출)
- 초점: R&D 결과물의 시장 진입 전략, 제품화·사업화 단계로의 전환, 실용화에 초점

3) 기술사업화 vs. R&D 사업화 – 범위와 프로세스 비교

〈표 1-1〉 기술사업화와 R&D 사업화 범위와 프로세스

구분	기술사업화	R&D사업화
출발점	단일 기술 (기술 이전, 라이선스 중심)	R&D 전체 프로세스 (과제기획부터 사업화까지)
프로세스 구성	기술성 → 시장성 → 사업성 평가 → 라이선스 또는 창업	기획 → 연구개발 → 실증 → 양산 → 시장진입
주체	출연연구소, 대학, 기술이전 담당자	과제책임자, 사업화 PM, 투자자 등
주요 이슈	기술 가치평가, 특허 보호, 파트너 발굴	시장의 문제-솔루션 적합성, 투자 확보, 수익모델 정립
목표 지향성	기술의 "기술가치 극대화"와 "이전 및 활용"을 목표로 함	"산업 실현"과 "시장 수익 확보"를 최종 목표로 함

기술사업화는 '기술 언어', R&D 사업화는 '시장 언어'

이 두 영역을 다루는 사람들의 언어를 들어보면 차이는 더 선명해진다. 기술사업화 에반젤리스트는 말한다.

"이 기술은 기존 대비 효율이 20% 향상되었고, 원천특허도 확보되어 있습니다."

R&D 사업화 에반젤리스트는 되묻는다.

"그 20% 효율 향상이 고객에게 어떤 의미가 있습니까? 고객은 그만큼의 비용을 감당할까요?"

기술사업화는 '기술자 중심의 시선'에서 출발하고, R&D 사업화는 '고객 중심의 시선'으로 출발한다. 이 언어의 간극을 잇는 다리가 없다면, 사업화는 늘 연구실의 책상 위에만 머물고 시장에 도달하지 못한다.

마무리: 구분은 목적이 아니라 연결을 위한 출발점

　기술사업화와 R&D 사업화는 우열의 문제가 아니다. 둘은 서로 다른 목적과 방식으로 작동하며, 상호보완적인 관계가 있다. 중요한 것은, 개념을 혼용하지 말고 명확히 이해하는 일이다. 그래야 기술을 단순히 '만드는 것'에 그치지 않고, '팔 수 있는 구조'로 전환시킬 수 있다

〈표 1-2〉 기술사업화와 R&D 사업화 비교

항목	기술사업화	R&D사업화
대상	특정 기술	R&D 결과 전반
주체	기술보유 기관, 기술이전 팀	연구개발팀, 사업화전담팀
목표	기술의 이전/활용	R&D 성과의 수익화/시장화
방식	기술 중심 가치 평가	시장 중심 제품·서비스 구현
최종 산출물	라이선스 계약, 창업	제품·서비스, 수익 모델

☞ 기술사업화는 기술의 이전을 위한 언어이고, R&D 사업화는 시장에서 살아남기 위한 이야기 구조다. 이 둘을 헷갈리지 않을 때, 우리는 기술을 단순히 '발명'으로 끝내지 않고, '변화의 도구'로 완성할 수 있다.

좋은 기술이 시장에서 실패하는 이유

올림포스에서 내려다본 시장
– 좋은 기술의 몰락에 대한 신들의 관찰

인간은 오래전부터 기술을 꿈꾸었다. 그 꿈은 불에서 시작되었고, 바퀴와 지렛대를 거쳐 오늘에 이르렀다. 불가능은 도전이 되었고, 상상은 실현이 되었으며, 기술은 인간 삶의 외피를 넘어 정체성의 일부가 되었다.

그 무엇도 인간의 삶을 이토록 근본적으로 바꾼 적은 없었다. 그러나 이상하게도, 가장 정교하고, 가장 혁신적이며, 가장 유익했던 기술이 오히려 시장에서 실패하는 일은 끊임없이 반복되었다. 그 실패는 단순한 선택의 오류가 아니었다. 그것은 하나의 신화처럼 되풀이되었고, 마치 운명처럼 받아들여졌다. 그리하여, 올림포스의 신들은 다시 고개를 들어 인간의 세상을 바라보았다.

기술은 분명히 훌륭했다. 그러나 신들은 한 가지 의문을 품었다.
"왜, 좋은 기술이 시장에서 실패하는가?"
그 질문에 답하기 위해, 신들은 오랜 침묵을 깨고 인간의 세계를 다시 논하기 시작했다. 제우스는 말한다.
"기술이 아무리 빛나도, 시장의 번개를 견디지 못하면 쓰러진다. 시장은 논리가 아니라 질서다. 그 질서를 이해하지 못한 기술은 심판받는다."
아테나는 덧붙인다.
"기술은 지혜와 만났을 때만 생명을 얻는다. 시장에 성공한 기술은 단지 뛰어난 것이 아니라, 사람의 마음을 읽는 기술이었다."

헤파이스토스는 조용히 중얼거린다.

"가장 완벽한 도구도, 그것이 사용될 무대를 잃으면 무용하다. 기술은 그 자체로 충분하지 않다. 누가 그것을 왜 원하는지를 묻지 않으면, 시장은 침묵한다."

포세이돈은 시장을 바다에 비유한다.

"표면은 고요하나, 그 밑은 욕망과 공포가 출렁인다. 좋은 기술은 그 파도를 헤엄치지만, 시장을 읽지 못한 기술은 가라앉는다."

마지막으로 모이라이, 운명의 세 여신이 말한다.

"기술이 시장에서 실패하는 이유는 단지 그것이 나쁘기 때문이 아니다. 그것이 제때 도달하지 못했기 때문이며, 올바른 손에 닿지 못했기 때문이다."

이 장은 바로 이 신들의 관찰로부터 출발한다.

기술이 좋았음에도 불구하고, 왜 시장에서 실패했는지를 묻는다. 그리고 그 답을 신화적 통찰을 통해, 시장이라는 무대와 기술이라는 배우의 관계 속에서 찾고자 한다.

기술은 더 이상 문제 해결의 도구만은 아니다. 그것은 이야기가 되어야 하고, 맥락 속에 있어야 하며, 무엇보다 사람의 눈을 바라볼 수 있어야 한다. 이 장에서 묻는다.

- 그대의 기술은 누구를 향하고 있는가?
- 그대는 기술의 완성만을 바라보았는가, 아니면 기술이 서게 될 무대까지 내다보았는가?

이제, 신들이 조용히 던진 이 질문을 따라, 우리는 기술의 시장 실패를 다시 읽어내려 한다. 그 실패 속에 감춰진 지혜를, 그리고 그 지혜 속에 숨어 있는 기회의 가능성을 말이다.

나르시스의 함정:
기술의 자만이 불러온 실패와 그 돌파구

1) 혁신적인 기술이 왜 실패할까?

기술은 언제나 발전의 상징이자 인간 지성의 정점으로 여겨진다. 때로는 이 기술이 세상의 흐름을 바꾸기도 하고, 산업의 판도를 재편하기도 한다. 하지만 기술이 늘 성공을 보장하지는 않는다. 아무리 혁신적인 기술이라 하더라도 시장에서 외면당하는 경우가 적지 않다.

특히 개발자나 기업이 기술에 대한 지나친 확신과 자부심으로 외부의 피드백을 무시하고, 소비자의 관점과 시장의 흐름을 간과할 때 그 실패는 더욱 극명하게 드러난다.

이러한 실패는 '나르시스 형' 기술 실패로 정의할 수 있다. 신화 속의 자기 모습에 도취된 나르키소스처럼, 기술 개발자나 기업이 자신이 만든 기술의 우월성에 심취해 타인의 시선과 기대를 무시할 때 발생하는 유형이다. 이 장에서는 나르시스 형 실패의 사례와 원인을 분석하고, 이를 극복하기 위한 전략적 접근을 살펴보고자 한다.

2) 나르시스 형 실패란 무엇인가?

'나르시스 형' 실패는 기술에 대한 과도한 자신감과 내부 확신이 시장의 현실과 괴리를 일으키는 데서 발생한다.

이 유형의 가장 두드러진 특징은, 외부 환경 변화와 소비자 피드백을 무시한 채 자기만의 확신에 갇혀 있는 상태다.

대표적인 사례는 '모토롤라의 이리듐(Iridium) 프로젝트'다. 이리듐은 지구 전역을 아우르는 위성 통신 네트워크를 통해 음영지역 없는 통화를 실현하고자 했다. 기술적으로는 혁신적이었지만, 서비스 개시 이후 단말기 가격과 통화료가 너무 비싸 소비자들의 외면을 받았고, PCS 기반의 로밍 서비스 등장으로 경쟁력을 잃었다. 결국 수십억 달러에 달하는 손실을 기록한 채 프로젝트는 폐기되었다.

비슷한 사례로는 '애플의 뉴턴 메시지 패드'가 있다. 지금의 스마트폰이나 태블릿에 가까운 컨셉이었으나, 당시 소비자들이 제품의 필요성을 느끼기엔 너무 이른 시기였다. 여기에 고가의 가격까지 더해져 상업적으로 실패를 겪었다.

3) 기술의 자만이 실패로 이어지는 이유

기술이 실패하는 근본적인 이유는 기술 그 자체보다 그 기술을 어떻게 시장과 연결시키느냐에 달려 있다. 나르시스 형 실패에서는 다음과 같은 문제가 공통적으로 나타난다.

- 사용자 관점 부재: 기술은 개발자 중심으로 설계되며, 소비자의 실제 사용 경험은 고려되지 않는다.
- 시장 동향 무시: 경쟁 기술이나 시장 변화에 둔감하며, 기존에 세운 계획을 고수한다.
- 대체재 과소평가: 자신이 보유한 기술 외에는 경쟁 기술이 없다는

인식으로, 전략적 유연성이 부족하다.

4) 나르시스 형 실패를 극복하는 전략

- 시장 검증(Market Validation)을 우선하라.

제품 출시 전에 충분한 시장 조사를 수행하고, 초기 사용자 집단을 통해 기능과 필요성을 검증해야 한다.

- 사용자 중심 사고로 전환하라.

기술이 아니라 사용자 경험(UX)이 중심이 되어야 하며, 사회적 수용성과 문화적 반응도 중요한 요소로 고려해야 한다.

- 외부 감수성과 유연성을 키워라.

기술의 외부성과 사회적 반향, 제도적 규제 요소를 기술 전략 수립 단계에서부터 반영할 필요가 있다.

- 기술-시장-사회 균형 모델 구축

기술의 성공은 기술력만으로 결정되지 않는다. 기술, 시장, 사회적 요인이 균형을 이룰 때 지속가능한 성공이 가능하다.

5) 마치며

기술개발에 있어서 자신감은 분명히 중요한 자산이다. 하지만 그 자신감이 자만이 되는 순간, 기술은 사회로부터 고립되며 실패의 길을 걷게 된다. '좋은 기술'이 실패하는 가장 아이러니한 이유는, 그것이 '너무 기술적'이기 때문이다. 나르시스 형 실패는 우리에게 기술의 본질을 되돌아보게 만든다. 기술은 인간과 사회를 위한 도구이며, 성공은 언제나 타인의 시선에서 비롯된다.

따라서 기술 개발자와 사업가는 끊임없이 겸손한 시선으로 시장을 관찰하고, 사용자와 소통하며, 사회적 책임까지 고려하는 폭넓은 감수성을 갖춰야 한다. 그렇게 할 때 비로소 기술은 '혁신'을 넘어 '수용'되고, 성공의 문을 열 수 있다.

이카루스의 추락:
과도한 욕심과 폐쇄성이 만든 기술 실패

1) 들어가며

기술의 세계에서 성공을 거두기 위한 첫 번째 조건은 확신이다.
그러나 그 확신이 '욕심'과 '고집'으로 변질될 때, 기술은 추락을 면치 못한다. 그리스 신화 속 이카루스는 아버지가 만든 날개로 하늘을 날았지만, 태양 가까이 다가가고자 했던 과도한 욕망으로 인해 밀랍 날개가 녹아 추락하고 만다.
이와 유사하게, 기술개발에 있어 자사의 기술력만을 신봉하며 타협 없는 전략을 고수할 경우, 그 기술은 외부 세계와의 조화 없이 스스로의 무게에 의해 무너진다.
이를 우리는 '이카루스 형 기술 실패'라고 부른다.

2) 이카루스 형 실패의 본질

이카루스 형 기술 실패는 일반적으로 다음과 같은 특징을 지닌다.

- 기술에 대한 과도한 집착: 자사의 기술이 가장 우수하다는 확신으로

외부 대안이나 개선 방향을 수용하지 않음.
- 폐쇄적 전략의 고수: 기술을 독점적으로 보유하고, 생태계 확장을 위한 협업이나 오픈 전략을 회피함.
- 고가 정책과 라이선스 제약: 가격 경쟁력이나 확산성을 희생하면서도 고수익 구조를 유지하려는 전략이 자충수가 됨.

결과적으로, 기술은 뛰어나지만 시장 접근성과 수용성이 낮아지며, 표준 경쟁에서의 패배 혹은 가격 경쟁력 상실로 이어진다.

3) 대표 사례 분석

- 소니 베타맥스: 기술의 완성도보다 중요한 것

소니는 1975년, VCR 시장의 부상에 대응하여 베타맥스 포맷을 출시했다. 베타맥스는 당시 경쟁 포맷인 VHS보다 뛰어난 화질과 저장 성능을 자랑했고, 크기도 작아 우수한 기술로 평가받았다.

그러나 소니는 이 기술을 외부 기업들과 공유하지 않고, 폐쇄적 라이선스 전략을 고수했다.

반면, JVC는 VHS 포맷을 다양한 제조사에 개방함으로써 시장 참여를 확산시켰다. 결과적으로 VHS는 빠르게 시장 점유율을 확보했고, 1984년 25%였던 베타맥스 점유율은 1986년 7.5%로 급락했다. 기술력만으로는 시장을 지배할 수 없다는 교훈을 남긴 사례였다.

- 폴라로이드: 혁신의 아이콘이 자초한 몰락

폴라로이드는 즉석카메라 시장에서 독보적인 입지를 구축했던 기업이었다. 그러나 디지털 기술의 부상 앞에서 폴라로이드는 NIH(Not

Invented Here) 신드롬에 빠져 외부 기술 도입을 거부하고 모든 기술을 자체 개발하려 했다. 1993년 출시한 디지털 카메라 PDC-2000은 3,000달러가 넘는 고가로 출시됐지만, 1,000달러 미만의 경쟁사 제품들과 비교해 경쟁력을 잃었다.

기술력을 스스로 과신한 결과, 디지털 전환의 타이밍을 놓쳤고, 이후 필름사업과 디지털사업 모두 부진을 겪으며 2001년 파산을 맞이하게 된다.

4) 이카루스 형 실패를 방지하기 위한 전략

이카루스 형 실패는 피할 수 있는 유형이다. 기술의 폐쇄성을 걷어내고, 시장과 소통하며, 협력과 유연성을 통해 다음과 같은 전략을 실행할 필요가 있다.

- **기술 개방성과 생태계 협력**
기술을 외부에 공유하고, 협업을 유도하며 생태계를 함께 키우는 전략이 필요하다. 오픈 이노베이션과 표준화 전략은 기술의 장기 생존성을 확보하는 데 유리하다.

- **소비자 접근성 강화**
고가 정책보다는 다양한 가격대의 제품군을 통해 시장 접근 장벽을 낮추고, 소비자 기반을 확산시켜야 한다.

- **시장과의 지속적 인터페이스**
시장 반응을 민감하게 감지하고, 기술 적용 방식이나 포맷을 유연하게 조정하는 전략이 필요하다. 기술은 스스로 목적이 아니라, 문제 해결의 수단임을 잊지 말아야 한다.

5) 마치며

기술의 우수성만으로는 시장에서 살아남을 수 없다.

오히려 기술을 둘러싼 전략, 생태계, 그리고 시장 수용성이 성패를 가른다. 이카루스 형 실패는 기술이 인간의 욕망과 고집에 의해 어떻게 추락할 수 있는지를 극적으로 보여주는 사례들이다.

우리는 이카루스의 교훈을 기술 경영의 원칙으로 삼아야 한다. 욕심을 절제하고, 고집을 유연성으로 바꾸며, 폐쇄성을 개방성으로 전환할 때, 기술은 보다 멀리, 보다 오래 날 수 있다.

하늘을 나는 것이 목적이 아니라, 지속가능한 비행을 위한 방향 설정이 바로 R&D 사업화의 핵심이다.

아킬레스의 발꿈치: 기술적 결함이 만든 실패의 그림자

1) 아킬레스의 치명적인 약점

고대 그리스 신화에서 가장 강력한 전사로 알려진 아킬레스는 전신이 불사의 힘을 지닌 존재였다. 그러나 유일하게 치명적인 약점이 하나 있었다. 그의 어머니가 강물에 담그지 못했던 '발뒤꿈치'였다. 결국 그 취약점 하나가 그의 생을 마감 짓게 했다.

기술의 세계도 다르지 않다. 모든 면에서 완벽해 보이는 기술이나 제품도 일견 사소해 보이는 결함 하나로 인해 치명적인 실패를 겪는다. 전체 설계는 정교하고, 성능은 우수하며, 시장 타이밍도 적절했지만, 비(非)핵심 기술의 미비, 검증 부족, 조립 오류 등 아주 작은 균열이 전체를 무너뜨리는 것이다.

이처럼 핵심은 완벽했지만, 사소한 취약점을 간과하여 실패로 이어지는 유형을 우리는 '아킬레스 형 기술 실패'라고 부른다. 이 실패는 특히 대규모 기술 시스템, 항공우주, 전자, 중공업 등 복잡도가 높은 산업에서 자주 발생하며, 수년간의 연구개발을 한순간에 무의미하게 만든다.

이 장에서는 아킬레스 형 실패의 원인을 분석하고, 대표 사례들을 통해 우리가 간과하기 쉬운 기술적 허점을 되짚어본다. 더불어, 그러한 실패를 방지하기 위한 전략과 감수성은 무엇인지 살펴보며, 기술 완성도를 높이기 위한 교훈을 도출하고자 한다.

2) 아킬레스 형 실패의 본질

아킬레스 형 실패는 다음과 같은 특성을 지닌다.

- **핵심이 아닌 요소의 과소평가**: 전체 시스템에서 비중이 낮아 보이는 기술적 요소, 조립 공정, 테스트 과정 등의 결함을 간과.
- **상용화 이전의 불충분한 검증**: 복잡한 시스템에서의 통합 테스트 부족 또는 완성도 미달로 인해 대규모 리스크 발생.
- **사후 대응의 지연**: 초기 결함 발견 시 신속한 개선없이 일정 고수나 비용 우선 전략을 고집하다 파국에 이름.

아킬레스 형 실패는 특히 대규모 통합 기술, 항공·우주·중공업 분야에서 빈번하게 발생한다. 기술이 성공적으로 작동하는 '전체 퍼즐'이 되기 위해선, 가장 약한 조각도 결코 소홀히 다뤄선 안 된다는 교훈을 제공한다.

3) 대표 사례 분석

- **에어버스 A380**: 꿈의 비행, 그러나 치명적인 연결 오류

에어버스의 A380 항공기는 '하늘을 나는 궁전'으로 불리며 세계 최대 여객기를 목표로 개발되었다. 기술적으로는 진일보한 설계였지만, 최종 조립 과정에서 530km에 달하는 전선 연결에서 오류가 발견되었다. 이는 항공기의 내부 설계 소프트웨어 버전이 독일과 프랑스의 엔지니어링 팀 간에 일치하지 않았던 데서 비롯되었다.

이 문제로 인해 제품 인도는 2년 이상 지연되었고, 항공사 고객들의 신뢰는 급락했다. 결과적으로 CEO가 연달아 두 번 교체되고, 480억 유로에 달하는 배상과 신뢰 손실을 감수해야 했다.

이는 전체 시스템 가운데 단 한 요소의 결함이 어떻게 전사적 위기를 초래하는지를 보여주는 사례다.

- **삼성 갤럭시 노트7**: 배터리, 그 치명적인 불꽃

삼성전자의 갤럭시 노트7은 출시 당시 최고 사양의 스마트폰으로 주목을 받았지만, 출시 직후 배터리 과열과 폭발 사고가 빈발했다. 배터리 설계와 케이스 간 미세한 간섭이 문제의 원인이었고, 결국 제품 전량 리콜과 생산 중단이라는 결정을 내렸다. 이는 단순한 부품 결함이 아니라, 검증 프로세스의 미비와 출시 일정에 대한 압박이 맞물린 전형적인 아킬레스 형 실패였다.

이 사건은 삼성이 수년간 쌓아온 프리미엄 이미지와 브랜드 신뢰도

에 큰 타격을 주었으며, 리콜 비용과 판매 손실을 포함한 전체 손실 규모는 수조 원에 달했다.

4) 아킬레스 형 실패를 방지하기 위한 전략

• 시스템적 리스크의 선제 점검

전체 시스템 중 비(非)핵심처럼 보이는 요소들도 정기적이고 세밀하게 점검하고 통합 테스트를 반복해야 한다. '전체는 부분의 합보다 크다'라는 말처럼, 어느 하나라도 미흡하면 전체 시스템은 기능을 잃는다.

• 시뮬레이션과 통합 테스트 강화

특히 복합 하드웨어 시스템은 실험실 수준의 완성도가 아니라, 실사용 환경에서 발생할 수 있는 모든 변수에 대비한 테스트를 거쳐야 한다. 소프트웨어와 하드웨어 간 호환성 테스트, 외부 환경 변수 대응 등이 포함되어야 한다.

• 일정 중심 개발 방식의 재고

출시 일정에 맞추기 위한 압박은 제품 완성도를 해칠 수 있다. 품질 확보가 우선이며, 필요하다면 일정 지연도 전략적 선택으로 간주해야 한다.

• 비(非)핵심 기술에 대한 전략적 투자

연결 모듈, 배터리, 케이블 등 보조적 요소에 대한 과감한 투자는 장기적 신뢰와 안전을 확보하는 핵심이다. '사소한 부품'은 없다는 인식이 중요하다.

5) 마치며

기술은 종종 위대한 성과를 약속한다.

그러나 그 약속을 실현하는 데 있어, 전체를 완성하는 것은 언제나 가장 작은 조각이다. 아킬레스 형 실패는 우리가 기술개발에서 결코 가볍게 여겨서는 안 될 부분을 경고한다. 기술의 진정한 강함은 성능의 극대화가 아니라, 결함의 최소화에서 비롯된다.

성공적인 R&D 사업화는 전면적 완성도를 요구한다. 겉으로는 화려한 기술이라 해도, 숨겨진 연결선 하나의 실수가 전체 프로젝트를 붕괴시킬 수 있다. 우리는 아킬레스의 발뒤꿈치를 기억하며, 기술의 취약점을 끝까지 점검하고 보완할 수 있는 디테일 중심의 전략적 감수성을 가져야 한다. 결국 기술의 운명은 그 발뒤꿈치에 달려 있다.

시지프스의 언덕: 끝없는 노력, 그러나 미비한 성과

1) 시지프스의 노력과 실패

시지프스는 끊임없이 바위를 언덕 위로 밀어 올리지만, 그 바위는 다시 굴러 떨어진다. 고대 그리스 신화 속 시지프스의 이야기는 무의미한 반복노동과 좌절의 상징으로 회자된다.

기술의 세계에서도 이러한 일이 반복된다. 막대한 인력과 자원을 투입하고, 오랜 시간을 공들였음에도 불구하고, 기대한 만큼의 성과를 얻지 못하거나, 그 열매를 타인이 수확해 가는 상황은 의외로 자주 발생한다.

이러한 실패는 단순히 운이 나빠서가 아니다. 그것은 기술개발이라는 행위가 본질적으로 불확실성을 내포하고 있으며, 무엇보다 명확한 전략과 방향성 없이 추진되었을 때 더욱 심화된다. 기술은 완성되었지만, 시장과의 연결 고리를 놓쳤거나, 내부에서 활용 방안을 찾지 못해 성과가 외부로 이전되는 구조적 실패가 발생하는 것이다.

이처럼 투입 대비 산출이 현저히 낮고, 결과적으로 노력과 자원이 타인의 성공 기반으로만 남는 실패 유형을 우리는 '시지프스 형 기술 실패'라 부른다. 이 장에서는 시지프스 형 실패의 주요 특징과 대표 사례를 살펴보고, 이를 예방하기 위한 전략적 기술경영 관점을 제시하고자 한다.

2) 시지프스 형 실패의 본질

시지프스 형 기술 실패는 다음과 같은 특징을 갖는다.

- **기술 개발 초기의 전략 부재**: 명확한 목표나 시장 비전 없이 연구개발에 착수함으로써, 결과물이 사업화로 이어지지 않음.
- **사업화 구조의 미비**: 뛰어난 기술에도 불구하고, 조직 내부의 한계나 투자 기회의 부족으로 인해 실제 시장에서 꽃피지 못함.
- **기술 이전 혹은 탈취 위험**: 자체 활용 전략이 미흡해 타사에 기술적 아이디어를 선점당하거나, 산업적 주도권을 넘겨주는 결과로 이어짐.

3) 대표 사례 분석

- 제록스 PARC: 혁신은 했지만, 수확은 남이

1969년, 제록스는 실리콘밸리의 중심지 팔로알토에 세계적인 연구소인 PARC(Palo Alto Research Center)를 설립했다. 당시 모인 과학자들과 엔지니어들은 미래 IT 혁명을 예견하듯, 마우스, 그래픽 유저 인터페이스(GUI), 이더넷, 객체지향 프로그래밍 등 지금도 사용되는 수많은 핵심 기술들을 선보였다.

그러나 제록스 본사는 이 기술들의 시장 가능성을 충분히 인지하지 못했고, 복사기 중심의 기존 비즈니스 모델에 갇혀 이를 활용할 전략적 시야를 확보하지 못했다. 그 결과, PARC의 기술성과는 애플, 마이크로소프트, 아도비 등으로 이전되며 산업 패권을 다른 기업에 넘기게 된다.

특히 GUI 기술을 둘러싼 사례는 유명하다. 1979년, 스티브 잡스는 PARC를 직접 방문해 그들의 기술에 깊은 감명을 받았고, 이를 바탕으로 매킨토시의 사용자 인터페이스를 구상했다. 훗날 제록스는 애플을 상대로 저작권 침해 소송을 제기했지만, '권리 주장이 너무 늦었다'라는 이유로 패소했다. 이는 기술을 갖고 있었지만 시장을 읽지 못한 조직의 전형적인 시지프스 형 실패 사례로 남는다.

4) 시지프스 형 실패를 방지하기 위한 전략

- 기술개발 초기 단계에서의 명확한 시장 지향

연구개발 착수 전부터 '누구를 위한 기술인가' '시장에서는 어떻게 활용될 것인가'를 구체화하고, 기술과 시장을 동시에 고려한 목표 설정이 필요하다.

- 사업화 전담 조직 및 경영 리더십 강화

기술은 실현됐지만, 이를 비즈니스로 연결할 수 있는 기획, 마케팅, 전략 부서의 통합적 운영이 필수다. 기술 경영 관점에서의 리더십이 조직 내에 확보되어야 한다.

- 기술 자산의 보호 및 활용계획 수립

기술이 타사에 넘어가지 않도록 지적재산권(IP) 보호, 사전적 계약 전략, 적시의 투자 유치 등이 병행되어야 한다. 기술은 개발 그 자체보다 관리와 활용 전략에서 진정한 가치가 결정된다.

- 실패 원인 점검 시스템 도입

기술이 기대성과를 내지 못했을 경우, 정기적인 중간점검 체계와 실패 원인 분석 시스템을 통해 방향성 수정과 재설계를 유연하게 수행할 수 있어야 한다.

5) 마치며

기술은 단순한 결과물이 아니다. 그것은 목표를 향한 집단적 노력의 결정체이며, 미래를 향한 통찰의 실천이다. 하지만 기술개발이 아무리 탁월하더라도, 그 방향이 틀렸거나, 시장과 연결되지 못하거나, 그 열매를 수확하지 못한다면 결국 실패로 귀결된다.

시지프스 형 기술 실패는 단순한 노력 부족이 아니라, 전략적 무관심, 조직의 한계, 경영적 판단 부재에서 비롯된다. 이 유형의 실패를 막기 위해서는 기술개발을 '기술의 성공'이 아니라 '활용의 성공'으로 정의해야 한다.

기술이 다시 언덕 아래로 굴러 떨어지지 않게 하려면, 기술 자체보다도 그것을 세상과 연결할 수 있는 다리를 놓는 전략이 필요하다. 시지프스의 바위를 영원히 굴리는 운명을 반복하지 않기 위해서, 기술사업화는 언제나 방향과 맥락의 감수성을 갖추고 있어야 한다.

기술만으로 창업이 유효한 경우는 단 3%

기술의 착각과 3%의 공식, 나머지 97%가 실패하는 이유

　기술은 아름답다. 수많은 시행착오 끝에 구현된 정교한 알고리즘, 높은 정밀도를 자랑하는 공정 기술, 전 세계에서 유일하게 구현된 새로운 원리. 창업을 준비하는 많은 연구자와 개발자들은 이 기술의 아름다움에 확신을 품고 사업을 시작한다.
　하지만 창업의 세계는 기술의 논리만으로 작동하지 않는다. 시장은 논문을 읽지 않으며, 고객은 기술보고서를 보지 않는다. 그들이 궁금해하는 건 오직 하나다.
　"이걸로 내 문제가 해결되나요?"
　이 장에서는 기술 창업이 왜 반복적으로 실패하는지, 그 실패의 근본 구조를 설명한다. 그리고 예외적으로 기술만으로도 창업이 유효한 단 3%의 조건은 무엇인지, 나머지 97%는 무엇을 준비해야 하는지 구체적으로 짚는다.

기술만 있으면 되는 줄 알았다

　"이 기술은 세계 최고입니다. 특허도 확보했고, 경쟁 제품보다 성능이 두 배는 뛰어납니다. 투자만 해주시면 바로 제품화가 가능합니다."
　기술 창업 설명회나 IR 발표에서 자주 들리는 대사다. 하지만 기술의 우수성은 곧바로 시장 성공을 보장하지 않는다.

많은 기술 창업이 기술력 그 자체를 중심에 두지만, 정작 시장은 기술이 아니라 '문제 해결력'에 반응한다.

창업자는 종종 착각한다.

"좋은 기술이면 언젠가 알아주겠지."

하지만 시장은 선의도, 노력도, 기술적 정교함도 기다려주지 않는다. 기술은 '있으면 좋은 것'이지, '있다고 팔리는 것'은 아니다.

왜 기술 중심 창업은 실패하는가

스타트업 정보 분석 기관 CB Insights의 조사에 따르면, 창업 실패의 가장 큰 원인은 '시장 수요 없음(No Market Need)'이다. 이는 기술이 아무리 뛰어나더라도, 고객이 느끼는 문제를 해결하지 못한다면 아무 소용이 없다는 뜻이다. 문제를 '해결'하지 못해서가 아니라, 애초에 고객은 그것을 '문제'로 인식조차 하지 않기 때문이다.

예컨대, 최신 AI 기반 압축 알고리즘을 개발했다고 하자. 하지만 고객 입장에서는 기존 압축 방식도 충분히 편하고 빠르며, 새로운 알고리즘을 도입하는 데 따르는 학습 비용이나 전환 비용이 크다면, 굳이 '더 나은 기술'을 선택할 이유가 없다. 기술은 '차별성'이 되지만, 고객이 느끼는 '차별의 필요성'이 없다면 의미가 없다.

기술은 필요조건일 뿐, 충분조건이 아니다

기술은 창업의 필요조건이다. 기술이 없다면 제품이 없고, 제품이 없다면 시장에 들어갈 입구조차 없다. 하지만 기술만으로는 부족하다. 기술은 사업의 출발점이지 종착지가 아니다. 성공적인 창업은 다음의 네 가지 요소가 곱의 관계로 작동할 때 가능하다.

성공 = 기술 × 시장 × 실행력 × 타이밍

이 중 어느 하나라도 0에 가까워지면 전체의 성과는 0이 된다. 기술이 아무리 100이라도, 시장이 0이면 결과는 0이다. 이것이 기술만으로는 유효하지 않은 이유다.

〈표 1-3〉 기술 창업의 성공은 4가지 요소의 곱

요소	의미	영향
기술	기술적 완성도	반드시 필요하지만 단독으론 부족
시장	고객 수요 존재 여부	없으면 성과는 0
실행력	제품화, 팀 역량	실행 불가능하면 실패
타이밍	시장 진입 시기	너무 빨라도, 늦어도 실패

단 3%만이 기술만으로 유효하다

그렇다면 기술만으로 창업이 유효한 경우는 존재하지 않을까? 존재한다. 다만 매우 드물 따름이다. 우리는 이것을 '3%의 창업'이라 부른다. 이 3%는 다음 세 가지 요건이 모두 충족될 때 가능하다.

① 폭발적인 시장 수요
시장이 이미 갈증 상태에 있고, 기술이 나타나는 순간 수요가 폭발적으로 분출되는 경우.

예: 코로나19 초기 진단키트, 전기 차 배터리

② 아직 개발되지 않은 핵심 기술
문제해결의 기술적 병목이 존재하며, 그것을 해결할 수 있는 유일한 기술이 등장한 경우.
예: 단백질 구조 예측을 위한 알파 폴드, 초고속 반도체 공정 기술

③ 누구보다 먼저 만들 수 있는 실행력
특허, 인력, 인프라, 자본 등에서 타의 추종을 불허하는 개발 실행력이 있을 경우.
예: GPT 모델을 가장 먼저 대중화한 OpenAI, 스페이스X의 로켓 기술

이 세 가지 조건이 동시에 만족될 때, 기술 하나만으로도 시장을 돌파할 수 있다. 하지만 이 조건 중 하나라도 빠지면, 그 기술은 다시 97%의 조건부 창업으로 돌아간다.

<표 1-4> 기술만으로 유효한 단 3%의 창업

요소	설명	대표사례
폭발적인 시장 수요	시장이 이미 갈증 상태에 있고, 기술이 등장하는 순간 수요가 폭발적으로 분출됨	- 코로나19 초기 진단키트 - 전기 차 배터리 수요 급증
아직 개발되지 않은 핵심 기술	기술적 병목 구간이 존재하고, 그것을 뚫는 유일한 기술이 등장함	- Alpha Fold의 단백질 구조 예측 - 초고속 반도체 공정 기술
타의 추종을 불허하는 실행력	특허, 인력, 인프라, 자본 등을 확보하여 가장 먼저 제품화 가능	- OpenAI의 GPT 모델 대중화 - Space X의 로켓 재활용 기술

나머지 97%는 기술 이후를 준비해야 한다

대부분의 기술 창업은 이 3%에 해당하지 않는다. 다시 말해 기술 외의 무언가를 준비하지 않으면 실패한다. 창업자는 다음의 질문에 답할 수 있어야 한다.

- 시장은 어디에 있는가?
- 누구의 문제를 해결하는가?
- 고객은 왜 이 제품을 써야 하는가?
- 기술을 통해 어떤 '경험'을 제공할 것인가?

이 질문에 답하지 못한다면, 기술은 시장에서 떠다니는 '미완의 잠재력'일 뿐이다.

마무리

기술은 위대하다.
기술은 혁신을 가능케 하고, 문제를 정밀하게 해결하며, 인류의 가능성을 확장한다. 하지만 창업이라는 현실 속에서는 기술만으로 충분하지 않다. 기술이 있으면 창업이 가능하다. 그러나 기술만으로는 창업이 성공하지 않는다. 진짜 창업은 기술 이후에 시작된다.
그 기술이 누구의 문제를 해결하는지, 어떤 흐름 안에 들어가는지, 어떤 경험으로 전달되는지 설계하는 순간부터가 진정한 사업의 출발점이다.
'기술은 출발점'이다.
하지만 성공은 사람과 연결되는 '흐름' 속에 있다.

혁신 창업은 고객의 인지 흐름을 설계하는 일이다

제품 중심에서 '느끼고 반응하는 흐름' 중심으로의 전환

기술만으로 유효한 창업이 단 3%라는 사실을 인지한 순간, 우리는 자연스레 다음 질문을 던지게 된다. 그렇다면 나머지 97%의 창업은 무엇을 중심에 두어야 하는가? 그 답은 놀랍게도 기술 그 자체가 아니라, 사람이 어떻게 문제를 인식하고, 기대하고, 체험하는가에 있다.

혁신 창업은 제품을 만드는 일이 아니다.

제품은 결과일 뿐이고, 고객이 어떻게 그것을 인식하고 받아들이는지, 그 인지의 흐름을 설계하는 것이 본질이다. 다시 말해 기술이 중심이 아니라, 사람의 마음속에서 움직이는 흐름이 중심이 되는 것이다.

이 장에서는 제품 중심의 기술 창업과는 다른, 인지 흐름 중심의 혁신 창업에 대해 구체적으로 살펴본다.

제품 중심 창업의 한계: 왜 실패하는가?

수많은 기술 창업자들은 "기능이 뛰어난 제품"을 만드는 데 몰두한다. 성능은 얼마나 빠른지, 효율은 얼마나 높은지, 가격은 얼마나 합리적인지—이런 요소들은 실제로 제품의 품질을 결정하는 중요한 기준들이다.

하지만 고객은 기술자가 아니다.

그들은 제품의 내장 칩 구조나 알고리즘 정확도를 깊이 들여다보지 않는다. 대신 그들이 반응하는 것은 제품이 자신의 상황에서 얼마나 자연스럽게 들어오는가, 사용할 이유가 얼마나 직관적인가, 그리고 사용 후 어떤 감정을 남기는가와 같은 흐름이다.

결국 제품 중심 창업은 다음과 같은 질문에 답하지 못한 채 시장에서 고립된다.

- "나는 왜 이걸 써야 하지?"
- "이게 지금 내게 어떤 도움이 되지?"
- "이걸 사용하는 게 정말 더 나은 선택인가?"

이 질문에 답하지 못하는 제품은 아무리 기능이 뛰어나도 '선택받지 못한 기술'로 남는다.

고객의 인지 흐름이란 무엇인가?

우리가 창업자로서 진짜로 설계해야 하는 것은 '제품'이 아니라 '경험의 흐름'이다. 고객은 제품을 구매하거나 사용하는 데 있어서 단순히 기능을 검토하는 것이 아니라, 자기 안에서 문제를 인식하고, 기대를 형성하며, 체험하고, 기억하는 일련의 인지적 흐름을 거친다.

이 인지 흐름은 다음과 같은 단계로 구성된다.

① 먼저 문제를 인식한다. 어떤 불편함, 욕구, 갈증이 마음속에 떠오른다.
② 그 다음 해결에 대한 기대가 생긴다. '이런 게 있으면 좋겠다.'라는

감정이 고개를 든다.

③ 그리고 나서 제품이나 서비스를 탐색하게 된다. 이 과정에서 많은 정보와 비교가 일어난다.

④ 사용 후에는 직접적인 체험이 뒤따른다. 만족하거나 실망하거나.

⑤ 마지막으로는 그 경험을 기억하고 해석하며 반복 여부를 결정한다.

이 모든 과정이 하나의 유기적인 흐름이며, 고객은 기능이 아니라 이 흐름 전체에서 느껴지는 직관적 신뢰와 감각에 따라 선택한다.

〈표 1-5〉 인지 흐름 5단계

〈문제 인식〉 -〉〈기대 형성〉 -〉〈탐색/비교〉 -〉〈체험/사용〉 -〉〈기업/재사용〉

기술 창업과 혁신 창업의 사고방식 차이

기술 창업은 무엇을 만들 수 있느냐를 묻는다. 하지만 혁신 창업은 무엇이 고객의 머릿속에서 움직이고 있느냐를 묻는다.

이 차이는 작아 보이지만, 결과는 완전히 다르다. 〈표 1-6〉는 기술 창업과 혁신 창업의 비교표이다.

기술 창업이 기능 중심이라면, 혁신 창업은 감각 중심, 의미 중심, 흐름 중심이다. 고객은 '더 나은 기술'보다는 '더 잘 느껴지는 흐름'을 선택한다. 창업자가 자신이 만든 제품을 어떻게 설명할 수 있는지가 중요한 것이 아니라, 고객이 그 제품을 어떻게 해석하고, 자신의 삶 속에 어떻게 위치시키는지가 결정적이다.

〈표 1-6〉 기술 창업 vs. 혁신 창업 비교표

구분	기술 창업	혁신 창업
출발점	무엇을 만들 수 있는가	무엇이 고객의 머릿속에서 움직이는가
중심 가치	기능, 성능, 기술적 우수성	감각, 흐름, 의미, 경험
고객 접근	기술을 설명하려 함	고객의 문제 인식과 흐름을 이해하려 함
창업자의 질문	"이 기술이 얼마나 뛰어난가?" "이 기능이 얼마나 빠르고 정교한가?"	"고객은 언제 이 제품을 인식하게 되는가?" "어떤 흐름 안에서 반응하게 되는가?"
고객의 반응 기준	기술적 차별성	인지적 직관, 감각적 신뢰
대표 방식	제품 중심 설계	인지 흐름 중심 설계
대표 실패 원인	시장 수요 부재, 기능 과잉	흐름 단절, 기대·체험 불일치
핵심 성패 요인	기술력 자체	고객의 흐름에 맞춘 해석과 경험

흐름을 설계한 사례들

인지 흐름 중심으로 설계된 혁신 창업 사례는 우리 주변에 이미 존재한다.

- 에어비앤비는 단순히 방을 빌리는 기능을 제공한 것이 아니라, 낯선 도시에서 현지처럼 머물 수 있다는 안심의 흐름을 설계했다.
- 노션(Notion)은 텍스트 편집 툴이 아니라, 자신의 생각을 시각적으로 구조화하고 싶은 사용자의 흐름을 직관적으로 따라갔다.
- 쿠팡의 로켓배송은 단순한 배송 속도의 문제가 아니라, "내일 아침 받을 수 있다."라는 감각적 확신을 고객에게 선사했다.

- 토스(Toss): UX 개선을 통한 '송금의 불편함' 제거 → 문제 인식과 기대 사이의 흐름에 집중
- 배달의민족: '배달 주문의 불편함'을 '익숙한 UI와 친근한 문구'로 직관화 → 감각적 흐름 강조

이들의 공통점은, 제품의 스펙보다 고객의 생각이 흘러가는 방향을 먼저 파악하고, 그 흐름 위에 자신들의 제품을 올려놓았다는 점이다.

혁신 창업자가 던져야 할 다섯 가지 질문

당신이 지금 만들고 있는 제품 혹은 서비스가 있다면, 그것이 기술적으로 뛰어난가를 넘어서, 다음과 같은 질문을 반드시 던져보자.

첫째, 고객은 이 제품을 언제 처음 인식하게 되는가?
둘째, 문제 → 기대 → 탐색 → 체험 → 신뢰라는 인지 흐름은 자연스럽게 연결되는가?
셋째, 기능보다 먼저 감각적으로 먼저 반응할 지점은 어디인가?
넷째, 사용한 뒤, 고객은 이 제품을 어떤 말로 다른 사람에게 설명할까?
다섯째, 고객이 이 흐름을 다시 반복하고 싶어질 이유는 무엇인가?

이 질문에 명확히 답할 수 있을 때, 당신의 창업은 기술에서 흐름으로, 제품에서 사람으로, 구조에서 경험으로 이동하게 된다.

마무리

혁신 창업은 새로운 기능을 설계하는 것이 아니라, 새로운 흐름을 설계하는 일이다. 그 흐름은 기술 위에 있지 않고, 언제나 고객의 머릿속에서 출발한다. 사람은 논리보다 직관에 반응하고, 스펙보다 기억에 따라 움직인다.

그렇기에 고객이 어떻게 느끼고, 어떻게 기대하고, 어떻게 해석하는가를 설계하지 않는 창업은 혁신이라 할 수 없다.

제품은 눈에 보이지만, 진짜 혁신은 고객의 인지 흐름 안에서 일어난다.

시장은 기술이 아니라 흐름에 반응한다

혁신은 기술이 아니라 타이밍, 맥락, 그리고 감각적 공명의 문제

우리는 종종 시장이 '좋은 기술'에 반응한다고 믿는다. 하지만 실제 시장은 기술의 완성도나 정밀함보다는, 그 기술이 언제, 어떤 맥락에서, 어떻게 받아들여졌는가에 따라 전혀 다른 반응을 보인다.

어떤 기술은 훨씬 완성도가 높았음에도 사장되고, 어떤 기술은 조악한 수준이었지만 엄청난 시장 반응을 끌어낸다.

왜 이런 차이가 생기는가?

그 이유는 간단하다. 시장 자체가 기술에 반응하는 것이 아니라 '흐름'에 반응하기 때문이다. 흐름이란 단순한 유행이 아니라, 사람들의 기대와 감정이 모이고 흘러가는 방향이다.

혁신은 결국 기술이 아니라, 그 흐름과의 공명 속에서 완성된다.

시장은 기술보다 타이밍에 민감하다.

혁신의 역사는 타이밍의 역사다.

비슷한 기술이라도 시장에 도달한 시점이 빠르면 '혁신'이 되지만, 너무 이르면 '실패'로 기록된다. 1990년대 말에도 모바일 인터넷과 터치

스크린은 존재했다. 하지만 스마트폰이 대중화된 것은 아이폰이 등장한 2007년 이후였다.

같은 기술이지만, 시장 수용 가능성의 흐름에 맞는 타이밍을 포착했느냐가 갈림길이었다. 타이밍이란 단순히 '먼저 나오는 것'이 아니다. 사람들이 그것을 받아들일 준비가 되었을 때 등장하는 것, 그러니까 기대의 흐름과 기술의 출현이 교차하는 순간이다. 이 흐름을 놓치면 아무리 뛰어난 기술도 시장에서는 무관심하게 지나간다.

기술보다 더 중요한 맥락의 힘

어떤 기술이 시장에서 성공하려면, 그 기술이 어떤 '이야기' 속에 등장하는지가 중요하다. '이야기'란 바로 맥락(context)이다. 동일한 기술이라도 그것이 사용되는 맥락에 따라 의미가 완전히 달라진다.

예를 들어, 센서 기술은 군수 산업에 쓰일 때와 노약자 보호 서비스에 쓰일 때, 전혀 다른 시장, 전혀 다른 감정, 전혀 다른 규제를 불러온다. 맥락은 기술을 사회적 언어로 번역하는 작업이다.

기술은 설명할 수 있지만, 맥락은 이해될 수 있어야 한다. 따라서 혁신 창업가는 단지 '기술을 만들었다'는 사실에 멈추지 않고, 그 기술이 어떤 서사에 속해 있는지를 먼저 설정해야 한다. 맥락 없는 기술은 시장에서 의미 없는 기술이 된다.

감각적 공명이 만들어내는 시장 반응

기술이 시장에서 반응을 일으키는 순간을 잘 살펴보면, 그 배후에는 늘 어떤 감각적 공명(sensory resonance)이 존재한다.

공명이란, 고객의 내면에 이미 존재하는 어떤 불안, 기대, 정서, 혹은 문화적 상징과 기술이 맞닿는 순간 울리는 감정의 떨림이다.

- 노션은 '디지털에서 사고를 정리하고 싶은 욕망'과 공명했다.
- 에어비앤비는 '여행을 생활처럼 살고 싶은 감정'과 공명했다.
- 클럽하우스는 '실시간 참여와 드물게 느껴지는 폐쇄성'과 공명했다.

공명은 기술로 설계할 수 없다.
그러나 사람의 흐름을 읽고, 그것과 연결되는 지점을 설계하는 기술적 감수성은 창업자가 반드시 갖추어야 한다.
혁신은 결국 정량적인 성능의 문제가 아니라, 감각적 타이밍과 해석의 문제다. 시장에 울림을 줄 수 있는 창업은, 기술이 아니라 흐름을 이해한 창업이다.

〈표 1-7〉 기술이 혁신이 되는 3단 논법

단계	개념	정의	핵심 질문	사례 키워드
1단계. 타이밍	기대와 기술이 만나는 순간	기술이 '등장할 준비가 된 순간'을 포착	"이 기술이 지금 나와야 하는 이유는 무엇인가?"	아이폰(2007), GPT(2022)
2단계. 맥락	기술을 해석하는 사회적 이야기	기술이 어떤 의미로 소비되는지 결정	"이 기술은 어떤 이야기 속에 존재하는가?"	센서 = 군수 vs. 복지
3단계. 감각적 공명	기술과 감정이 맞닿는 지점	고객 내면의 정서·욕망과 기술이 연결	"이 기술이 어떤 감정을 울리게 하는가?"	에어비앤비, 노션, 클럽하우스

왜 기술은 따라잡히지만 흐름은 선점되는가?

기술은 복제되지만, 흐름은 복제되지 않는다.

기술은 특허로 보호될 수 있지만, 흐름은 사람들의 마음 안에 각인되어야만 살아남는다. 혁신 창업가는 기술을 얼마나 빨리 만들 수 있느냐 하는 것보다, 사람들이 얼마나 자연스럽게 따라올 수 있는 흐름을 만들 수 있느냐를 고민해야 한다.

특정 기술이 '최초'였느냐는 시간이 지나면 희미해진다. 하지만 그 기술이 처음으로 어떤 흐름을 만들었느냐는 오래 기억된다. 아이폰이 스마트폰의 첫 제품은 아니었지만, 터치 인터페이스 흐름의 표준을 만든 존재로 기억된다.

GPT가 최초의 대형 언어모델은 아니었지만, 일상 언어를 통해 AI와 상호작용하는 흐름을 만든 존재가 되었다.

따라서 시장을 선점하려는 창업자는 '기술을 지배할 방법'보다 '흐름을 선점할 순간'을 포착할 줄 알아야 한다.

마무리

시장은 언제나 움직인다.

기술은 그 시장을 따라가기도 하고, 앞서 가기도 하고, 뒤처지기도 한다. 그러나 진짜 혁신은, 그 움직임의 '결절점(結節点)'에서 등장한다. 시장은 기술에 반응하지 않는다.

시장은 흐름에 반응한다.

기술을 통해 흐름을 만들 수 있을 때, 기술은 비로소 혁신이 된다. 그 흐름은 타이밍 속에서 시작되고, 맥락 속에서 정당화되며, 감각적 공명을 통해 시장 속으로 퍼져나간다.

 이제 우리는 기술 중심 창업의 한계를 넘어, 사람의 인지 흐름과 시장의 반응 메커니즘까지 살펴보았다. 다음 단계는, 이 흐름을 어떻게 전략화하고 설계할 것인가 하는 것이다. 다시 말해 기술을 넘어서 기획과 연결, 그리고 설득의 언어로 나아가야 할 때다.

기술의 길을 여는 사람들

에반젤리스트의 진화와 필요성

기술은 세상을 바꾸는 원동력이지만, 기술만으로 세상이 변화하는 것은 아니다. 새로운 기술은 반드시 누군가의 설득, 연결, 확산 노력을 통해 사회와 시장으로 진입한다. 이 과정을 주도하는 존재가 바로 '에반젤리스트(Evangelist)'다.

기술을 전파하고, 이해시키며, 사업화의 길을 여는 이들은 현대 R&D 생태계에서 점점 더 중요한 역할을 차지하고 있다.

기술 에반젤리스트: 기술의 가치를 전파하다

기술 에반젤리스트는 새로운 기술이나 플랫폼의 우수성과 가능성을 외부에 설득력 있게 전달하는 사람이다. 이들은 종종 개발자 커뮤니티, 세미나, 산업 콘퍼런스 등에서 기술을 소개하고, 기술이 사용자나 기업에게 왜 필요한지를 이해시키는 역할을 수행한다.

기술 에반젤리스트는 주로 기술적 언어에 능통하면서도 커뮤니케이션 능력이 탁월한 인재로, 기술의 '전도사'라 불리기에 손색이 없다.

이들의 활동은 단순한 홍보를 넘어, 기술 수용성과 확산을 높이는 데 중요한 기여를 한다. 특히 인공지능, 블록체인, 양자기술 등 난해한 신기술의 경우, 기술 에반젤리스트의 존재는 기술과 사회 사이의 격차를 좁히는 데 핵심적인 역할을 한다.

[사례] NVIDIA의 딥 러닝 에반젤리스트, Jim McHugh 부사장

NVIDIA는 GPU 기술을 게임용에서 딥 러닝용으로 전환하며 새로운 시장을 열었다. 이 과정에서 Jim McHugh 부사장은 개발자 컨퍼런스(GTC)와 글로벌 세미나를 통해 "GPU는 AI를 위한 엔진이다"라는 메시지를 반복적으로 확산시켰다. 단순한 제품 설명을 넘어서 기술이 바꾸는 미래를 이야기하며 개발자·연구자 커뮤니티를 형성했고, 이는 이후 AI 생태계 내에서 NVIDIA가 중심이 되는 데 큰 기여를 했다.

기술사업화 에반젤리스트: 기술과 시장을 잇는 다리

기술이 아무리 뛰어나더라도, 시장에서 가치로 전환되지 못하면 '죽은 기술'에 머물 수 있다. 기술사업화 에반젤리스트는 기술의 '사업성'을 중심으로 기술을 해석하고, 산업계나 투자자에게 기술의 가능성을 설명하는 데 초점을 둔다.

이들은 단순히 기술을 소개하는 것이 아니라, 기술이 어떻게 비즈니스가 될 수 있는지를 설계하고 제시한다. 비즈니스 모델 수립, 수요처 탐색, 기술이전 전략 수립 등 기술과 산업 사이의 구체적 접점을 만들어가는 이들이 바로 기술사업화 에반젤리스트이다.

이 역할은 특히 공공 R&D에서 개발된 기술을 민간 시장으로 이전할 때 중요하다. 수요기업과 공급기관의 언어를 모두 이해하는 '기술 통역사'이자, '시장 설득자'가 되어야 하기 때문이다.

[사례] 국내 TLO(기술이전 전담조직)의 기술사업화 전문가, 서울대 기술지주회사

서울대학교 기술지주회사의 한 기술사업화 담당자는 탄소중립 관련 고분자 필름 기술을 민간 기업에 이전하기 위해, 관련 산업군의 니즈를 면밀히 분석하고 시장 시나리오에 기반을 둔 사업모델을 제시했다. 단순한 기술 설명서를 넘어서, 해당 기술이 '어디에 쓰이고, 얼마만큼의 시장을 창출할 수 있는지'를 명확히 제시한 결과, 중견 소재기업과의 기술이전 계약이 성사되었다.

이 사례는 기술이전이 단지 기술력에만 의존하는 것이 아니라, '에반젤리스트의 사업적 설득력'에 달려 있음을 보여준다.

R&D 사업화 에반젤리스트: 연구에서 시장까지를 설계하다

R&D 사업화 에반젤리스트는 연구개발 성과의 전주기적 흐름을 조망하고, 기술의 최종 목적지인 '시장 진입'을 목표로 모든 단계를 유기적으로 설계하고 조율하는 전략가다.

이들은 기술기획 단계부터 시장의 요구를 반영하도록 연구를 유도하고, 기술이 개발된 후에는 투자유치, 창업 연계, 정책 활용 등 다양한 수단을 통해 사업화 가능성을 극대화한다. 말하자면 연구자의 실험실에서부터 소비자의 손에 닿기까지 이어지는 전 과정을 디자인하고 주도하는 사람이라 할 수 있다.

특히 정부의 R&D 예산이 대규모로 투입되는 현실에서, 단순한 논문과 특허 이상의 실질적 경제·사회적 효과를 만들어내기 위해 이들의 역할은 더욱 강조된다. R&D사업화 에반젤리스트는 기술이 아닌 문제 해결을 중심으로 사고하고 행동하는 사업화 촉진자다.

[사례] KAIST 이해신 교수와 그래비티 샴푸: 연구자와 에반젤리스트가 하나 된 사례

KAIST 화학과의 이해신 교수는 폴리페놀 기반의 생체 활성 물질 연구를 바탕으로, 중장년층의 탈모 고민 해결을 목표로 한 기능성 헤어 케어 브랜드 '그래비티(grabity™)'를 선보였다. 이 브랜드는 이해신 교수가 이끄는 연구팀의 기술력을 기반으로 설계되었으며, 그의 창업회사인 폴리페놀 팩토리(대표 이해신)를 통해 시장에 출시되었다.

그래비티 샴푸는 탈모 고민이 많은 40~50대 소비자를 주요 타깃으로 삼아, 폴리페놀 기술을 적용한 특허 성분 '리프트맥스 308™(LiftMax 308™)'를 핵심으로 한다. 이 성분은 샴푸 과정에서 손상된 모발의 큐티클 층 사이를 보호하고, 모피질 간극을 메워줌으로써 가늘고 힘없는 머리카락에 볼륨과 탄력을 제공한다. 실제 사용자 관점에서의 모발 강화와 두피 개선 효과를 모두 겨냥한 설계다.

이 제품은 미국의 크라우드 펀딩 플랫폼에서 목표치의 1,122%를 달성하며 높은 주목을 받았고, 국내 예약 판매에서도 연이은 매진을 기록하며 시장성과 소비자 반응을 동시에 입증했다.

단순한 기술 기반 제품이 아니라, 과학적 신뢰성과 소비자 관점의 설득력이 동시에 반영된 결과다.

이해신 교수는 기술을 개발하는 연구자에 머무르지 않고, 기술의 시장 진입 과정 전반을 직접 기획·운영하며 브랜드 설계, 제품 포지셔닝, 투자 유치, 소비자와의 소통 전략까지 통합적으로 주도하였다. 이처럼 기술 개발과 사업화 전략을 하나의 흐름으로 설계한 결과, 그래비티 샴푸는 기술 기반 스타트업의 모범 사례로 주목받고 있다.

이 사례는 연구자가 스스로 R&D사업화 에반젤리스트의 역할을 수행할 수 있음을 보여주는 대표적 예시이다. 기술을 이해하는 것에서 나아가, 그 가치를 시장과 소비자가 이해하도록 만드는 '전달의 설계'까지 아우를 때, 기술은 비로소 완성된다.

세 가지 에반젤리스트의 관계와 진화

기술 에반젤리스트, 기술사업화 에반젤리스트, R&D사업화 에반젤리스트는 서로 다른 역할을 수행하지만, 이들은 'R&D 수익 맵' 상에서 하나의 유기적 흐름을 이룬다.

〈표 1-8〉 에반젤리스트 3단계 구조

구분	역할	중심 질문	주요 활동
기술 에반젤리스트	기술의 존재 이유를 설득	"이 기술은 왜 중요한가?"	기술 전파, 커뮤니티 구축
기술사업화 에반젤리스트	기술이 비즈니스가 되는 흐름 설계	"이 기술은 어떻게 수익을 낼 수 있는가?"	비즈니스 모델 설계, 수요처 연계
R&D사업화 에반젤리스트	연구와 시장을 유기적으로 연결	"이 연구는 시장까지 연결될 수 있는가?"	연구기획, 창업·정책 연계, 전주기 설계

마무리: 기술의 가치를 실현하는 주체들

기술이 그 자체로는 목적이 아니다.
기술은 문제를 해결하기 위한 수단이며, 인간의 삶을 변화시키는 도구다. 하지만 이 도구가 효과적으로 쓰이기 위해서는 반드시 이를 '이해시키고, 연결하고, 확산시키는 사람들'이 필요하다.

기술과 시장 사이, 연구와 정책 사이, 아이디어와 실행 사이에는 항상 간극이 존재한다. 이 간극을 메우는 사람이 바로 에반젤리스트이며, 이들 에반젤리스트야말로 'R&D 수익 맵'의 숨은 핵심 동력이다.

앞으로의 R&D는 단순한 개발을 넘어 '누가, 어떻게, 왜' 기술을 전파하고 사업화할 것인가를 함께 설계해야 한다. 그리고 그 중심에 에반젤리스트가 서야 한다.

〈표 1-9〉 에반젤리스트 역량 매트릭스

구분	기술 이해	시장 분석	커뮤니케이션	정책/투자 연계
기술 에반젤리스트	●●●	●	●●●●	●
기술사업화 에반젤리스트	●●	●●●●	●●●	●●●
R&D 사업화 에반젤리스트	●●	●●●●	●●●●	●●●●

※ ● = 숙련도 정도 (1~4)

"SOME PEOPLE DREAM, SOME PEOPLE DO."
기술의 시대를 살아가는 우리에게 전하는 실천의 메시지

단순한 문장이 전하는 혁신의 철학

"Some people dream, some people do."

이 짧고도 강력한 문장은 유럽, 특히 독일의 R&D 사업화 교육 현장에서 자주 인용되는 슬로건이다. 겉보기에는 단순한 동기부여 문장처럼 보이지만, 그 속에는 현대 기술혁신과 창업, 특히 R&D 사업화(R&BD)를 바라보는 핵심 철학이 담겨 있다.

이 문장은 우리가 익숙하게 여기는 연구자 중심, 기술 중심의 R&D 패러다임에서 벗어나, "아이디어를 실행으로 연결하는 사람", 즉 Doer(실행자)의 중요성을 강조한다. 독일의 프라운호퍼(Fraunhofer), 슈타인바이스(Steinbeis)와 같은 유럽형 R&D 사업화 기관들은 이 문장을 통해 참가자들에게 "기술은 시작일 뿐이며, 사회와 시장으로의 연결이 본질"임을 각인시킨다.

'꿈꾸는 자'와 '실행하는 자'의 차이

"Some people dream."은 이상을 품고 기술을 탐구하는 이들, 즉 연구자, 발명가, 엔지니어들을 상징한다. 그들은 뛰어난 지적 자산을 보유하고 있지만, 종종 기술을 사회와 연결하는 마지막 고리, 실행의 사슬을 놓치곤 한다.

그런가 하면 "Some people do."는 기술을 사업화하고, 시장과 연결하며, 사회적·산업적 가치를 창출하는 사람들이다. 단순한 기술 보유자가 아니라 가치 실현자(value creator)의 입장에 선 이들이며, 이들이야말로 현재의 R&D 생태계를 진정으로 움직이는 주체이다.

R&D 사업화(R&BD) 교육에서의 적용 맥락

이 슬로건은 독일의 대표적 R&D 사업화 교육기관들에서 참가자의 태도 전환을 유도하기 위해 교육 초반에 소개된다. 특히 다음과 같은 맥락에서 활용된다.

- 기술을 시장과 연결하는 실행력 부재에 대한 자각
- 아시아권 연구자의 과도한 기술 중심주의에 대한 비판적 문제 제기
- "R&D 그 이후를 고민하라."라는 메시지 전달

예컨대 프라운호퍼연구소는 연구 성과의 70% 이상을 산업 및 공공영역으로 이전하며, 이를 가능케 하는 실행 메커니즘을 체계화하고 있다. 반면 한국 등 아시아 국가들은 우수한 기술에도 불구하고 사업화비율이 낮은 원인을 실행 역량 부족, 즉 Doer의 부재에서 찾는다. 이는 최근 '맥킨지 보고서(2025)'에서도 확인된다.

맥킨지의 진단: 왜 지금 'Doer'가 중요한가?

맥킨지는 2025년 보고서를 통해 한국이 지난 20년간 지속적 저성장 구조에 빠진 원인을 '기업가정신의 쇠퇴'와 '실행을 억누르는 규제'에서 찾았다.

- 잠재성장률은 1%대(OECD 기준 1.94%)로 하락
- 국가경쟁력 순위는 27위(IMD 기준)로 7계단 하락
- 기업 효율성 지표는 44위로 21계단 급락
- 한국 주식시장 PER은 14배로 대만(18배), 일본(16배) 대비 저평가

맥킨지는 기술이 부족해서가 아니라, 실행하지 못했기 때문이라고 진단한다.

이는 곧 "Some people dream."만 넘쳐나는 반면, "Some people do."가 현저히 부족하다는 것을 의미한다. 기술은 풍부하지만 실행이 적은 사회, 그것이 지금 우리의 모습이다.

이 문장을 뒷받침하는 이론과 문헌적 기반

이 철학은 단지 교육현장의 구호가 아니라, 오픈이노베이션(Open Innovation), R&D 사업화, 산학협력 이론 등에서도 일관되게 강조된다. 그 중 대표적인 연구는 다음과 같다.

- Chesbrough(2003)는 『Open Innovation』에서, 기업과 연구기관이 기술을 개발하는 것보다 기술을 시장에 성공적으로 이전하는 것

이 더 중요하다고 주장한다. 그는 성공적인 기업들이 내부 아이디어 뿐만 아니라 외부의 기술도 받아들여 사업화하는 구조를 강조하면서, 실행(doing)의 가치를 부각시킨다.
- Gassmann et al. (2010)은 오픈 이노베이션의 미래를 논하며, 기업과 연구기관이 "기술을 많이 보유하고 있으나, 제대로 활용하지 못하는 상황"을 비판하고, 실행 중심의 전략 모델 필요성을 제기한다.
- 독일 Steinbeis Foundation과 Fraunhofer-Gesellschaft는 실제 교육 콘텐츠와 매뉴얼에서 "기술의 최종 목적은 상용화 또는 정책 임팩트"임을 반복적으로 강조하며, 'Doer 양성'을 기술교육의 목표로 설정한다.

또한 OECD(2011)와 European Commission(2014)은 R&D 성과가 단순한 논문과 특허를 넘어서야 하며, 실질적인 경제·사회적 가치 창출로 연결되어야 한다고 지적하며, 실행 역량의 중요성을 재차 강조한 바 있다. 이론적으로도, 정책적으로도 '실행 역량'은 R&D 사업화의 핵심으로 자리 잡았다.

왜 지금 'Doer'가 중요한가?

기술이 넘쳐나는 시대일수록, 기술을 잘 실행하고 전략화(戰略化)하는 역량은 더욱 귀해진다. 다음과 같은 이유에서 'Doer' 중심 철학은 오늘날 더욱 중요해지고 있다.

- 기술 간 차별화가 어려워진 시대: 유사한 기술이 다수 존재하며, 기술 자체로 경쟁우위를 확보하기가 어려움.

- 기술→가치 전환의 시간 단축: 시장은 빠르게 반응하길 원하며, 연구자의 실행력이 사업화 속도를 좌우함.
- 고객·사회 중심의 기술개발로의 패러다임 전환: 이제는 기술을 개발하는 것이 아니라, 문제를 해결하는 것이 R&D의 목표가 되고 있음.

따라서 이제 R&D 수행자들은 단순한 기술자, 설계자가 아니라, 기술을 기획하고 실현하는 행동가이자 전략가로서의 정체성을 가져야 한다. "SOME PEOPLE DREAM, SOME PEOPLE DO."라는 문장은 바로 이러한 변화의 시기를 살아가는 우리 모두에게 실천의 중요성을 상기시키는 상징적 표현이라 할 수 있다.

마무리: "기술을 넘어 실행하라"는 시대의 요청

"SOME PEOPLE DREAM, SOME PEOPLE DO."는 단순히 동기부여 문장을 넘어, 오늘날 기술혁신의 핵심 역량이 어디에 있는지를 분명히 알려주는 이정표다.

그것은 연구개발(R&D)은 여전히 중요하지만, 이제는 그 이후 R&D 사업화를 고민하고 행동하는 시대다. 기술은 많지만 실행은 적은 시대, 지금 우리가 직면한 도전은 더 나은 기술을 만드는 것만이 아니다. 더 많이 실행하는 것, 그리고 더 빨리 실현하는 것이다.

꿈꾸는 자에서 그치는 것이 아니라, 기술을 현실로 만드는 사람, 행동하는 사람(Doer)이 되기 위해 우리 스스로에게 물어야 할 때다.

"나는 지금 Dreamer인가, Doer인가?"

기술은 생각하는 사람을 기억하지 않는다.

실행하는 사람만이 기록된다.

한국인의 문화적 특성과
R&D 혁신의 내재된 동력

침묵 속의 진군(進軍)

R&D 혁신은 흔히 과학기술, 자본, 제도, 그리고 조직 전략의 문제로 접근된다. 하지만 그 이면을 들여다보면, 더 근본적인 힘이 존재한다. 바로 '사람'이며, 그 사람을 움직이는 힘은 문화다.

문화는 눈에 보이지 않지만, 깊고도 강한 흐름으로 기술의 방향을 바꾸고, 혁신의 속도를 조절하며, 결과의 품질을 결정한다.

이민진, 한국계 미국인 작가이자 『파친코』를 통해 한국인의 정체성과 역사적 무게를 전 세계에 알린 그녀는 말한다. "한국인들은 자신이 가진 힘보다 자신을 더 약하다고 느끼기에, 항상 더 열심히 공부하고 일하는 사람들"이라고. 그리고 "자기 생각을 다 말로 표현하지 않지만, 몸짓과 행동으로 스스로를 드러낸다."고도 했다.

이 발언은 단순한 민족적 자부심의 표현이 아니다. 이는 오늘날 한국의 기술혁신, 특히 R&D 현장에서 살아 숨 쉬는 행동양식과 조직문화에 대한 핵심 통찰이다. 이 장에서는 이민진 작가의 문화적 통찰을 바탕으로, 한국인의 집단 심리와 행동 특성이 R&D 혁신과 어떻게 연결되는지 구체적으로 살펴본다.

문화적 자각: 스스로를 '약하다'고 느끼는 민족의 내면

이민진 작가는 한 인터뷰에서 "한국인들은 자신이 가진 힘보다 자신을 더 약하다고 느낀다."라고 언급했다. 이는 단순한 겸손이나 자기비하를 넘어, '더 나아져야 한다.'라는 집단적 긴장감이 사회 전체에 내재되어 있음을 시사한다.

이 같은 감정은 오랜 역사를 통해 외세의 침략, 분단, 경제적 불균형 등 복합적인 외부 조건 속에서 형성되었으며, 이를 극복하기 위한 방편으로 끊임없는 자기 개발이 강조되었다.

이러한 심리적 배경은 곧 근면성, 학습 중심 사회, 성과주의 문화로 이어졌다. R&D 부문에서는 이러한 특성이 다음과 같이 구체적으로 나타난다.

첫째, 끊임없는 재교육과 역량 개발: 신기술 습득에 대한 높은 집착.
둘째, 실패를 용납하지 않는 완성 지향적 태도: R&D 과정에서도 '완성도'를 중시하는 기술문화.
셋째, 선진국 모델의 추격과 초월: 약자 의식이 경쟁력을 견인하는 원동력.

말보다 강한 행동의 민족: 비언어적 실천성과 기술 개발의 추진력

이민진은 또 다른 언급에서 "한국인들은 자기 생각을 말로 다 표현하지 않지만, 몸짓으로 자신을 표현한다."라고 했다. 이 말은 한국인의 문화가 언어보다 '실천과 행동'에 무게를 두고 있음을 보여준다. 이는 단순한 커뮤니케이션 방식의 차이가 아니라, 일 중심, 성과 중심, 문제 해결 중심의 사고로 이어지며, R&D 환경에선 다음과 같이 나타난다.

첫째, 현장 기반의 실증 중심 연구 강화
둘째, 조용하지만 빠르고 집중된 팀워크
셋째, 책임감 기반의 기술자 주도 연구문화

이러한 분위기 속에서 R&D 조직은 구성원 개개인의 말없는 몰입, 그리고 '말보다는 결과'를 중시하는 태도 속에서 조용한 혁신을 실현하고 있다.

지시보다 자각, 그리고 자율의 혁신 DNA

그녀는 "한국인은 '움직이라고 할 때만 움직이는' 사람이 아니라, 스스로 나아가야 할 방향을 찾고 나아가는 민족"이라고도 했다. 이는 R&D 조직에서 특히 중요시되는 자율성(Autonomy) 및 주도성(Proactivity)과 밀접하게 연결된다.

한국의 R&D 인력들은 외부 명령 없이도 스스로 기술과 방향을 모색하며, 다음과 같은 혁신 시스템의 핵심 동력을 제공한다.

- 문제 중심적 사고방식(Problem-Oriented Thinking)
- 고속 피드백을 통한 빠른 시제품 전환(Fast Prototyping)
- 공동의 목표를 향한 비언어적 합의와 집중력

이처럼 내면에서 우러나는 '혁신의 이유'는 R&D의 기획, 수행, 성과 확산까지 전 단계에서 민족적 특성이 기술문화로 내재화되고 있는 것이다.

〈표 1-10〉 이민진 작가의 3가지 문화 통찰을 R&D 문맥에 재해석

문화적 특성	R&D적 해석
자신을 약하다고 느끼는 내면	자기 개선, 완성 집착, 기술 추격 전략
말보다 몸으로 표현	실천 우선, 결과 중심 연구문화
지시 없이 방향을 찾음	자율성 기반 문제 해결력, 팀워크 집중력

→ 이는 곧 한국형 R&BD 생태계의 '조용한 추진력'으로 작용함

마무리

"조용한 혁명"이라는 말이 있다.
요란한 구호도, 거창한 담론도 없지만, 조용히 깊은 뿌리를 내려 미래를 바꾸는 혁신을 의미한다. 한국인의 문화는 바로 그런 조용한 혁명을 가능케 하는 토양이다.
끊임없는 자기 개선의 긴장감, 말보다 실천을 중시하는 태도, 그리고 지시 없이도 나아갈 방향을 스스로 모색하는 집단적 본성. 이 모든 특성은 한국형 R&D 시스템의 뿌리이자 원동력이다. 단지 기술만의 문제가 아니라, 사람의 문화가 기술혁신의 성격을 결정짓는다는 사실은 우리에게 중대한 시사점을 제공한다.
앞으로의 R&D 정책, 조직 운영, 인재 양성 전략은 단순히 자원을 투입하고 시스템을 설계하는 것을 넘어, 문화적 기반을 어떻게 강화하고 활용할 것인가에 대한 고민이 병행되어야 한다. 한국인의 고유한 문화 자산은 이미 세계가 주목하는 경쟁력이 되었고, 이제는 이를 더욱 체계

적으로 이해하고 다듬어야 할 시점이다.

기술의 시대, 그러나 결국 사람과 문화의 시대. 한국의 R&D 혁신은 침묵 속에서도 그 어느 때보다 분명한 목소리로 나아가고 있다.

문화는 R&D의 숨은 인프라이다.

제2부

AI시대 R&D사업화 혁신의 미래상

AI 시대 R&D 투자평가와 사업화 성공률 제고를 위한 수익 맵(Return Map)의 역할과 활용 전략

결과 중심이 아닌, 연결 중심의 시대

R&D는 단순히 결과를 만들어내는 과정이 아니다.

그것은 기술이 시장과 만나는 가치 창출의 흐름을 설계하는 여정이다. 하지만 현실의 기술개발 현장에서는 여전히 '기술이 완성되었는가?'에 초점이 맞춰져 있고, '그 기술이 어떤 경로를 통해 사회와 연결될 수 있는가?'에 대한 전략은 부족하다.

특히 공공 R&D 과제나 초기 연구개발 프로젝트의 경우, 막대한 자금과 시간이 투입되었음에도 불구하고, 사업화로 이어지지 못하고 사장되는 기술이 상당수에 이른다. 이는 단지 기술력이 부족해서가 아니라, 기술의 경제적 가능성과 시장 적합성을 사전에 구조적으로 진단하고 설계하지 못했기 때문이다.

이러한 문제를 해결하기 위한 새로운 접근으로 '수익 맵(Return Map)'이 주목받고 있다. 수익 맵(Return Map)은 단순히 기술이 개발되었는지를 평가하는 것이 아니라, 그 기술이 어떤 방식으로, 어느 시점에, 어떤 경로를 통해 사업화 수익으로 연결될 수 있는지를 시각화하고 예측하는 전략도구이다.

수익 맵은 기술개발의 결과물과 사업화의 성공률을 단절된 요소가 아닌, 동적으로 연결된 시스템으로 바라보게 한다. 더욱이 인공지능(AI) 기술과 결합된 수익 맵(Return Map)은 기존의 정적인 기술 평가 도구를 넘어서, 실시간 데이터 기반의 예측과 피드백이 가능한 '미래형 기술가치 지도'로 진화하고 있다.

AI는 과거의 사업화 성공 사례, 유사 기술의 시장 반응, 산업별 수요 변화 등을 학습하여, 특정 기술이 어떤 방식으로 경제적 수익을 창출할 수 있을지 시뮬레이션과 수치화로 제시해 준다.

결국 우리는 이제 기술의 완성도보다 '기술의 흐름을 얼마나 전략적으로 설계하고 예측할 수 있는가?'가 더 중요한 시대에 도달해 있다. 그리고 그 흐름을 구조화하고 시각화하는 첫걸음이 바로 수익 맵(Return Map)의 활용인 것이다.

수익 맵(Return Map)의 개념과 기능

R&D의 최종 목표는 기술 개발을 넘어 그 기술이 실제로 시장에서 가치를 창출하는지 여부에 있다. 그러나 지금까지의 기술 평가나 성과관리 체계는 대부분 기술의 완성도, 논문 수, 특허 출원 수 등에 집중되어 있었으며, 기술이 어떻게 사업화로 전환되고 수익을 창출하는지에 대한 경로와 구조를 체계적으로 설명해주는 도구는 부족했다.

이러한 한계를 극복하기 위해 도입된 개념이 바로 수익 맵(Return Map)이다. 수익 맵(Return Map)은 R&D 프로젝트의 결과물이 단순히 기술적 완성에 머무르지 않고, 시장에 도달하여 어떤 경로를 통해 수익으로 전환되는지를 시각적으로 보여주는 전략 도구이다.

이는 일종의 기술가치 흐름도(Value Flow Map)로서, 기술의 미래 가능성을 예측하고 전략적으로 활용하기 위한 지식 지도(Knowledge

Map) 역할을 수행한다.

핵심 기능 1: 경제적 회수 가능성 예측

수익 맵(Return Map)은 단순한 기술성과의 나열을 넘어서, 해당 기술이 R&D 투자 대비 어느 정도의 경제적 회수 가능성을 갖고 있는지를 정량적으로 진단한다. 예컨대 기술이전으로 인한 기술료 수입, 직접사업화 시 예상 매출, IP 가치 상승에 따른 자산화 효과 등이 수익 맵(Return Map)에 포함된다.

이 기능은 투자기관이나 정부가 R&D 과제를 평가할 때 단순히 기술성보다 경제성과 파급력 중심의 판단 기준을 설정할 수 있게 해주는 기반이 된다.

핵심 기능 2: 시장 유입 경로 및 전환 지점 가시화

기술이 시장에 도달하는 방식은 하나가 아니다. 수익 맵(Return Map)은 각 기술이 기술이전(licensing), 직접사업화(spin-off), 스타트업 창업, 공동개발(Co-development) 등 어떤 유입 경로를 통해 상용화될 가능성이 높은지를 시각화한다.

또한 기술의 전환 지점(key inflection point)―예컨대 시제품 성공, 인증 확보, 초기 수요자 확보 등―을 표시함으로써, 기술이 언제, 어떻게 다음 단계로 전환될 수 있는지에 대한 경로를 명확하게 제시해준다.

이를 통해 R&D 관계자뿐 아니라 투자자, 수요기업, 정책기관도 기술의 상용화 루트를 직관적으로 파악할 수 있다.

핵심 기능 3: 기술성과의 반복성 및 지속성 판단 지표 제공

　수익 맵(Return Map)은 또한 기술이 한 번의 성과로 끝나는 것이 아니라, 얼마나 개선 가능성이 있으며, 후속 연구나 파생기술로 이어질 수 있는지, 즉 지속 가능한 기술인지의 여부를 판단할 수 있는 근거를 제공한다.
　예컨대 기술 피드백에 따른 반복 설계 가능성, 플랫폼 기술로의 확장성, 유사 기술 군(群)과의 융합 가능성 등을 수익 맵(Return Map)에 포함함으로써 기술의 장기적 사업화 잠재력까지 가늠할 수 있다.
　이처럼 수익 맵(Return Map)은 R&D 성과를 단편적인 '기술 결과'가 아닌, 시장과의 연결을 통해 확장 가능한 가치 흐름으로 구조화하는 도구이다. 이는 단순히 '기술이 뛰어난가?'라는 질문을 넘어서, 보다 현실적이고 전략적인 물음을 가능하게 한다.

- "이 기술은 어떻게 수익을 만들 것인가?"
- "언제, 어떤 경로로 시장에 도달할 것인가?"
- "어떤 전략이 이 기술의 생존과 확장을 가능케 할 것인가?"

AI와 수익 맵(Return Map)의 융합: 예측 기반 전략 도구로의 진화

　수익 맵(Return Map)은 기술의 가치 흐름을 시각화하는 데 뛰어난 전략적 도구이다. 하지만 그것이 진정한 '미래 지도'가 되기 위해서는 예측력과 적응성이라는 두 가지 기능이 내재되어야 한다. 바로 이 지점에서 인공지능(AI)의 도입은 수익 맵(Return Map)을 정적 분석 도구에서,

동적 전략 설계 플랫폼으로 진화시키는 결정적 전환점이 된다.

AI는 과거의 성과를 학습하고, 현재의 데이터 흐름을 분석하며, 미래의 가능성을 예측할 수 있다. 이 특성은 기술이 시장에서 성공할 수 있는지 여부를 사전에 판단하고, 사업화 성공률을 정량적으로 예측하는 데 결정적인 기여를 할 수 있게 한다.

1) 시장 수요 예측과 기술 수익성 모델링

AI는 검색 트렌드, 소비자 행동 로그, SNS 언급량, 투자 뉴스, 산업 리포트 등 방대한 비정형 데이터를 분석하여 시장 수요의 추이를 고정밀로 예측할 수 있다. 여기에 기술의 대응력 지표-예컨대 기술성숙도(TRL), 확장성, 규제 적합성 등-를 함께 모델링하면, 기술별 기대 수익 구간과 진입 시점(Time-to-Value)을 정량화할 수 있다.

이러한 분석은 단지 수요가 있는지를 넘어, '언제 투자할 것인가?', '어떤 시점에서 시장 진입이 유리한가?'라는 전략적 판단을 가능하게 한다.

2) 유사 기술 성공률 기반 사업화 경로 추천

AI는 수천 건의 유사 기술 포트폴리오를 학습하여, 그 기술들이 어떤 경로를 통해 성공적으로 사업화되었는지 파악하고, 현재의 기술과 비교하여 성공 가능성이 높은 패턴을 추론할 수 있다.

예컨대, 유사 기술이 대부분 기술이전으로 성공했다면 현재 기술도 같은 방식의 사업화를 우선 고려해야 하며, 직접 창업보다 전략적 파트너링을 통한 공동 개발이 더 유리할 수 있다.

이러한 '경로 추천' 기능은 수익 맵(Return Map)의 진화를 가능케 하는 핵심 요소다.

3) 기술 개발 진행률과 실시간 시장 지표의 연계

수익 맵(Return Map)은 기술개발 단계별 전환 지점을 보여주는 도구다. AI는 이 지점마다 시장 반응, 수요 변화, 경쟁 상황의 실시간 데이터를 연결하여, Return Map 상 각 기술의 위치에 대한 실시간 피드백과 리스크 조정 정보를 제공할 수 있다.

예를 들어, 기술이 TRL6에서 7로 전환되려는 시점에 유사 기술의 시장 실패 사례가 급증한다면, 사업화 방향을 피벗하거나 시장 접근 전략을 보류하는 신속한 판단이 가능해진다.

이처럼 AI와 수익 맵(Return Map)의 융합은 기술이 단순히 '잘 만들어졌는가?'의 문제가 아니라, '잘 팔릴 수 있는가?', '지속 가능하게 수익을 창출할 수 있는가?'를 판단하는 새로운 패러다임을 제공할 수 있다.

기술 이전, IP 매각, 기술 기반 창업, 전략적 파트너십 구성 등 모든 사업화 경로에서 의사결정의 정확도는 물론, 속도와 민첩성까지 동시에 확보할 수 있다.

AI는 수익 맵(Return Map)을 단순한 기술 지도에서 벗어나, 전략적 미래 설계도로 진화시키는 가장 강력한 동력이다. 그리고 이 지능형 수익 맵(Return Map)은 앞으로 R&D 사업화의 표준 플랫폼이자, 국가 기술 경쟁력의 핵심 기반이 될 것이다.

수익 맵(Return Map)의 전략적 활용 방안

수익 맵(Return Map)이 갖는 가장 큰 가치는 단순한 기술 분석을 넘어, 기술의 미래를 사전에 설계하고 조정할 수 있는 전략적 지도 역할을 한다는 점이다. 특히 AI 기술과 결합된 수익 맵(Return Map)은 조직 내 의사결정, 투자 기획, 커뮤니케이션 전반에 걸쳐 실시간 데이터 기반 전략 수립을 가능하게 한다.

다음은 수익 맵(Return Map)을 실질적으로 적용할 수 있는 세 가지 전략적 활용 방안이다.

1) 투자 단계별 기술성과 매핑 체계 구축

수익 맵(Return Map)은 각 기술의 개발 단계와 시장 적합성을 연결하여, 기술의 위치(Positioning)와 진행 방향(Pathway)을 자동 매핑할 수 있다. 여기에 AI의 학습 모델이 결합되면, 기술의 성숙도뿐 아니라 시장성, 경쟁 우위, 수익성 가능성 등을 고려한 투자 우선순위 판단이 가능해진다.

예를 들어 TRL(Technology Readiness Level)5에 머물러 있는 기술이라도, 유사 기술 군(群)이 높은 ROI를 기록하고 있고, 시장 진입 타이밍이 적절하다고 분석된다면, 기존 계획보다 빠르게 투자와 사업화를 추진할 수 있는 전략적 조정이 가능해진다.

이는 기술의 외형적 완성도만이 아닌, 맥락적·시장적 판단에 기반을 둔 정교한 자원 배분 시스템 구축에 기여할 수 있다.

2) 기관·정부의 포트폴리오 관리 도구

수익 맵(Return Map)은 개별 기술의 전략화뿐만 아니라, 기관 전체의 기술 포트폴리오를 체계적으로 설계하는 도구로도 활용될 수 있다.

특히 공공기관, 대학 기술이전조직(TLO), 정부 R&D 기획부처 등은 다수의 기술을 동시에 관리하며 사업화 가능성과 사회적 파급력을 종합적으로 고려한 전략 수립이 필요하다.

수익 맵(Return Map)을 적용하면 다음과 같은 전략적 포트폴리오 운영이 가능해진다:

- 기술지도 기반으로 연도별 사업화 타깃 기술 군(群) 선별
- 기술 가치 및 시장성 기반의 IP 관리 및 정리 전략 설계
- 중장기 기술 확산 시나리오 시뮬레이션을 통한 기술 로드맵 수립

이는 단순한 보유 기술 관리를 넘어, 미래 중심의 R&D 투자 구조를 설계하는 핵심 도구로 Return Map이 활용될 수 있음을 의미한다.

3) 투자자와의 커뮤니케이션 도구

기술이 아무리 훌륭하더라도, 그 가치를 정확히 이해시키고 공감시키는 커뮤니케이션이 없다면 투자와 협력은 성사되지 않는다. AI 기반 수익 맵(Return Map)은 기술의 수익 가능성, 시장 진입 시점, 리스크 요인을 시각적으로 표현하고 수치화하여, 투자자와 수요 기업에게 명확하고 신뢰할 수 있는 미래 사업화 시나리오를 제시할 수 있다.

예컨대 투자자 미팅에서 다음과 같은 설명이 가능해진다.

- "이 기술은 10개월 내 손익분기점 달성이 예상되며, 유사 기술군의 평균 수익률은 2.5 입니다."
- "시장에서의 반응 예측 수치는 78%이며, 연간 반복 사용 가능성이

높아 기술 기반 구독 형 서비스로 확장도 가능합니다."

이러한 데이터 기반 설명은 단순한 기술 설명보다 훨씬 설득력 있고 투자 판단을 유도할 수 있는 언어로 작동한다.

수익 맵(Return Map)은 이제 기술 내부의 구조를 설명하는 도구에서, 기술의 외부 전략적 흐름을 설계하고 전달하는 실질적 사업화 툴로 진화하고 있다. 특히 AI와 결합한 수익 맵(Return Map)은 기술기획, 투자유치, 사업화 실행 전반에 걸쳐 전략 수립의 정밀도를 극대화하는 핵심 인프라가 되어가고 있다.

결론: 기술보다 중요한 것은 '기술의 흐름'을 읽는 힘

기술은 시대를 움직이는 동력이지만, 그 기술이 어디를 향해 흐르고, 어떤 구조를 통해 사회와 연결되는가에 따라 그 진짜 가치는 달라진다. AI 시대의 R&D는 더 이상 '무엇을 개발했는가?'라는 질문에 머물지 않는다.

이제는 그 기술이 누구에게 도달하고, 어떻게 수익을 창출하며, 어떤 방식으로 진화해갈 것인가를 함께 설계하는 것이 핵심이다.

이러한 변화 속에서 우리는 기술을 결과물이 아닌, 가치 흐름의 시점에서 바라보아야 할 필요성을 마주하고 있다.

바로 이 지점을 시각화하고 전략화해주는 도구가 수익 맵(Return Map)이다. 수익 맵(Return Map)은 기술의 위치, 전환 경로, 시장 유입 시기, 수익 발생 포인트 등을 정량화하고 구조화함으로써, 기술의 미래를 예측 가능하게 만들고, 전략의 정밀도를 높여주는 평가 언어가 된다.

여기에 AI가 결합되면, 수익 맵(Return Map)은 더 이상 단순한 전략

지도에 머무르지 않는다. AI는 과거 데이터를 기반으로 유사 기술의 성공·실패 패턴을 학습하고, 실시간 시장 데이터를 분석해 기술의 흐름을 조기에 감지하고, 최적의 방향으로 조정할 수 있는 나침반 역할을 수행한다. 이로써 우리는 기술의 현재만이 아니라, 그 기술이 지나갈 가능성이 높은 경로까지 설계할 수 있는 능력을 갖추게 되는 것이다.

기술의 성공은 더 이상 기술력만으로 결정되지 않는다. 그 기술이 시장과 얼마나 유기적으로 연결되어 있는지, 기술과 자본, 기술과 사회 간의 경로를 얼마나 세심하게 설계할 수 있는지가 결정적 변수다.

수익 맵(Return Map)은 그 경로를 시각화하고 설계할 수 있게 하며, AI는 그 구조 속에서 가장 가치 있는 흐름을 탐색하고 최적화해주는 동반자가 된다.

앞으로의 기술경쟁은 기술의 성능이 아니라, 기술 흐름을 읽고 설계하는 전략의 경쟁이다. 이제 우리는 기술을 만들 뿐 아니라, 기술이 흘러가는 길을 함께 만들어야 하는 시대에 서 있다.

VPD 활용과 R&D 사업화의 미래: 디지털 혁신의 가속

실물 없이 시작되는 사업화의 시대

우리는 지금, 실물이 아닌 데이터와 시뮬레이션으로 시작하는 사업화의 시대에 진입하고 있다. 한때는 기술이 실체로 구현되어야만 그 가능성을 평가할 수 있었지만, 이제는 그 전에 이미 시장은 기술의 성패를 예측하고 있으며, 기업은 투자 여부를 결정하고 있다.

가상제품개발(VPD, Virtual Product Development) 기술은 이러한 시대적 전환점을 상징하는 도구로 부상하고 있다.

VPD는 제품의 물리적 시제품 없이도 디지털 환경에서 설계, 테스트, 개선이 가능한 기술로, 단지 개발 효율성을 높이는 것을 넘어, 기술 개발과 사업화 사이의 전통적 간극을 해소하는 핵심 수단이 되고 있다. 이는 단순한 도구의 변화가 아닌, R&D사업화의 구조와 철학 자체의 변화라 할 수 있다.

더 이상 R&D는 실험실에서의 성과로 마무리되지 않는다.

디지털 환경은 연구와 시장 사이의 거리를 단축시키고 있으며, R&D는 이제 데이터 기반으로 기획되고, 시뮬레이션 기반으로 검증되며, 고객 반응을 반영하여 실시간으로 조정되는 '사업화 준비 과정'의 일부로 진화하고 있다. 기술이 완성되기 전에, 시장이 먼저 반응하고, 전략이 선제적으로 설계되는 이 새로운 흐름은 기술의 '실현 가능성'을 넘어 '시장 적합성'까지 예측하는 시대를 열어가고 있다.

VPD는 바로 그 변화의 출발점이며, R&D와 시장 사이에 놓인 가시적이고 반복 가능한 가교로서의 역할을 수행하고 있다.

VPD의 개념과 기술적 구성

VPD(Virtual Product Development)는 물리적 시제품 없이도 제품의 설계, 테스트, 개선을 가상환경에서 수행할 수 있는 디지털 시뮬레이션 기반의 제품개발 체계이다.

이 기술은 기존의 CAD(Computer-Aided Design), CAE(Computer-Aided Engineering), CAM(Computer-Aided Manufacturing)을 통합한 방식으로 발전해 왔으며, 최근에는 여기에 인공지능(AI), 클라우드 컴퓨팅, 사물인터넷(IoT), 그리고 디지털 트윈(Digital Twin) 기술이 융합되며 그 진화 속도와 응용 가능성이 비약적으로 확대되고 있다.

VPD는 단순한 제품 설계를 넘어서, 실제 물리 환경을 가상으로 복제하고 그 안에서 제품의 작동 조건, 내구성, 반응 등을 테스트할 수 있게 함으로써 제품 개발과 사업화의 효율성을 근본적으로 혁신한다. 특히 개발 초기 단계에서 시장 수요, 기능성, 생산성 등의 주요 요소를 예측할 수 있는 기능은 기술 리스크와 시장 실패 가능성을 현저히 줄여준다.

VPD의 핵심 기능

다음은 VPD를 구성하는 주요 기술 요소이자, R&D 사업화에서 핵심적 역할을 수행하는 기능들이다.

- **3D 모델 기반 설계 검증**

제품의 구조, 기능, 디자인을 정밀한 3차원 모델로 구현하여 실제 제작 전에 설계 오류를 조기에 탐지하고 수정할 수 있다.

- **가상환경에서의 성능 및 내구성 테스트**

물리적 프로토 타입 없이, 다양한 조건에서 제품의 작동 성능과 내구성을 시뮬레이션함으로써 반복적인 물리 테스트를 대체할 수 있다.

- **디지털 피드백 기반 반복 최적화**

시뮬레이션 결과에 기반을 둔 데이터 피드백 루프를 통해 설계안을 자동으로 개선하고, 반복 최적화를 통해 최상의 개발 결과를 도출한다.

- **가상 시제품(MVP)의 신속한 시장 검증**

가상으로 구현된 최소기능제품(Minimum Viable Product)을 통해 사용자 테스트, 시장 반응 평가, UX 분석 등을 사전에 수행하여 '시장 적합성(Product-Market Fit)'을 빠르게 확인할 수 있다.

이처럼 VPD는 단순한 기술도구가 아니라 R&D와 사업화를 연결하는 디지털 브리지로 작동하며, 제품 개발 과정의 구조 자체를 디지털 전환의 흐름 속에서 재구성하고 있다. 다음 장에서는 이러한 VPD가 실제 R&D 사업화 전략과 프로세스에 어떤 방식으로 융합되고 있는지 살펴본다.

R&D 사업화에서 VPD의 전략적 가치

VPD(Virtual Product Development)는 단순히 제품 개발의 효율을

높이는 기술이 아니다. 그것은 R&D와 사업화 전 과정에 전략적 가치를 부여하며, 기술 실패의 리스크를 사전에 통제하고 시장성과 연결될 수 있도록 지원하는 통합형 플랫폼으로 진화하고 있다.

이 장에서는 VPD가 기술사업화의 전 주기에서 어떻게 혁신을 촉진하는지, 그리고 그로 인해 어떤 전략적 이점을 가져오는지를 살펴본다.

1) 사업화 리스크의 사전 제거

기술의 사업화는 언제나 불확실성과 동행한다. 기술적 완성도는 갖추었지만, 시장에 적합하지 않거나 제조상의 제약, 예상치 못한 비용 구조로 인해 실패하는 경우는 비일비재하다. VPD는 이와 같은 R&D 사업화 리스크를 사전에 식별하고 제거할 수 있는 강력한 도구로 작용한다.

가상환경에서 수행되는 시뮬레이션은 단순한 기능 검증을 넘어, 제품이 실제 생산 시스템에 통합될 때의 제약, 시장 수요와의 부합 여부, 내구성 문제, 제조 단가 초과 가능성 등을 선제적으로 파악할 수 있게 한다. 이는 개발과 사업화 단계 간 반복적 시행착오를 줄이고, 결과적으로 제품 출시 시간(Time-to-Market)의 획기적 단축과 투자 리스크의 최소화로 이어진다.

2) 고객 중심 기술기획의 실현

전통적인 기술기획은 내부 전문가 중심, 혹은 기술 가능성 중심으로 이루어지는 경우가 많았다. 하지만 이러한 방식은 시장과의 괴리를 낳는 주요 원인이 되었다. VPD는 고객사용 시나리오를 기반으로 한 가상 테스트를 가능케 하여, 기업이 기술을 실제 사용자 관점에서 기획하고 조정할 수 있도록 돕는다.

이로써 제품 설계는 추상적인 '기술 구현'에서, 구체적 사용자 행동 기반의 '기술 경험 설계(Technology Experience Design)'로 전환된다. 이는 R&D의 본질을 공급자 중심에서 수요자 중심으로 바꾸는 결정적 전환점이며, 고객이 진정으로 필요로 하는 기술을 구현해내는 데 핵심적 역할을 수행한다.

3) 신속한 시장 피드백과 반복 개선(teration)

R&D 사업화의 성공은 완성도 있는 제품을 얼마나 빠르게 시장에 맞춰 진화시킬 수 있느냐에 달려 있다. VPD는 이를 위한 핵심 촉매제이다. 기업은 VPD를 통해 가상 시제품(MVP)을 신속히 구현하고, 이를 실제 시장 또는 타깃 고객 군(群)에 선제적으로 제시할 수 있다.

이 과정에서 수집된 피드백은 다시 설계 단계로 실시간 반영되어, '기획-개발-검증'이라는 고정된 순환이 아니라, '기획-테스트-기획'으로 이어지는 유연하고 반복 가능한 개선 구조를 가능케 한다. 이는 기술의 시장 적합성(Product-Market Fit)을 가속적으로 높이는 결정적인 메커니즘이 된다.

VPD와 AI의 융합: 지능형 사업화 플랫폼의 등장

디지털 전환이 가속화되면서 R&D와 사업화의 경계는 점차 모호해지고 있다. 특히 VPD와 인공지능(AI)의 융합은 이러한 흐름의 결정체로, 기술개발과 사업화의 전 과정을 지능형 플랫폼 기반으로 재설계할 수 있게 한다. 이는 단순한 시뮬레이션 자동화를 넘어, 기술 설계에서 시장 반응 예측에 이르는 모든 과정의 '스마트화'를 가능하게 하는 전환점이다.

VPD와 AI의 주요 융합 기능

• AI 기반 설계 자동화

AI는 수천 개의 시뮬레이션 결과를 학습하고, 특정 목적에 가장 부합하는 최적 설계 조건을 자동으로 도출한다. 이는 연구자나 설계자가 실험적으로 찾아야 했던 과정을 극적으로 단축시킨다.

• 시뮬레이션 결과의 지속적 학습

반복된 가상실험을 통해 실패한 설계 패턴과 성공적 설계 조건을 AI가 학습함으로써, 다음 단계 설계 시 과거의 오류를 피하고 성능을 극대화할 수 있다.

• 시장 반응 예측과 전략 연계

AI는 가상환경에서의 사용자 반응 데이터를 분석하여, 특정 제품/기술의 시장 수용성, 수요 패턴, 예상 판매량 등을 예측한다. 이는 기술이전, 창업, 제품 출시 등 다양한 사업화 전략에 있어 정량적 근거를 기반으로 한 의사결정을 가능케 한다.

이러한 기능들이 결합된 AI-Driven VPD 플랫폼은 더 이상 단순한 기술 검증 도구가 아니라, 스스로 학습하고 판단하며 최적의 사업화 경로를 제안하는 지능형 기술사업화 플랫폼으로 진화하고 있다.

적용 사례와 전망

디지털 VPD와 AI의 융합은 이미 다양한 산업에서 실질적인 성과를 창출하고 있으며, 향후 그 활용 범위는 더욱 확장될 것으로 전망된다.

적용 사례

- 항공우주 산업-GE Aviation

GE Aviation은 자사 제트엔진의 개발에 VPD를 도입하여, 수천 회의 물리적 테스트를 가상환경으로 대체하였다. 그 결과, 개발 기간을 30% 이상 단축하고, 실험 비용을 획기적으로 절감하는 동시에, 초기 시장 진입을 앞당기는 데 성공하였다.

- 자동차 산업-BMW

BMW는 신차 개발 과정에서 실제 도로 충돌 실험 전에 대부분의 충격 테스트를 가상환경에서 수행하고 있다. 이는 안전성 검증의 반복성 확보, 설계 개선의 유연성 확보 측면에서 중요한 전략적 전환을 가능하게 했다.

- 헬스케어 산업-디지털 환자 기반 시뮬레이션

미국 의료기기 기업들은 FDA의 사전 검증 과정에서 디지털 환자 모델을 기반으로 한 가상 시뮬레이션을 활용하고 있다. 이는 생체 데이터 기반으로 안전성과 유효성을 검증할 수 있는 방법으로, 임상 시험 이전 단계의 위험을 획기적으로 줄여주고 있다.

전망

- **중소기업의 전략적 활용 확대**

클라우드 기반 VPD 플랫폼의 확산은 중소·중견 기업이 저비용으로 고정밀 개발 전략을 구현할 수 있는 기회를 열어주고 있다. 이는 기술력은 있으나 자원이 부족한 기업에게 새로운 사업화 경로를 제공할 것이다.

- **공공연구기관의 실증 기능 강화**

대학이나 공공연구소는 기술 이전 전 단계에서 VPD를 활용하여 기술 실효성을 사전 검증하고, 기술료 수익이나 기술이전 가능성을 제고할 수 있다. 이는 공공 R&D 성과의 시장화 비율을 높이는 데도 효과적이다.

- **정책 패러다임의 변화**

향후 국가 기술정책은 '개발 완료 후 실증'이 아닌, '디지털 실증 기반의 TRL(기술 성숙도) 고도화'를 중심으로 재편될 가능성이 높다. 이에 따라 R&D 과제 평가 지표도 실물 시제품 중심에서 가상 환경 내 실증 및 예측 가능성 중심으로 옮겨갈 것으로 예상된다.

마무리: 기술의 미래, 디지털과 데이터로 확장되다

기술은 인간의 상상력을 현실로 바꾸는 힘이다.
그러나 21세기 들어 기술은 단지 구현되는 것이 아니라, 가상에서 설계되고, 데이터로 예측되며, 알고리즘으로 최적화되는 새로운 국면에

접어들었다. 이러한 전환의 정점에 바로 VPD와 AI, 그리고 디지털 전환이 존재한다.

우리가 목격하고 있는 변화는 단순한 도구의 진화가 아니다. 그것은 기술개발과 사업화의 철학, 전략, 프로세스를 재설계하는 근본적 혁신이다. 기술은 더 이상 실험실의 폐쇄적 공간에서 완성되는 것이 아니며, 시장 역시 완성된 제품만을 기다리지 않는다. 기술은 설계되는 순간부터 시장과 연결되고, 끊임없이 피드백을 받아 진화해야 한다.

VPD는 이러한 흐름의 핵심이다. 그것은 기술의 실패를 미연에 방지하는 리스크 관리 도구이자, 고객 중심의 설계를 가능케 하는 전략 플랫폼이며, 시장 반응을 실시간으로 반영하여 지속적 개선을 가능케 하는 피드백 허브이기도 하다.

여기에 AI가 결합되면, 우리는 기술을 설계하고, 시험하고, 사업화하는 전 과정을 지능형 시스템으로 통합할 수 있게 된다.

이제 R&D 사업화는 제품의 완성도보다는 시장과의 연결 구조, 속도보다는 피드백 루프, 성과보다는 확장성과 순환성을 중심으로 재(再)정의되고 있다. 이는 기술 중심 시대에서 연결 중심 시대, 데이터 중심 시대, 그리고 지속 가능한 기술 가치 창출 시대로의 이행을 의미한다.

이 모든 변화의 중심에는 '사람'이 있다. 기술을 보는 눈, 데이터를 해석하는 감각, 고객을 이해하는 공감, 플랫폼을 설계하는 창의성. 디지털 전환이 아무리 가속화되더라도, 그 가치를 실현하는 것은 결국 사람의 전략과 판단, 그리고 연결의 철학이다.

기술의 미래는 기술 그 자체가 아니라, 기술이 어떻게 데이터와 연결되고, 사회와 반응하며, 사람과 협력하는가에 달려 있다. 그 미래는 이제, 당신과 같은 전략가의 손에 달려 있다.

AI와 R&D사업화의 미래: 융합의 시대를 향하여

새로운 동력, AI와 사업화의 만남

4차 산업혁명의 핵심 동력으로 자리 잡은 인공지능(AI)은 이제 단순한 기술개발의 도구를 넘어, R&D사업화의 전략적 축으로 급부상하고 있다. 기술은 더 이상 실험실이라는 제한된 공간에 머무르지 않는다. 시장에 도달하기도 전에, AI는 방대한 데이터를 분석하고 예측 알고리즘을 통해 기술의 가능성을 진단하며, 사업화의 경로를 최적화하고 있다.

이러한 변화 속에서 AI는 기술을 효율적으로 개발하기 위한 수단을 넘어서, 그 기술이 시장에서 어떻게 반응할지를 예측하고, 고객의 니즈에 맞게 진화하도록 설계하는 동반자로 기능한다. 기술의 타이밍을 판단하고, 실패 위험을 사전에 분석하며, 투자 결정에 필요한 정량적 근거를 제시하는 등 AI는 점차 R&D 사업화의 결정 과정 전반에 걸쳐 필수적인 파트너로 자리매김하고 있다.

결국 AI는 기술 자체를 만드는 것이 아니라, 기술이 성공적으로 사회와 연결되고 시장에서 가치를 창출할 수 있도록 돕는 역할을 수행한다. 이제 R&D 사업화는 인간의 직관과 경험만으로 이루어지는 것이 아니라, 데이터 중심의 예측과 최적화, 그리고 AI의 학습 역량과 함께 설계되는 새로운 패러다임 속으로 진입하고 있다.

AI가 재(再)정의하는 R&D 사업화의 흐름

디지털 전환은 R&D의 방식뿐만 아니라, 기술이 시장과 만나는 경로 자체를 근본적으로 바꾸고 있다. 그 중심에 바로 인공지능(AI)이 있다. 이제 AI는 단순한 자동화 도구를 넘어서, 기술의 개발에서부터 가치 평가, 시장 검증, 사업화 전략 수립까지 전 과정을 재구성하고 있다.

이 장에서는 AI가 R&D 사업화의 구조를 어떻게 바꾸고 있는지를 세 가지 관점에서 살펴본다.

1) 기술기획과 시장 예측의 자동화

기술기획은 R&D의 출발점이며, 동시에 사업화 성공 가능성을 좌우하는 전략의 씨앗이다. 전통적으로는 전문가의 직관, 과거 경험, 산업 동향 등을 바탕으로 수립되었지만, 이는 자칫 주관적이고 파편화된 정보에 기반을 둘 위험이 있었다.

AI는 이 한계를 뛰어넘는다. 방대한 비정형 데이터를 수집하고, 이를 기계학습 기반 알고리즘으로 분석함으로써 기술기획과 시장 예측을 정량적·객관적·실시간 프로세스로 전환시키고 있다.

기술 트렌드 분석, 글로벌 특허망 추적, 최신 논문 동향, SNS 상 소비자 관심도, 산업별 투자 뉴스 등 다양한 데이터를 AI는 연계적으로 해석한다. 그 결과, 기업은 유망 기술 군(群)을 식별하고, 기술이 시장에 진입할 최적의 시점까지 예측할 수 있다.

이는 R&D 기획 초기 단계에서부터 시장을 고려한 전략 수립을 가능하게 하며, 연구 방향의 시장 친화적 조정과 투자 효율 극대화로 이어진다.

2) 지능형 설계와 가상 실증

설계와 실험 단계는 R&D의 핵심 과정이다.

이 단계에서의 시행착오는 곧 막대한 시간과 자원의 낭비로 이어진다. AI는 이러한 문제를 원천적으로 개선한다. 수천 건의 설계 시나리오를 반복적으로 시뮬레이션하고, 그 결과를 학습하여 최적의 구조, 성능 조건, 재료 조합을 도출할 수 있다. 이는 실험의 반복 횟수를 줄이는 것은 물론, 개발 기간과 비용을 획기적으로 단축시킨다.

더 나아가, 디지털 트윈(Digital Twin) 기술과의 융합을 통해, 실제 제품의 물리적 구현 없이도 가상환경에서 제품의 작동 조건, 내구성, 안전성, 사용자 반응까지 사전에 예측할 수 있다.

이러한 지능형 R&D 환경은 제품이 시장에 나오기 전 단계에서 실증을 통한 리스크 제거를 가능케 하며, 사업화로 이어지는 과정의 안정성과 정밀성을 동시에 확보하게 한다.

이로써 R&D는 단순히 '기술의 완성'을 목표로 하지 않고, '시장 적합성 중심의 기술 개발'이라는 새로운 철학으로 전환되고 있다.

실험실 안의 완성도가 아닌, 시장에서의 수용성과 확장성이 핵심 지표가 되는 것이다.

3) AI 기반 기술가치 평가와 이전 전략

기술사업화에서 가장 어려운 단계 중 하나는 기술의 '경제적 가치'를 어떻게 정확히 측정하고, 누구에게, 어떻게 이전할지를 판단하는 일이다. 과거에는 전문가의 평가, 벤치마킹, 협상 경험에 기반을 두고 이루어졌지만, 이는 객관성과 일관성에 한계가 있었다.

AI는 기술가치 평가(IP Valuation) 방식에 새로운 기준을 제시한다. 유사 특허의 활용도와 시장 반응, 기술인용 빈도, 유망 기술 포트폴리오의 투자 동향, 거래 이력 등을 분석하여, 기술의 현재 가치뿐 아니라 미래 잠재력까지 수치화할 수 있다.
　　또한 AI는 이 데이터를 바탕으로 기술에 적합한 이전 타깃 기업을 제안하고, 계약 구조나 로열티 설계까지 시뮬레이션 할 수 있어, 기술이전의 속도와 정밀도를 동시에 향상시킨다.
　　이러한 변화는 기술이 이전되는 과정을 보다 과학적이고 전략적으로 만들며, 기술 기반 스타트업 창업이나 기술 투자 유치 전략 수립에도 결정적 기여를 한다.
　　AI는 단지 판단을 보조하는 기술이 아니라, 기술과 시장 사이를 정량적으로 연결해주는 실질적 사업화 파트너로 진화하고 있다.

AI와 R&D 사업화의 융합 시나리오

　　R&D 사업화는 오랫동안 '기획 → 개발 → 시제품 → 시장 출시'라는 선형적 구조에 따라 진행되어 왔다. 이 방식은 명확하고 단계별로 관리가 용이했지만, 변화 속도가 빠르고 불확실성이 높은 오늘날의 시장 환경에서는 반복과 수정, 빠른 피드백을 반영하기 어려운 구조였다.
　　그런데 AI의 도입은 R&D 사업화의 흐름 자체를 근본적으로 변화시키고 있다. 이제 사업화는 더 이상 직선적인 단계를 따르지 않는다. 대신, 다음과 같은 지능형 순환 구조로 진화하고 있다:

　　데이터 기반 기획 → AI 시뮬레이션 → 가상 MVP 개발 → 시장 반응 학습 → 전략적 조정 및 출시 이러한 흐름은 기술의 성공 가능성을 높이는 동시에, 불필요한 개발 단계를 줄이고 반복적 실패 가능성을 사전에 제거할 수 있는 고도화된 사업화 전략을 가능케 한다.

- 기술 포트폴리오의 자동 분석

기업은 수십, 수백 개의 보유 기술을 한눈에 파악하고 전략화하기 어렵다. 하지만 AI는 기술 간의 연관성, 시장성, IP 경쟁력, 수요 기업과의 적합도 등을 종합 분석해, 전략적으로 우선순위를 고려한 기술 포트폴리오 구성을 제안한다. 이는 기술 유통의 효율성을 높이는 데 큰 기여를 한다.

- 고객 반응 예측과 피벗 전략

가상의 MVP를 시장에 빠르게 제시한 뒤, 온라인 테스트 결과, 고객 행동 로그, SNS 언급 데이터 등을 AI가 학습한다. 이를 통해 고객 반응에 기반을 둔 즉각적인 기능 수정, 디자인 변경, 타깃 전환 등 피벗 전략을 수행할 수 있다. 과거 몇 달이 걸리던 시장 피드백이 이제는 몇 시간 또는 며칠 이내에 반영될 수 있다.

- 가격, 출시 시점, 유통 채널의 지능형 추천

AI는 경쟁 제품 가격, 계절별 수요, 소비자 구매력, 지역별 검색 트렌드 등을 학습하여 적정 가격, 최적 출시 타이밍, 우선 진입 시장까지 정밀하게 추천할 수 있다. 이는 기술사업화에 있어 감에 의존하던 마지막 결정 단계까지 정량화된 의사결정을 가능하게 만든다.

이러한 지능형 순환 프로세스는 이미 글로벌 테크 기업, 의료기기 제조사, 스마트 제조 분야의 선도 기업을 중심으로 현실화되고 있다. 그들은 더 이상 정해진 경로를 따르지 않는다. 시장과 실시간으로 교감하며 기술을 유기적으로 진화시키는 방식, 그것이 곧 AI 시대 기술사업화의 새로운 표준이다.

R&D의 끝은 제품이 아니다.

제품의 시장 반응으로부터 시작되는 새로운 개선의 시작이다. AI는 이 전환을 감지하고 가속화하는 촉매제이자 안내자가 되어준다.

미래를 위한 준비: 전략적·제도적 제언

AI 기반 R&D 사업화의 흐름은 이미 가속화되고 있다.

그러나 이러한 변화가 산업 전반에 체계적으로 뿌리내리기 위해서는 기술·제도·인재·평가체계 전반의 구조적 대응이 필수적이다. 다음은 AI 시대의 R&D 사업화에 있어 준비되어야 할 네 가지 핵심 축이다.

1) 융합 인재 양성: 디지털 R&D 사업화 전략가의 부상

기술을 이해하는 엔지니어, 시장을 읽는 사업기획자, 데이터를 분석하는 분석가 각자 역할은 중요하지만, AI 시대에는 이 세 가지 역량을 유기적으로 통합할 수 있는 융합 형 인재가 필요하다. 바로 디지털 R&D 사업화 전략가(Digital Tech Strategist)이다.

이들은 기술의 기능적 우수성만이 아닌, 시장성, 데이터 기반 사업성, 실시간 피드백 기반 성장 가능성까지 종합적으로 판단하고 기획할 수 있는 인재다. 대학·연구기관·기업의 R&D 조직은 이러한 인재를 체계적으로 육성하기 위해 복합형 교육 프로그램, 산학 연계 프로젝트, AI·시장 분석 툴 활용 중심의 실습교육을 강화할 필요가 있다.

2) 공공 연구 성과의 디지털화와 사업화 연계

많은 공공 R&D 과제가 기술개발로 종료되며 사업화와는 연결되지 못한 채 '서랍 속의 기술'로 남아 있다. 이제는 기술개발 단계부터 디지털 실증(VPD) 기반의 사업화 가능성 검토와 AI 기반 가치 평가 체계를 도입해야 한다.

예를 들어, 연구 종료 시 AI를 활용한 기술 수요 매칭, 디지털 시제품 시뮬레이션, 타깃 수요 기업 추천 등 사업화 연계 프로세스를 공공과제 시스템에 내재화할 수 있다. 이는 공공기술의 기술이전 성공률 향상, 기술료 수익 증대, 사회적 가치 환류를 동시에 기대할 수 있는 구조다.

3) AI 기반 기술 브로커 플랫폼 구축

기술 유통은 단지 등록·공개만으로 이루어지지 않는다. 기술이전의 본질은 수요와 공급의 정밀 매칭, 그리고 적절한 타이밍과 계약 구조 설계에 있다. 이에 따라 향후 기술사업화 플랫폼은 단순 데이터베이스 형 시스템에서 진화하여, AI 기반 기술 브로커 플랫폼으로 거듭나야 한다.

이 플랫폼은 특허 정보, 기술성과, 시장 데이터, 기업 니즈를 통합 분석하여, 기술 보유자와 수요 기업, 투자자 간의 실시간 자동 매칭, 가상 협상 시뮬레이션, 기술가치 산정, ROI 예측 등을 제공하는 지능형 시스템이 될 수 있다.

이는 R&D 성과의 유통 속도를 높이고, 기술 기반 창업·투자 생태계의 활성화로도 이어진다.

4) 데이터 기반 KPI 체계 구축

R&D 사업화의 성과 평가는 여전히 '특허 수(數)', '기술료 수입', '이전 건수'에 머무는 경우가 많다. 하지만 AI와 디지털 전환 시대에는 기술의 유통 속도, 시장 반응률, 반복 설계 주기, 고객 피드백 반영률 등 실시간 데이터 기반의 KPI 체계가 더욱 의미 있는 지표가 될 수 있다.

이러한 지표는 기술의 고정된 성과가 아니라 진화하는 역량, 적응력, 시장 유연성을 측정할 수 있게 해주며, R&D 조직이 '성과'보다 '확장 가능성'을 중심으로 스스로를 평가하고 성장할 수 있도록 유도한다.

마무리: AI 시대의 R&D 사업화, 사람과 플랫폼을 잇다

AI는 R&D 사업화를 더 빠르게, 더 정밀하게 만든다. 기술의 기획부터 설계, 시장 분석, 고객 예측, 가치 평가에 이르기까지 AI는 마치 또 하나의 두뇌처럼 작동하며, 과거에는 상상할 수 없었던 수준의 의사결정 정확도와 실행 속도를 제공한다.

하지만 우리는 잊지 말아야 한다. AI는 수단이지, 목적이 아니다. 기술의 진정한 방향을 설정하고, 그것이 누구에게 어떤 가치를 줄 것인지에 대한 판단은 여전히 '사람'의 몫이다. 알고리즘은 데이터를 해석할 수 있지만, 의미를 해석하는 것은 인간의 통찰이다.

AI는 문제를 예측할 수 있지만, 그 문제의 본질을 정의하고, 해결의 길을 문화와 사회로 연결하는 것은 인간의 상상력이다.

AI와 R&D의 융합은 기술을 시장과 연결하는 효율적인 도구이자, 사회적 가치로 환원하는 지능형 인프라를 만들어낸다. 그러나 이 시스템이 제대로 작동하기 위해서는 반드시 '사람'이라는 중심축이 필요하다.

이 새로운 시대에 기술은 더 이상 고립된 성과가 아니라, 사람과 플랫폼, 그리고 데이터가 유기적으로 연결된 구조 속에서 성장하고 확장된다. 이제 우리에게는 기술과 시장, 사회를 동시에 읽어낼 수 있는 디지털 감각을 지닌 전략가가 필요하다. 이들은 AI의 힘을 빌리되, 그것에 기대지 않으며, 데이터의 흐름을 타되, 본질을 놓치지 않는다.

그들은 기술을 통해 미래를 여는 자들이며, AI 시대 R&D 사업화의 진정한 주역이다. 기술이 발전할수록, 사람의 역할은 더욱 결정적이 된다. 그리고 그 사람은 바로, 이 책을 통해 미래를 준비하는 여러분 자신이다.

디지털 전환과 R&D 사업화의 미래: 데이터 기반 혁신의 물결

디지털 전환, R&D 사업화의 새로운 조건

기술은 세상을 바꾸고, 디지털은 그 기술을 가속화한다. 오늘날 우리는 그 어느 때보다도 빠르게 변화하는 환경 속에서 R&D와 사업화의 경계를 재(再)정의하고 있다.

과거 R&D 사업화는 '기술 개발 → 시제품 제작 → 시장 진입'이라는 전통적 선형 모델에 의존해 왔다. 이 구조는 명확하고 예측 가능했지만, 동시에 많은 비효율과 불확실성을 안고 있었다. 그러나 이제 디지털 전환(Digital Transformation, DX)이라는 물결은 이 전통적 모델을 근본적으로 흔들고 있다. 데이터는 새로운 연료가 되었고, 플랫폼은 연결의 허브로 기능하며, 인공지능과 클라우드는 기술의 개발·검증·확산 속도를 전례 없이 가속화하고 있다.

기술의 가치는 단지 그것이 얼마나 혁신적인가에 달려 있지 않다. 오히려 얼마나 신속하게, 정밀하게, 그리고 시장과 맞물려 데이터 기반으로 사업화할 수 있는가가 성공의 열쇠로 작용하고 있다. 이제 R&D 성과는 특허나 논문으로만 측정되지 않는다. 기술이 얼마나 빠르게 피드백을 수용하고 개선되며, 고객과 연결되고 시장에서 가치를 창출하는지—다시 말해 데이터 중심의 가치 창출 메커니즘이 얼마나 잘 작동하는지가 핵심 평가 기준이 되고 있다. 디지털 전환은 기술 그 자체보다 기술이 연결되고 진화하는 방식의 혁신을 요구하고 있다.

이러한 변화는 단지 도구의 변화가 아니라, R&D 사업화의 철학과 전략을 근본부터 다시 설계해야 할 시점이 도래했음을 뜻한다.

디지털 전환의 핵심 기술과 R&D 접점

디지털 전환은 단순한 정보화나 자동화 수준을 넘어, R&D의 본질적 방식과 사업화의 경로를 혁신하고 있다. 이 과정에서 인공지능, 빅 데이터, 클라우드, 디지털 트윈 등 핵심 기술들이 R&D의 각 단계에 깊숙이 스며들고 있으며, 기술개발과 사업화 간의 간극을 좁히는 촉매 역할을 수행하고 있다.

1) 인공지능(AI)과 머신러닝: 지능형 사업화 파트너의 등장

인공지능은 더 이상 미래의 기술이 아니다. 오늘날 R&D 현장에서 AI는 지능형 실험 설계, 복잡한 변수 간 상관관계 분석, 연구 결과 예측 등에 폭넓게 활용되고 있다. 이는 연구개발 속도를 비약적으로 향상시키는 동시에, 기술이 시장에 도달하기 전 단계에서 그 가능성과 위험 요소를 자동으로 분석하고 조정하는 기반을 마련해준다.

특히 R&D 사업화 단계에서는 AI가 기술가치 평가, 타깃 시장 예측, 수요 기반 시뮬레이션 등을 수행함으로써, 보다 정밀하고 데이터 기반의 사업화 전략 수립을 가능케 한다.

이는 기존의 직관과 경험에 의존하던 기술 이전이나 창업 전략을 대체할 수 있는 지능형 시스템의 출현을 의미한다.

2) 빅 데이터와 데이터 레이크: 수요 기반 기술 설계의 연료

R&D와 사업화의 디지털 전환을 가능케 하는 또 하나의 중심축은 빅데이터이다. 방대한 연구 데이터, 특허 정보, 시장 데이터, 소비자 반응 등이 디지털 형태로 집적·통합되면서, 기업과 연구자는 이제 단순히 '무엇을 개발할 것인가?'를 넘어, '언제, 누구를 위해, 어떤 조건에서' 개발할 것인가를 예측할 수 있게 되었다.

특히 데이터 레이크(Data Lake) 환경은 정형·비정형 데이터를 가리지 않고 저장하고 분석할 수 있도록 하여, 기술기획 단계에서부터 고객 중심의 R&D 방향성을 도출할 수 있는 기반을 제공한다. 결과적으로 기술의 개발은 '공급자 중심'이 아니라 '수요 기반 기술 리디자인'의 단계로 진화하고 있다.

3) 클라우드 컴퓨팅과 협업 인프라: 초경계 연결의 실현

클라우드 컴퓨팅은 공간의 제약을 넘어, 시간과 조직의 경계마저 허물고 있다. 과거에는 연구개발과 사업화가 분절된 조직 또는 국가 단위로 이루어졌다면, 이제는 전 세계의 연구자, 기업, 기관이 클라우드 기반 플랫폼에서 실시간으로 협업하며, 기술개발에서 사업화까지 전주기를 하나의 생태계로 통합하고 있다.

또한 SaaS 기반의 R&D 사업화 플랫폼은 기술문서 공유, 시장성 분석, 투자 유치, 기술이전 제안 등 사업화의 실질적 과정을 디지털화하고 자동화함으로써, 중소기업이나 스타트업도 글로벌 기술경쟁에 참여할 수 있는 기회를 확대하고 있다.

4) 디지털 트윈과 시뮬레이션 기술: 가상환경에서의 사업화 검증

디지털 트윈 기술은 실제 제품이나 시스템의 디지털 복제본을 생성하고, 이를 활용하여 가상환경에서의 반복 테스트와 시뮬레이션을 수행한다. 이는 실험 비용과 개발 기간을 줄일 뿐만 아니라, 기술이전이나 사업화 전 단계에서의 리스크를 사전에 진단하고 대응할 수 있는 강력한 도구로 자리 잡고 있다.

예컨대 복잡한 기계장비, 의료기기, 신소재 기술 등은 실제 시장 도입 이전에 수차례의 프로토타이핑과 피드백 과정이 필요하다. 이 과정을 디지털 트윈으로 대체함으로써, 보다 정확한 사업화 시나리오 수립과 최적 타이밍 조정이 가능해지고, 이는 곧 R&D 성과의 시장성과 경제성을 획기적으로 높이는 결과로 이어진다.

디지털 전환이 R&D 사업화에 가져오는 변화

디지털 전환은 단순한 기술의 도입을 넘어, R&D의 본질적 가치와 그 결과물의 활용 방식 자체를 변화시키고 있다. 특히 R&D 사업화의 영역에서는 기술의 평가 기준, 주체, 추진 방식에 있어 전례 없는 재편이 이루어지고 있으며, 이는 산업 생태계의 패러다임 전환을 이끄는 원동력이 되고 있다.

1) R&D 사업화의 '데이터화': 주관에서 정량으로

기존의 R&D 사업화는 주로 기술 담당자의 경험, 전문가 네트워크, 기술설명회 등을 통한 정성적 판단에 의존해왔다. 이는 필연적으로 사업화의 정확성, 예측성, 객관성 측면에서 한계를 지닐 수밖에 없었다.

그러나 디지털 전환은 이러한 사업화 방식에 근본적 변화를 일으키고 있다. AI 기반의 기술 평가 툴, 시장 예측 알고리즘, IP 데이터 분석 플랫폼 등은 기술역량, 시장성, 경쟁 우위, 수익성 등을 정량화된 지표로 분석할 수 있도록 한다.

이를 통해 기업이나 기관은 기술 포트폴리오를 보다 과학적으로 구성하고, IP 전략을 글로벌 수준으로 정교하게 할 수 있게 되었다. 다시 말해 기술사업화는 이제 감이 아닌 데이터로, 경험이 아닌 알고리즘으로 판단하는 시대에 진입한 것이다.

2) 사업화 주체의 다변화: 누구나 도전할 수 있는 환경

디지털 도구의 확산은 R&D 사업화의 문턱을 획기적으로 낮추고 있다. 과거에는 R&D 성과를 사업화하기 위해 막대한 자본, 인력, 네트워크가 필요했지만, 지금은 저비용의 SaaS 기반 시뮬레이션 툴, 글로벌 클라우드 펀딩 플랫폼, 온라인 IP 거래소 등 디지털 기반의 사업화 인프라가 등장하면서 누구나 손쉽게 시장에 진입할 수 있는 길이 열렸다.

이러한 변화는 스타트업, 중소벤처기업, 대학 연구팀, 공공연구기관은 물론 개인 연구자까지도 R&D 사업화의 실질적 주체가 될 수 있는 환경을 조성하고 있다.

특히 디지털 전환 기술을 기반으로 한 MVP(최소기능제품) 제작, 사용자 피드백 수집, 시장 검증 등의 과정은 소규모 조직에게도 기민한 기술사업화 전략 수립을 가능케 하고 있다.

이제 R&D 사업화는 더 이상 대기업의 전유물이 아니라, 디지털 역량을 갖춘 누구에게나 열려 있는 혁신의 기회가 되었다.

3) '지속적인 사업화(Continuous Commercialization)'의 출현: 순환 형 진화 모델

디지털 전환은 R&D사업화 과정을 '단발성 이벤트'에서 '지속 가능한 순환 구조'로 전환시키고 있다. 과거의 사업화 모델은 기술을 개발하고 이전한 후 종료되는 선형적 방식이었다. 그러나 오늘날에는 기술이 개발된 이후에도 지속적으로 업데이트되고, 시장 반응에 따라 개선되며, 다시 사업화 기회를 확장하는 피드백 루프 기반 모델이 자리 잡고 있다.

이러한 변화는 특히 소프트웨어 기반 기술, 데이터 기반 서비스, 플랫폼 기술 등에서 뚜렷하게 나타나며, 기존의 제품 중심 사업화가 아닌 서비스 형 기술(Service-as-a-Technology) 형태의 사업화 전략을 가능케 한다.

결국 R&D 사업화는 더 이상 '끝나는 지점'이 아니라, 계속해서 시장과 소통하고 진화하는 '살아 있는 과정'으로 변화하고 있다. 이는 기업이나 연구기관이 기술의 수명주기를 훨씬 더 길고, 유연하게 관리할 수 있도록 돕는 중요한 전환점이다.

디지털 전환 시대의 R&D 사업화 전략

기술이 아무리 우수하더라도, 시장에 진입하지 못하거나 가치로 전환되지 못한다면 그 의미는 제한적일 수밖에 없다. 디지털 전환은 R&D 사업화의 전 과정을 더 빠르고, 더 정확하며, 더 예측 가능하게 변화시키고 있으며, 이와 함께 요구되는 전략 역시 과거의 방식과는 본질적으로 달라지고 있다. 이제는 데이터, 플랫폼, 알고리즘을 중심으로 한 지능형 사업화 전략이 새로운 표준으로 자리 잡고 있다.

1) 데이터 기반 시장 예측과 기술기획: 정밀함과 민첩성의 결합

과거의 기술기획은 산업 전문가나 연구자의 직관과 경험에 크게 의존했다. 하지만 디지털 전환 시대에는 AI와 데이터 기반의 기술 트렌드 분석, 시장 예측 알고리즘이 기술기획의 새로운 표준이 되고 있다. 특히 자연어처리(NLP), 예측분석(Predictive Analytics) 기반의 도구를 통해 방대한 논문, 특허, 시장보고서를 실시간으로 분석함으로써, 기술의 수요 타이밍과 적합한 시장 진입 전략을 사전에 도출할 수 있다.

또한 이를 통해 기업은 제품 출시 전부터 시장 적합성(Product-Market Fit)을 검증하고, 기술 개발 우선순위와 방향성을 정량적으로 도출할 수 있다. 이는 기술의 성공 가능성을 높이는 동시에, R&D 자원의 효율적 배분을 가능케 한다.

2) 디지털 사업화 플랫폼 구축: 연결 중심의 생태계 전략

기술의 공개, 평가, 유통, 투자 연결까지 모든 단계가 디지털 플랫폼 내에서 구현되는 시대가 다가오고 있다. '온라인 기술 장터(Tech Marketplace)', 'AI 기반 기술 브로커', '디지털 IP 매칭 플랫폼' 등은 기술의 유통 구조를 완전히 재편하고 있다. 이들은 기술의 구매자와 판매자, 투자자와 수요자, 연구자와 기업 간의 즉각적 연결을 촉진하는 사업화 인프라로 기능하며, 특히 초기 사업화 단계에서 생기는 비효율성과 불확실성을 크게 줄여준다.

플랫폼 기반 기술사업화는 거래비용 절감, 네트워크 확장, 사업화 속도 제고라는 장점을 가지며, 기업뿐 아니라 공공기관, 대학, 스타트업 등 다양한 주체의 기술을 글로벌 시장과 실시간으로 연결할 수 있게 한다.

미래의 사업화는 단일 기업 중심이 아닌 디지털 생태계 기반의 협력 형 모델로 진화하고 있다.

3) 디지털 KPI 체계 도입: 성과 측정의 패러다임 전환

디지털 전환은 R&D 사업화의 성과 측정 방식에도 근본적인 재(再)정의를 요구하고 있다.

기존의 R&D 성과지표가 특허 출원 수(數), 기술료 수입, 기술이전 건수에 집중되었다면, 오늘날에는 기술 유통 속도, 디지털 채널에서의 사용자 반응률, 시장 피드백을 반영한 기술 수정 주기 기술 수익성 등 디지털 기반의 동적 지표(KPI)가 중요한 기준으로 떠오르고 있다.

이러한 KPI는 단순히 기술의 '결과'가 아니라, 기술이 실제 시장과 어떻게 상호작용하고 있는지를 보여주는 실시간 지표로 기능하며, 향후 기술 전략과 투자 유도 방향을 설정하는 데 있어 결정적인 역할을 한다.

또한 디지털 KPI는 성과의 정량화뿐 아니라, 민첩한 전략 수정과 피벗의 타이밍 판단에도 이바지할 수 있어, 불확실성이 높은 시장에서 R&D 사업화의 실패 확률을 줄이는 효과도 기대할 수 있다.

정책 및 제도적 과제: 디지털 기반 R&D 사업화를 위한 인프라 구축

디지털 전환은 민간의 혁신만으로 완성되기 어렵다. 데이터, 플랫폼, 알고리즘 기반으로 움직이는 디지털 R&D 사업화 생태계는 정책적 지원, 제도적 유연성, 교육 기반의 정비 없이는 지속가능한 성장을 담보하기 어렵다. 다음은 디지털 기반 R&D 사업화 시대를 열기 위한 핵심 정책과 제도적 과제를 정리한 것이다.

1) 기술 데이터 공개와 공유 체계 마련

디지털 R&D 사업화의 기반은 데이터의 집적과 연결성이다. 그러나 현재 공공 R&D 데이터를 포함한 기술 정보는 각 부처, 기관, 기업에 분산되어 있으며, 실질적인 상호 운용성과 공유 체계가 미비한 상태다. 특히 공공 연구에서 생성된 데이터는 민간 사업화에 활용되지 못하고 단절되는 경우가 많아, 기술과 시장 간 연결 고리가 약화되고 있다.

이를 극복하기 위해서는 공공 R&D 데이터와 민간 R&D 사업화 데이터를 통합·연결할 수 있는 국가 단위 플랫폼 생태계가 필요하다. 기술 개발에서 기술 이전, 시장 진입에 이르기까지의 전 주기 데이터를 안전하고 개방적으로 공유할 수 있도록 하고, 이를 기반으로 AI 기반 기술 사업화 예측, 유망기술 추천 시스템 등을 구현하는 것이 향후 경쟁력의 핵심이 될 것이다.

2) 디지털 기반 R&D 사업화 전문가 양성

디지털 전환 시대의 R&D 사업화는 전통적인 기술자나 사업개발자만으로는 수행하기 어렵다. 기술, 데이터, 알고리즘, 플랫폼, 시장 전략을 복합적으로 이해하고 설계할 수 있는 '디지털 R&D 사업화 에반젤리스트(Digital R&D Commercialization Evangelist)'라는 새로운 전문 인력이 요구된다.

이들은 기술을 이해하는 동시에, 시장 데이터 분석, 플랫폼 활용, 디지털 KPI 설계 능력을 갖춘 다기능형 전문가로, 향후 공공기관, 연구소,

기술이전기관(TLO), 창업보육센터 등에서 중추적 역할을 수행할 수 있다. 이를 위해 정부 및 교육기관은 전문 교육과정 개설, 산업계와의 협업 프로그램 운영, 산학 연계 프로젝트 기반 학습 등을 통해 이들의 체계적 양성에 나서야 한다.

3) 규제 샌드 박스와 실증 기반 제도 확대

디지털 기술 기반의 신사업화 모델은 기존 규제 틀과 충돌할 가능성이 높다. 예컨대 AI 기반 의료기기, 가상 시뮬레이션 기술이 포함된 테스트베드, 디지털 IP 거래소 등은 기존 법령 체계 내에서 명확한 적용 기준이 없어 사업화가 지연되거나 중단되는 사례가 많다.

따라서 정부는 규제 샌드 박스의 범위와 속도를 확대하여, 신기술 기반의 사업화 모델이 제도적 유예기간 내에 시장성을 검증하고, 정책적 실증 사례를 만들어 낼 수 있도록 해야 한다.

특히 디지털 기술 실증 전용 트랙, 데이터 활용 특례 제도, AI 기술 위험성 검증을 위한 규제 완화 구역 등을 도입해 기술 혁신과 제도 혁신이 병행되는 쌍방향 구조를 만들어야 한다.

마무리: 디지털 중심의 R&D 사업화, 사람과 플랫폼을 잇다

기술은 언제나 진보해 왔지만, 그 진보의 방식은 시대에 따라 달라진다. 디지털 전환은 단지 새로운 도구나 시스템의 도입을 의미하지 않는다. 그것은 기술이 어떻게 연결되고, 활용되며, 사회적 가치로 전환되는지를 재(再)정의하는 과정이다. 이제 기술 그 자체보다 기술이 데이터를 만나고, 플랫폼과 결합하며, 알고리즘을 통해 진화하는 방식이 더욱 중요해지고 있다.

이와 같은 변화 속에서 R&D 사업화의 본질 또한 근본적으로 재편되고 있다. 과거의 R&D 사업화가 기술의 우수성과 선형적 시장 진입 전략에 기반을 두었다면, 오늘날에는 연결과 협업, 그리고 실시간 피드백이 핵심 성공 요소로 떠오르고 있다. 기술은 더 이상 단독으로 존재할 수 없으며, 수많은 디지털 요소들과 동기화된 상태에서만 실질적 가치를 창출할 수 있다.

기술의 완성도는 여전히 중요하다. 그러나 미래의 R&D 사업화는 기술의 정교함보다 '연결의 구조'를, 출시 속도보다 '반응 속도'를, 일회성 성과보다 '지속적 성장 가능성'을 중시하는 새로운 게임의 룰 위에 놓여 있다.

이러한 변화는 기존의 기술 관리자나 사업 개발자에게만 맡겨질 수 없다. 이제는 데이터를 해석하고, 디지털 플랫폼을 이해하며, 기술과 시장의 간극을 설계할 수 있는 디지털 R&D 사업화 에반젤리스트(Digital R&D Commercialization Evangelist)의 역할이 무엇보다 중요해졌다. 이들은 기술을 단지 이전하거나 상용화하는 수준을 넘어, 기술을 가치로 연결하는 구조 자체를 설계하는 새로운 시대의 중개자로 등장할 것이다.

결국 기술의 미래는 기술만으로 이루어지지 않는다. 디지털로 연결된 세상 속에서, 기술의 가치를 실현하는 것은 언제나 사람과 플랫폼, 그리고 그 사이의 의미 있는 연결이다. 디지털 시대의 R&D 사업화는 그 연결을 어떻게 구성하고, 얼마나 민첩하게 재설계할 수 있는가에 달려 있다. 그 중심에 선 당신이 바로, 미래의 혁신을 설계하는 사람이다.

AI 시대 R&D 사업화를 위해 넘어야 하는 '기술의 관문'과 '시장의 관문'

기술이 뛰어나도, 사업화에 실패하는 이유

　인공지능(AI)의 발전은 기술 개발의 속도와 정밀도, 그리고 효율성을 전례 없이 끌어올렸다. 실험 설계는 자동화되고, 수많은 변수는 AI 알고리즘에 의해 최적화되며, 디지털 시뮬레이션은 물리적 시험을 대체하고 있다.

　그 어느 때보다 기술은 빠르게, 그리고 똑똑하게 진보하고 있다. 그럼에도 불구하고, 수많은 R&D 성과는 시장에 도달하지 못한 채 사장되거나, 기술이전·창업 등의 사업화 성과로 이어지지 못하고 소멸되는 현실에 직면해 있다.

　'좋은 기술'임에도 불구하고, 왜 시장에서 환영받지 못하는 것일까?

　그 이유는 간단하면서도 본질적이다. 기술이 뛰어나다고 해서, 곧바로 시장에서 채택되는 것은 아니기 때문이다. 기술이 아무리 우수하더라도, 그 기술이 실질적 가치를 만들어내기 위해서는 반드시 '두 가지 관문'을 넘어야 한다.

　바로 '기술의 관문(Technical Gate)'과 '시장(Market)의 관문'이다.

　기술(Technical)의 관문은 실험실을 벗어나, 현실 환경에서 기술이 재현 가능하고 확장 가능한가를 묻는다. 시장(Market)의 관문은 이 기술이 고객의 문제를 해결할 수 있는가, 그리고 고객은 실제로 그것을 원하는가를 묻는다.

이 두 관문은 AI 시대라고 해서 자동으로 해결되는 문제가 아니다. 오히려 기술이 복잡해질수록, 시장은 더 명확한 가치와 신뢰를 요구한다.

이제 R&D는 기술을 만드는 데서 그치지 않고, 기술이 시장과 연결되는 여정을 전략적으로 설계하는 데까지 확장되어야 한다.

이 장에서는 AI 시대의 R&D 사업화 성공을 위해 반드시 넘어야 할 기술의 관문과 시장의 관문, 그리고 이를 AI와 전략적 데이터 분석을 통해 어떻게 통과할 수 있는가에 대해 다룬다.

기술의 관문: 실험실을 넘어서 현실로

기술개발은 많은 경우 실험실에서 완성된다. 그러나 진정한 기술의 가치는 실험실을 떠나, 실제 환경에서 작동할 때 비로소 증명된다.

바로 이 지점을 우리는 '기술의 관문(Technical Gate)'이라 부른다. 이는 기술이 현실에 적용되기 위한 첫 번째 핵심 관문이자, 기술사업화 성공의 분기점이다.

AI 시대에도 이 관문은 여전히 존재하며, 오히려 기술이 복잡하고 자동화될수록 현실성과 실용성, 신뢰성과 적합성에 대한 검증 요구는 더욱 높아지고 있다.

기술의 관문을 구성하는 대표적인 세 가지 장벽은 다음과 같다.

1) 성능의 재현성: 실험실 성능은 현실을 보장하지 않는다.

AI 모델이나 첨단 기술들은 학습 환경, 설계 조건, 제한된 시뮬레이션 환경에서는 매우 뛰어난 성능을 보여준다. 하지만 실제 환경에서는 입력 데이터의 불일치, 예측 불가능한 외부 변수, 노이즈의 간섭 등으로 인해 성능이 급감하는 사례가 빈번하다. 이른바 '성능의 현실화 실패(performance drop in real-world)' 현상이다.

기술이 시장에서 채택되기 위해서는 단순히 평균 정확도가 높은 것을 넘어, 현실 상황에서 얼마나 일관되게 성능을 재현할 수 있는가가 핵심이 된다.

2) 확장성과 통합 가능성: 기술은 혼자서 작동하지 않는다.

단일 기능으로는 아무리 우수한 기술이라도 기존의 시스템, 프로세스, 조직과의 통합 가능성이 떨어지면 도입이 지연되거나 거부된다.

예를 들어, AI 기반 진단 모델이 병원에서 도입되려면 EMR(Electronic Medical Record) 시스템과의 연동이 필요하고, 제조공정 분석 툴은 MES/ERP와 통합되어야만 실효성을 가질 수 있다. 다시 말해 기술의 확장성과 주변 시스템과의 상호 운용성(interoperability)은 기술이 시장에서 채택되기 위한 현실적인 조건이다.

3) 규제와 표준 부합성: 기술의 진입은 제도와 동행해야 한다.

의료, 금융, 공공안전 등 민감한 분야에서는 기술의 성능보다 법적·제도적 수용성이 더 중요한 관건이 된다. AI가 아무리 정확해도, 설명이 가능하지 않다면 의료행위로 인정받기 어렵고, 개인정보를 침해한다면 공공 플랫폼에 적용될 수 없다.

이러한 분야에서는 기술 개발 초기부터 규제 설계와 함께 가는 '규제 동행 형 개발 전략'이 필수적이다. 특히 XAI(eXplainable AI), Privacy by Design, AI Audit Trail 등의 요소는 이제 기술의 경쟁력이라기보다 시장 진입을 위한 전제조건이 되어가고 있다.

[AI 시대의 해법: 기술의 관문을 넘어서는 디지털 전략]

AI 기술 자체는 단점이기도 하지만, 동시에 기술의 관문을 뛰어넘을 수 있는 해법 그 자체가 될 수 있다.

- 실증 데이터 기반 성능 개선

AI는 실제 운용 환경에서 수집된 데이터를 지속적으로 학습하고 분석함으로써, 성능 저하 원인을 조기에 예측하고 반복 개선할 수 있다.

- 디지털 트윈과 VPD 기반 가상 실증

실제 환경을 정밀하게 재현한 디지털 트윈 및 VPD(Virtual Product Development)를 활용하면, 시장에 출시하기 전 다양한 시나리오에서 기술을 검증하고 확장 가능성을 점검할 수 있다.

- AI 기반 표준 적합성 분석과 규제 대응 모델링

AI는 유사 제품의 승인 사례, 법적 기준 변화, 국가별 인증 조건 등을 학습하여 기술 설계 단계부터 규제 수용 가능성을 최적화하는 전략 수립이 가능하다. 기술의 관문은 기술 자체를 뛰어넘는 시험대이다.

AI 시대의 기술은 단지 '기술적으로 가능'해야 하는 것이 아니라, '현실에서도 가능해야' 한다는 기준을 통과해야만 사업화의 다음 단계로 진입할 수 있다.

시장의 관문: 수요와 신뢰, 그리고 타이밍

기술이 실험실을 넘어 현실에 적용되는 데에는 기술의 관문을 통과해야 한다. 그러나 진정한 사업화는 그 이후, '시장'이라는 훨씬 더 복잡하고 예측 불가능한 관문 앞에서 시작된다.

시장에 진입한다는 것은 단지 기술이 있다는 사실만으로는 충분하지 않다.

"누가 이 기술을 왜 써야 하는가?"

"지금이 적절한 시점인가?"

이런 물음에 대한 정교한 해답이 필요하다.

시장 관문은 기술이 경제적 가치를 창출하는 데 있어 가장 현실적이면서도 본질적인 장벽이며, 이 장을 넘지 못하면 기술은 곧바로 '기술의 무덤'에 갇히게 된다.

다음은 시장 진입을 가로막는 세 가지 핵심 장벽이다.

1) 시장 적합성(Product-Market Fit): 기술과 니즈의 접점

기술이 고도화될수록, 종종 사용자와의 거리는 더 멀어지는 아이러니가 발생한다. 연구자나 개발자는 기술적으로 가능한 것을 중심으로 사고하지만, 시장은 기술이 얼마나 직관적으로 문제를 해결하고, 사용자가 실제로 받아들일 수 있는가를 중심으로 판단한다. 예컨대 AI 기반 예측 모델이 아무리 정교해도, 사용자가 결과를 해석하지 못하거나 '왜 이런 결과가 나왔는지' 납득하지 못하면 기술 채택은 지연된다.

시장 적합성(Product-Market Fit)은 기술의 논리가 아니라, 사용자 경험의 언어로 설계되어야 한다.

2) 신뢰 형성의 시간: 기술은 논리보다 신뢰로 채택된다.

특히 AI 기술은 의료, 금융, 제조 등에서 의사결정의 자동화나 보조 역할을 수행하게 되며, 이는 곧 '신뢰'라는 매우 인간적인 조건을 충족해야만 시장 진입이 가능하다는 것을 의미한다.

시장이 기술을 받아들이는 데는 시간이 필요하다. 고객은 데이터를 믿기보다 '사례'를 믿고, 기능보다 '검증된 경험'을 신뢰한다. 따라서 시범 사업, 초기 사용자군(early adopter) 확보, 사용자 교육 및 피드백 루프 설계 등이 반드시 동반되어야 한다.

3) 타이밍과 경쟁 대응: 빠르다고 유리한 것은 아니다.

기술이 아무리 뛰어나도 시장의 수용 준비가 되지 않았다면 성공하기 어렵고, 반대로 너무 늦게 진입하면 이미 경쟁자가 시장을 선점해 버렸을 가능성이 높다. 특히 AI 기술은 기술 자체보다 '언제 시장에 진입하느냐'가 성공률을 좌우하는 경우가 많다.

시장 진입 타이밍은 단지 런칭 시점을 의미하는 것이 아니라, 수요의 상승 구간, 기술 수용 사이클, 경쟁 기술의 도입 현황 등을 종합적으로 고려해야 하는 전략적 변수이다.

[AI 시대의 해법: 데이터 기반 시장 적합성 정렬 전략]

AI는 기술뿐 아니라 시장 진입 전략에도 결정적 도구가 될 수 있다.

다음과 같은 방식으로 시장 관문의 장벽을 사전 탐지하고, 전략적으로 조정할 수 있다.

- 수요 시그널 분석과 수용성 예측

검색 트렌드, 고객 행동 로그, 산업 뉴스, SNS 등 비정형 데이터를 학습하여, 시장 수용성(acceptance score)을 사전에 예측하고 진입 가능성을 평가한다.

- A/B 테스트 및 타깃 세분화 자동화

기술 도입 효과를 다양한 세그먼트에 시뮬레이션 하여, 어떤 고객 군(群)부터 시작할 것인가에 대한 전략을 최적화할 수 있다.

- 사용자 피드백 분석과 반복 설계 구조 구축

실시간 사용자 반응 데이터를 분석해, 제품 또는 서비스의 기능, 메시지, 채널을 반복적으로 조정하는 민첩한 시장 적응 루프를 구축할 수 있다.

시장 관문은 기술 자체의 문제가 아니라, 기술이 사람과 만나는 방식의 문제다. AI는 이 관문을 넘어설 수 있는 감지기이자 예측 도구이며, 우리가 미처 보지 못했던 시장의 눈높이를 맞출 수 있는 전략적 동반자다.

기술과 시장 관문의 통합 관점: '기술-시장 핏(GTM Fit)' 설계

기술의 관문과 시장의 관문은 각각 다른 성격을 가지지만, 현실에서는 분리되어 존재하지 않는다. 기술이 아무리 뛰어나도 시장에 받아들여지지 않으면 성공할 수 없고, 시장 수요가 아무리 강해도 기술이 이를 감당하지 못하면 사업화는 실패한다.

따라서 AI 시대의 R&D 사업화는 이 둘을 별개로 평가할 수 없다. 진정한 성공은 기술성과와 시장성과가 '어떻게 맞물리는가?', 즉 기술-시장 핏(GTM Fit: Go-To-Market Fit)을 얼마나 정밀하게 설계했는가에 달려 있다.

GTM Fit은 단순한 기술의 적합성 평가를 넘어서, 기술개발의 시작부터 시장성과를 염두에 두고 전(全) 주기를 설계하는 전략적 일치를 의미한다. 이를 달성하기 위해서는 다음과 같은 전략적 접근이 필요하다.

1) 기술개발 초기부터 시장 피드백을 반영하는 Iterative R&D 구조

기술은 고정된 결과물이 아니라, 시장 반응에 따라 유연하게 진화해야 하는 프로세스이다. 특히 AI 시대에는 고객 반응 데이터를 수집하고 실시간 분석할 수 있는 역량이 있기 때문에, R&D 초기에 시장 테스트와 피드백 수용 구조를 내재화하는 것이 가능하다.

- 기술 기획 → 프로토 타입 개발 → 사용자 피드백 수집 → 기능 재설계 → 개선
- 이 과정을 반복(Iteration)하는 수요 기반 순환 형 R&D 구조는 시장 적합성을 빠르게 확보할 수 있게 해준다.

2) 기술의 경제성, 운용성, 수용성 등 시장 친화적 KPI 반영

기술의 평가 지표는 단지 성능(accuracy), 정밀도(precision)와 같은

기능 중심 요소에 머물러서는 안 된다. 이제는 '이 기술이 실제로 얼마나 운영 가능하며, 시장에서 얼마만큼 받아들여질 수 있는가?'에 대한 정량적 지표가 필요하다.

- **경제성**: 단가, ROI, TCO(Total Cost of Ownership)
- **운용성**: 조직 내 적용의 난이도, 기존 시스템과의 통합 용이성
- **수용성**: 사용자의 이해도, 신뢰도, 초기 채택 의지 등

이러한 KPI는 R&D 평가 체계에 시장성과 지향성을 통합함으로써, 기술이 시장으로 나아가기 위한 구조적 조건을 마련한다.

기술개발 → 시장 반응 분석 → 제품 포지셔닝 재설계로 이어지는 Data-Driven GTM 전략

AI는 시장의 수요 흐름과 기술의 반응 간 데이터를 연계하고 분석할 수 있다. 이를 활용하면 다음과 같은 데이터 기반 Go-To-Market 전략이 가능해진다.

- **기술개발**: 기술 성능 목표, 초기 시장 가정 설정

- **시장 반응 분석**: 사용자 테스트, A/B 시뮬레이션, 수요 예측 데이터 수집

- **제품 포지셔닝 재설계**: 사용성 개선, 가격 전략 수정, 고객 군 리포지셔닝

이 흐름은 GTM 전략을 단발성 이벤트가 아닌, 지속 가능한 전략 루프로 진화시킨다. 특히 AI가 반복적으로 학습하면서 시장조건 변화에 따라 전략을 자동 보정할 수 있다는 점에서, GTM Fit은 더 이상 정성적 감각이 아닌, 정량적이고 시스템화 가능한 전략으로 확장된다.

기술은 기능만으로는 시장에 들어갈 수 없고, 시장은 감성만으로 기술을 채택하지 않는다. 이 둘 사이를 가장 정교하게 연결하는 전략이 바로 GTM Fit 설계이며, AI는 이 설계의 정밀도를 높이는 데이터 기반 조율(調律)자이자 예측(豫測)자로서 핵심 역할을 수행한다.

마무리: 관문은 허들이 아니라, 전략 포인트다

기술이 개발되었다는 사실만으로는 시장에 도달할 수 없다.

R&D의 결과물이 현실로 전환되기 위해서는 반드시 기술의 관문과 시장의 관문, 두 단계를 통과해야 한다. 이들은 단순한 장벽이 아니라, 사업화 과정에서 반드시 전략적으로 대응해야 할 구조적 이정표이자 전환점이다.

많은 기술이 이 관문 앞에서 멈춘다. 그러나 AI 시대의 사업화 전략은 이제 이 관문들을 사전에 감지하고, 그 특성을 데이터로 읽어내며, 예측력과 반복 설계를 통해 관문을 기회로 전환하는 데 초점을 맞춰야 한다.

기술의 관문에서는 현실 적용성, 재현성, 통합 가능성, 규제 적합성이 핵심이고, 시장 관문에서는 수요 적합성, 신뢰 확보, 진입 타이밍이 본질이다. 그리고 이 모든 관문을 유기적으로 통합하여 '기술-시장 핏(GTM Fit)'을 설계하는 전략적 감각이 무엇보다 중요해졌다.

- 좋은 기술을 만드는 것에서 멈추지 말고,

- 좋은 흐름을 설계하고,
- 좋은 연결을 만들어야 한다.

  기술의 가치란 그 자체에 있는 것이 아니라, 그 기술이 어떻게 사람과 시장, 사회와 연결되는지에 따라 결정된다. AI는 이제 기술 설계뿐 아니라, 기술이 넘어야 할 관문을 사전에 인식하고 보이지 않는 위험을 감지하며, 우회로를 제시하고, 반복 설계를 통해 최적의 길을 만들어가는 동반자가 되고 있다.

  기술과 시장 사이에 존재하는 이 보이지 않는 경계, 그 경계를 넘는 순간부터 비로소 진정한 R&D 사업화는 시작된다.

제3부

R&D 혁신역량 진단

R&D 사업화 성과를 결정하는 '가장 부족한 것'을 찾아라!

R&D 혁신역량의 진단과 R&D 사업화 성과의 결정

사업화 성과의 결정에서 '가장 부족한 것'은?

지금 우리는 기술이 부족한 시대에 살고 있는 것이 아니다. 오히려 기술은 과잉의 시대이다. 정부의 R&D 투자 규모는 매년 사상 최고치를 경신하고 있으며, 논문 수(數), 특허 출원 건수, 기술이전 실적 역시 빠르게 누적되고 있다. 그럼에도 여전히 근본적인 질문이 남는다.

"왜 기술은 넘치는데 수익은 늘지 않는가?"

수많은 기술이 개발되고 있지만 시장에서 살아남지 못하고, 수많은 특허가 등록되는데도 매출로 연결되지 않는다. 문제는 기술 그 자체가 아니라, 기술을 둘러싼 연결의 부재에 있다. 기술과 시장의 연결, 기술과 조직의 연결, 기술과 실행력의 연결이 끊어져 있기 때문이다.

결국 R&D 사업화 성과를 가르는 열쇠는 "얼마나 좋은 기술을 보유했는가?"가 아니라 "조직 내부에서 가장 취약한 연결 고리를 얼마나 빠르게 발견하고, 연결 고리의 취약성을 전략적으로 보완했는가?"에 달려 있다.

이 장에서는 기업이 기술을 보유하고 있음에도 불구하고 왜 성과로 이어지지 못하는지 그 근본 원인을 살펴본 다음, '가장 약한 고리'를 진단하고 전략화하는 방법을 탐색하고자 한다.

최소량의 법칙: 가장 부족한 것이 결과를 결정한다.

식물이 자라는 속도를 결정하는 것은 풍부하게 공급된 영양소가 아니다. 오히려 생장을 결정짓는 것은 단 하나, 가장 부족한 영양소다. 이 원리를 우리는 리비히의 최소량의 법칙(Law of the Minimum)이라고 부른다. 이는 식물학의 원리로 출발했지만, 오늘날은 전략, 경영, 성과관리 전반에 널리 적용되고 있다.

R&D 사업화도 예외가 아니다.

아무리 기술력이 탁월하고, 시장 규모가 크며, 투자 여력이 충분해도 단 하나의 치명적인 약점이 사업 전체의 실패로 이어질 수 있다. 〈표 3-1〉은 최소량의 법칙이 R&D 사업화 과정에서 어떻게 적용되는지 보여준다.

〈표 3-1〉 최소량의 법칙과 R&D사업화 적용도

개념 비교 항목	생물학(리비히 법칙)	R&D사업화 전략
대상 시스템	식물	기술 기반 조직 또는 사업화 프로젝트
성과 조건	영양소의 균형	기술, 마케팅, 조직, 재무, 생산, 법률 등 핵심 역량 간 균형
실패 요인	가장 부족한 영양소 하나	가장 결핍된 R&D혁신역량 하나
전략적 교훈	전체 성장량은 최소 요소에 의해 결정됨	전체 성과는 '가장 약한 고리'에 의해 결정됨

- 제품 기술은 완벽하지만, 고객에게 전달할 마케팅 전략이 없다면 사업화는 실패한다.
- 고객 니즈는 명확하지만, 이를 실행할 조직이 부재하면 수익은 발

생하지 않는다.
- 초기 시장진입 준비는 마쳤지만, BEAR(출시 후 투자의 회수 도달 기간)에 대한 전략이 없으면 기업은 자금 고갈에 직면하게 된다.

R&D 사업화는 '가장 강한 고리의 합'이 아니라 '가장 약한 고리의 취약성'에 의해 좌우된다. 기술이 기업의 성장 엔진이라면, 가장 부족한 역량은 그 엔진을 멈추게 하는 가장 치명적인 결함이 된다. 따라서 우리는 기술의 크기보다, '기술을 둘러싼 가장 취약한 연결고리'를 먼저 살펴야 한다. R&D 사업화의 성공 여부는 가장 약한 고리를 얼마나 빨리 찾고 개선했는가에 달려 있다.

R&D 사업화 실패의 진짜 원인은 '보이지 않는 약점'이다

많은 기업이 R&D 사업화가 실패했을 때, "시장 상황이 좋지 않았다." "경쟁사가 빨랐다." "기술 주기가 짧았다."라는 식으로 외부 환경을 탓하기 일쑤다.

그러나 수많은 실패 사례를 깊이 들여다보면 진짜 원인은 대부분 조직 내부의 준비 부족, 즉 '보이지 않는 약점'에 있다. 기술력도 충분했고, 시장 트렌드도 맞았으며, 투자 여력도 있었지만, 단 하나의 치명적 결핍이 발목을 잡는 경우가 대부분이다.

실제로 실패한 R&D 사업화 프로젝트를 분석해 보면 기술성 자체는 오히려 우수했던 경우가 많다. 아이디어는 참신했고, 개발 속도도 뒤처지지 않았다. 그러나 시장 접근 전략이 없었거나, 생산 역량이 부재했거나, 법적 보호장치가 취약했거나 하는 등 한두 가지 요소가 전체 사업화를 무너뜨린 경우가 많았다.

이러한 약점들은 흔히 내부에서는 인식조차 되지 않는다. 대부분 "우리 기술만 완성되면 시장이 열릴 것"이라는 착각 속에서 방치된다. 〈표 3-2〉는 R&D 사업화 실패를 일으키는 핵심 역량별 대표 취약 지점을 정리한 것이다.

〈표 3-2〉 R&D 혁신역량별 취약 지점

역량 영역	실패의 잠재요인
기술	고객의 실제 문제와 연결되지 않음
마케팅	시장 세분화 및 포지셔닝 전략 부재
조직	실행 주체 또는 전담 조직 부재
법률/IP	특허 확보 전략 부재, IP 방어력 약함
생산/운영	제품화 이후 확산·운영 전략 없음
재무	BET, 수익모델, 자금 흐름 분석 미흡

이 중 단 하나라도 취약하다면 아무리 뛰어난 기술도 시장에서는 살아남을 수 없다. 이것이 바로 R&D 사업화에서 '최소량의 법칙'이 작동하는 방식이다. 사업화와 기업 운영에서는 가장 약한 연결 고리가 전체 사업화 성과를 결정한다는 사실을 반드시 명심해야 한다.

진단이 필요한 이유: 약점을 모르고는 전환할 수 없다.

조직은 대부분 스스로를 과신하는 경향이 있다. 특히 기술 중심 조직일수록 "기술만 뛰어나면 사업은 저절로 따라올 것이다."라는 착각에 빠지기 쉽다. 그러나 현실은 다르다.

R&D 사업화의 실패는 기술이 아니라 보이지 않는 약점에서 시작된다. R&D 혁신역량 진단은 단순한 '체크리스트'가 아니다. 이 진단은 기업 내부에 숨어 있는 '가장 부족한 것'을 찾아내고, 이를 사업화 전략의

핵심 전환 포인트로 만드는 전략적 도구이다.

R&D 혁신역량 진단이 필요한 이유는 다음 세 가지로 정리할 수 있다.

1) 실패의 패턴을 사전에 드러낸다.

실패는 대부분 '나중에 깨닫는 후회'로 끝난다. 그러나 진단을 통해 시장진입 전에 얼마든지 실패 요인을 발견할 수 있다. 이것은 실패 비용을 최소화하고, 시행착오를 사전에 차단하는 효과를 발휘한다.

2) 전략 자원을 재배치할 수 있다

많은 기업이 '강점 강화'에만 집착한다. 하지만 실제 성공은 '가장 약한 고리'를 보완할 때 발생한다. 진단은 한정된 자원을 '가장 큰 병목'에 집중하도록 방향을 제시한다.

3) 실행의 흐름을 근본적으로 전환시킨다.

기술 중심 조직의 흔한 실수는 기술을 기준으로 사업 전략을 설계하는 것이다. 진단은 이를 '기술 중심'에서 '시장과 고객 중심 흐름'으로 재설계하도록 돕는다. 결과적으로 기술은 기능이 아니라 시장 문제를 해결하는 수단이 되며, 조직은 기술에서 출발해 고객과 수익으로 이어지는 실행 구조를 갖추게 된다.

진단 없이는 방향 전환도, 전략 수정도 불가능하다. 진단은 그저 현재 상태를 확인하는 것이 아니라, 기업이 성장 궤도에 오를 수 있게 만드는 유일한 출발점이다.

진단은 전략의 출발점이다.

많은 조직이 전략을 수립할 때 흔히 착각에 빠진다.
"기술은 평균 이상이다."
"시장도 충분하다."
"조직도 큰 문제는 없다."
이런 막연한 평균적 낙관주의가 전략의 기반이 되곤 한다. 하지만 현실은 평균에서 실패하지 않는다. 사업화 성과는 늘 가장 취약한 부분에서 무너진다. 아무리 기술이 뛰어나고 시장이 유망해도, 딱 하나의 결정적인 약점이 사업 전체를 좌초시킨다.

이런 이유로 진단은 필수다. 진단은 전략 그 자체는 아니지만, 전략이 제대로 작동할 수 있는 '지적 토대'가 된다. 내부 약점을 명확히 보지 못한 채 세운 전략은 결국 추측에 불과하며, 실패를 반복할 확률을 높인다.

성공하는 기업과 실패하는 기업의 차이는 전략 수립 이전에 '무엇이 가장 부족한가?'를 먼저 파악했는가에 있다. 진단 없는 전략은 전략이 아니다. 진단은 전략이 작동하는 출발점이다.

마무리: 약점을 먼저 보라, 성공은 그다음 차례다.

기술은 사업화의 출발점일 뿐이다.
좋은 기술은 필요조건이지만, 그것만으로 수익이 보장되지는 않는다. 기술이 시장으로 가는 길목에는 언제나 '죽음의 계곡'이 존재한다. 그리고 그 계곡 한가운데에는 조직마다 서로 다른 '보이지 않는 약점', 즉

'아킬레스건'이 숨어 있다.

 R&D 혁신역량 진단은 이 약점을 사전에 발견하게 해주는 조직의 전략적 방어기제이며, 실행력을 높이기 위한 현실 점검의 출발선이다. 기업의 성공은 가장 잘하는 분야에서 나오지 않는다. 가장 부족한 부분을 얼마나 빠르고 정확하게 보완했는가가 성공의 확률을 결정한다.

 "약점을 보는 일이 두렵다면 실패는 반복되고, 약점을 정확히 직면하고 개선한다면 성공은 자연스럽게 따라온다."

"기술은 있었지만 시장은 없었다
- H社의 전기차 충전 모듈 실패 사례"

▶ **배경:**
H사는 차세대 전기차 충전 모듈 기술을 개발. 기술성 검증과 특허 확보까지 마친 상태에서 국내외 파트너와 사업화 논의에 착수.

▶ **문제:**
기술은 우수했지만, 마케팅 전략이 전무
B2B 타깃 설정이 명확하지 않았고, 해외 인증체계도 미확보
IP는 국내 중심이었고, 글로벌 경쟁사 대비 법적 방어력 부족
고객 니즈를 조기 탐색하지 못해 프로토타입 수정 반복

▶ **결과:**
시장 진입 실패. 사업화 2년 후 기술은 휴지조각에 가까워졌고, 핵심 인력 이탈 발생.

▶ **진단 포인트 요약:**
○ 기술 ✓
● 마케팅 전략 없음
● 글로벌 IP 전략 없음
● 인증/법률 대응 체계 부재
● 고객 피드백 반영 시스템 없음

기술은 있는데 왜 수익은 없을까?

R&D 역량과 혁신역량의 차이

"기술은 뛰어난데 왜 제품은 팔리지 않을까?"

이 질문은 오늘날 대부분의 기술 조직이 마주하는 현실적인 의문이다. 기술개발에는 막대한 투자와 노력이 들어갔고, 특허도 확보했으며, 논문 성과도 풍부하다. 그러나 막상 시장에서는 수익으로 이어지지 못하는 상황이 반복되고 있다.

어떤 기업은 수십 건의 특허를 보유했지만, 제품 판매는 기대치를 밑돌고, 어떤 기관은 꾸준히 연구 성과를 발표하지만, 사회적 파급력과 경제적 효과는 미미하다.

이러한 실패의 본질은 기술 그 자체가 원인이 아니다. 기술을 시장과 연결하는 실행력, 즉 'R&D 혁신역량'이 부족하기 때문이다.

기술을 만드는 'R&D 역량'과 기술을 시장에서 눈에 보이는 성과로 바꾸는 R&D 혁신 역량은 전혀 다른 성격의 힘이다.

이 장에서는 왜 기술만으로는 성공할 수 없는지, 그리고 기술과 시장 사이의 결정적인 연결고리인 'R&D 혁신역량'이 왜 오늘날 더욱 중요해졌는지 구체적으로 살펴본다.

이때 주목해야 할 두 가지 개념이 있다. 바로 'R&D 역량'과 'R&D 혁신역량'이다. 두 용어는 비슷해 보이지만, 실제로는 본질적으로 다른 의미를 담고 있다.

- R&D 역량은 '기술을 잘 만드는 힘'이다. 연구 인력, 실험 장비, 특허 수(數) 등 기술개발 자체의 완성도에 집중한다.
- R&D 혁신역량은 '기술을 잘 활용하는 힘'이다. 기술을 고객의 문제 해결로 연결하고, 시장에 안착시키며, 수익으로 전환하는 실행력을 말한다.
- R&D 역량은 기술의 '존재'를 설명하고, R&D 혁신역량은 기술의 '생존'을 결정짓는다.

예를 들어보자.

아무리 성능이 좋은 휴대폰이 있다고 해도, 그걸 사람들이 이해하지 못하거나 써보고 싶지 않다면 아무 소용이 없다. 반대로, 성능은 조금 부족해도 '어떻게 쓰면 좋은지'잘 설명하고, 사람들이 편하게 쓸 수 있도록 만든다면, 그 제품은 시장에서 성공할 수 있다.

많은 기업이 기술을 만들기 위한 시간과 돈은 충분히 투자하지만, 그 기술이 어떻게 쓰일지, 누가 살지, 어떻게 팔지에 대해서는 고민하지 않는다. 결과적으로 기술은 있지만 수익은 없는 상태이다.

말하자면 '기술의 성공'과 '사업의 실패'가 동시에 벌어지는 셈이다. 이 장에서는 이러한 문제의 본질을 풀어보고자 한다. R&D 역량과 혁신역량이 다른 점은 무엇인지, 그리고 왜 지금의 시대에는 기술을 넘어서는 실행력, 그러니까 '수익을 만드는 R&D'가 더 중요한지 이야기하려고 한다.

R&D 역량과 혁신역량의 개념적 정의

우선 R&D 역량은 연구개발을 위한 내부 자원의 총합이다. 쉽게 말하면 기술을 만들 수 있는 능력이다. 연구 인력의 규모, 장비의 수준, 실험을 수행할 수 있는 환경, 그리고 특허 보유 수와 같은 요소들이 이에 해당한다. 이러한 역량은 주로 '무엇을 개발했는가?'에 초점을 둔다.

R&D 혁신역량은 단순히 기술을 만드는 것에 그치지 않고, 그 기술이 실제 시장, 사회, 정책과 연결되어 가치로 전환하는 힘을 의미한다. 다시 말해 기술을 활용해 수익과 영향력을 만들어 내는 전략적 실행 능력이라 할 수 있다.

예를 들어 설명하면, R&D 역량이 "새로운 약을 만들 수 있는 능력"이라면, R&D 혁신역량은 "그 약이 병원에서 실제로 처방되고, 사람들이 사용하게 만드는 능력"이다. 두 개념은 평가 기준에서도 뚜렷한 차이를 보인다.

- R&D 역량은 보통 기술 수준, 논문 수, 특허 등록 수 등으로 측정된다. 이는 '무엇을 개발했는가?'에 초점을 둔 지표이다.
- R&D 혁신역량은 시장, 정책, 사회와 연결되어 기술이 현실에서 어떤 문제를 해결하고, 어떤 변화를 일으키는지를 중시한다. 이는 '그 기술이 얼마나 쓰이고 있는가?' '어떤 성과를 냈는가?'에 집중한다.

〈표 3-3〉 R&D 역량 vs R&D 혁신역량 비교

구분	R&D 역량	R&D 혁신 역량
정의	연구개발 수행에 필요한 기술적·인적·물적 능력	기술개발을 통해 혁신적 가치 (시장, 사회, 정책)를 창출하는 능력
초점	내부 자원과 과정 중심	외부 환경과 전략적 성과 중심
주요 구성 요소	연구 인력, 장비, 실험 능력, 특허 수 등	기술 전략, 융합력, 사업화 연계성, 개방형 협업 역량 등
평가 기준	기술 수준, 논문 수, 특허 보유량 등	시장성, 기술의 확산성, 정책/산업에의 파급력 등

결국 R&D 역량은 기술을 만들 수 있는 힘이고, R&D 혁신역량은 그 기술로 시장을 만들고, 세상을 바꾸는 힘이다. 오늘날과 같이 시장 변화가 빠르고, 고객의 기대가 높아지는 시대에는 기술만 잘 만드는 것만으로는 충분하지 않다.

기술을 시장과 연결하고, 외부 가치를 창출할 수 있는 혁신역량이 점점 더 중요해지고 있다.

기능적 차이: 개발의 끝 vs. 실행의 시작

두 개념은 그 기능에서도 뚜렷한 차이를 보인다. R&D 역량은 기초연구부터 응용, 개발 연구까지 일련의 기술적 과정을 수행할 수 있는 기반 능력이다. 연구 성과를 창출하고 기술의 정밀도와 완성도를 확보하는 데 중점을 둔다.

R&D 혁신역량은 단지 기술을 개발하는 것에 그치지 않고, 그 기술을 어떻게 시장에 포지셔닝할 것인지, 어떻게 사업화하고 사회적 가치를 이끌어낼 것인지 고민한다. 또한 외부 기관과의 협력, 수요자의 참여, 기술과 정책, 산업 간의 연결을 유도하는 능력도 포함된다.

결국 R&D 역량이 '기술을 잘 만드는 기능'에 초점이 맞춰진다면, R&D 혁신역량은 '기술을 활용하여 사회적, 경제적 가치를 창출하는 능력'을 강조한다고 할 수 있다.

- R&D 역량의 기능

☞ 기초·응용·개발 연구 수행 가능
☞ 연구 성과 도출(논문, 특허, 기술개발 등)

☞ 기술 자체의 정밀도 및 완성도 확보

- R&D 혁신역량의 기능

☞ 기술 성과의 전략적 포지셔닝
☞ 사업화 및 가치화 능력
☞ 외부 협력, 수요 연계, 기술-정책-산업 간 연결 능력

조직 및 정책적 적용의 차이

조직 차원에서 두 개념은 전략 방향과 운영 방식에도 영향을 미친다. R&D 역량 중심의 조직은 주로 기술의 내재화와 축적에 초점을 맞추며, 내부 중심의 협업 구조를 유지하고, 논문과 특허 같은 전통적 연구 지표를 성과 기준으로 삼는다. 이러한 조직은 기술전문가가 주도하는 형태가 일반적이다.

반대로 R&D 혁신역량을 중시하는 조직은 기술 그 자체보다 가치 창출을 목표로 한다. 이러한 조직은 산(産)·학(學)·연(研)·정(政)과의 개방형 협업을 기반으로 하며, 기술의 사업화율, 정책적 기여도, ESG 가치 등 다양한 사회적 기준에 따라 성과를 평가한다. 이와 같은 조직은 전략적 사고와 융합 역량을 갖춘 리더십을 필요로 한다.

현대처럼 기술이 융합되고 시장이 복잡하게 변화하는 시대에는 단순한 기술 역량만으로는 경쟁력을 유지하기 어렵다. 이제는 기술을 이해하는 것과 더불어, 이를 전략화하고 가치를 창출할 수 있는 복합적인 혁신역량이 핵심이 된다.

〈표 3-4〉는 R&D 역량 중심 조직 vs R&D 혁신역량 중심 조직을 비

교한 것이다.

〈표 3-4〉 R&D 역량 중심 조직 vs R&D 혁신역량 중심 조직

항목	R&D 역량 중심 조직	R&D 혁신역량 중심 조직
전략 방향	기술 내재화 중심	가치 창출 중심
협업 구조	내부 중심	개방형 혁신(산·학·연·정)
평가 지표	논문·특허·기술 단계	R&D 사업화율, 정책 기여도, ESG 등
리더십 성격	기술전문가 주도	전략·융합형 리더 주도

사례 비교: 특허 20건 vs. 수익화 1건

R&D 역량과 혁신역량의 차이는 실제 사례를 통해 더욱 분명하게 드러난다. 다음은 두 조직이 비슷한 기간 동안 수행한 R&D 활동을 비교한 사례이다.

A 기술연구소는 최근 3년간 총 20건의 특허를 등록하였다. 이는 기술개발의 양적 성과로는 매우 뛰어난 수준이라 할 수 있다. 그러나 이 특허들은 대부분 시장진입에 실패하거나, 실제 제품화로 이어지지 못한 채 연구보고서와 지식재산으로만 남았다. A의 조직은 논문 작성과 기술 축적을 주요 목표로 삼았으며, 과제 단위 중심의 분절된 운영 체계를 유지하고 있었다. 결과적으로 사회적 파급력은 낮았고, 기술은 자산이 되었지만 수익이나 확산으로는 이어지지 않았다.

그런데 B 기술전략센터는 3건의 특허만을 등록했지만, 이들 기술을 바탕으로 실제 시장에 진입하는 데 성공하였다. 특허 자체의 수보다, 시장 적합성 있는 기술개발과 수요자 협업 중심의 전략이 주효했다. B의 조직은 기술과 시장을 연계하는 프로젝트를 중심으로 운영되었고, 정부 정책과의 연계, 신산업 발굴 등 외부 환경과의 정렬을 적극적으로 수행하였다. 이는 단순히 기술을 만드는 데서 그치지 않고, 기술을 사회와 산업 전반에 확산시킬 수 있는 구조적 실행력이 있었기 때문이다.

이 두 사례는 중요한 교훈을 준다.

특히 수나 논문 수 같은 전통적 R&D 지표만으로는 조직의 혁신역량을 평가하기 어렵다는 점이다. 기술이 만들어졌는가 하는 것보다, 그 기술이 실제로 쓰이고 있는가, 수익을 만들고 있는가, 사회적 변화를 유도하고 있는가 하는 점이 진정한 R&D 성과의 본질적 기준이 되어야 한다. 결국 A 조직은 기술 중심의 R&D 역량에 머물렀고, B 조직은 시장과 전략을 고려한 혁신 역량 기반의 R&D를 실행한 것이다. 오늘날의 기업과 기관이 참고해야 할 방향은 명확하다. 기술의 양보다 실행의 질, 축적보다 연결이 더 중요하다.

〈표 3-5〉 A 기술연구소와 B 기술전략센터의 전략·조직·성과 관점 비교를 통한 혁신역량의 실질적 의미 분석

항목	A 기술연구소	B 기술전략센터
주요성과	3년간 20건 특허 등록	3건 특허 기반으로 시장 진입 성공
전략	논문, 기술 축적 중심	수요자 협업, 사업화 우선 전략
조직 운영	과제 중심 운영	기술+시장 연계 프로젝트 중심
사회적 파급	낮음	정부 정책 반영 및 신산업 창출 기여

마무리: 이제는 '기술 그 이후'를 말할 때

더 이상 R&D의 성공 여부를 판단할 때 "기술을 개발했는가?"만을 묻

는 시대는 지났다. 이제는 그다음 질문이 더 중요하다.

"그 기술로 우리는 무엇을 해결할 수 있는가?"
"그 기술이 어떤 가치를 만들고, 어떤 수익을 창출할 수 있는가?"

이러한 질문에 답하지 못한다면, 아무리 우수한 기술도 성과로 이어질 수 없다. 물론 R&D 역량은 여전히 중요하다. 기술을 만들 수 있는 내부 자원과 능력이 없다면, 사업화는 애초에 시작될 수 없다. 하지만 기술만으로는 미래를 보장할 수 없는 시대가 되었다.

지금은 기술이 아니라 그 기술을 어디에 어떻게 연결할 것인가에 대한 전략이 중요하다. 시장, 사회, 정책, 고객의 흐름과 연결되지 못하는 기술은 '완성된 실패'로 남을 가능성이 높다.

R&D 혁신역량은 단순히 연구의 연장선이 아니다. 그것은 기술을 넘어서서 가치를 상상하고, 실행하며, 다양한 이해관계자와 시스템을 연결하는 통합적 사고의 결과물이다. 기술은 만들면 끝이지만, 혁신은 그 이후부터 시작된다.

기술 중심의 사고에서 가치 중심의 사고로, 축적의 R&D에서 전환과 실행의 R&D로 패러다임을 전환해야 할 때다. 이제는 기업과 기관, 연구자 모두가 '기술을 만들었다.'가 아니라 "그 기술이 어떤 변화를 만들어 냈는가?"를 이야기할 수 있어야 한다.

바로 이것이 오늘날 우리가 '혁신'이라는 단어에 더 깊은 의미를 부여하는 이유이다.

기술은 넘었지만, 시장은 못 넘는다

무너진 혁신역량의 징후와 구조

오늘날 R&D는 선택이 아니라 생존의 문제다. 기술개발은 기업의 성장 전략이자 국가 경쟁력의 핵심 기반으로 자리 잡았다. 전 세계 정부와 기업들은 연구개발에 천문학적인 예산을 투입하고 있으며, 기술 확보를 미래 시장 주도권 확보의 출발점으로 인식하고 있다.

그러나 현실의 성과는 기대만큼 나오지 않는다. 많은 R&D 프로젝트가 계획한 목표에 도달하지 못하고, 완성된 기술이 시장에서 외면당하는 사례가 반복된다. 특허는 등록되지만, 제품은 팔리지 않고, 기술은 존재하는데 수익으로 이어지지 않는다. 시장 문제는 여전히 해결되지 못한 채 남아 있는 경우가 많다.

이런 결과는 대부분 기술력의 부족 때문이 아니다. 오히려 많은 경우, 개발된 기술의 완성도와 성능은 이미 세계적 수준에 있다. 문제는 이 기술이 시장과 고객, 그리고 사회적 가치로 연결되지 못하고 있다는 점이다. 다시 말해 기술을 만들 줄은 알지만, 그 기술을 팔 수 있는 혁신역량은 부재한 조직이 많다는 것이 핵심이다.

기술은 그 자체로는 아무 힘도 없다. 그 기술을 어떤 고객에게, 어떤 시장에서, 어떤 방식으로 전달할지를 결정하는 것은 또 다른 역량, 바로 실행력과 전략 수립 능력이다.

이 장에서는 기술은 확보했지만, 시장에서 실패한 다양한 사례를 살펴본다. 어떤 징후들이 혁신역량 붕괴를 알려주는지, 이러한 구조적 실패가 왜 반복되는지 분석하고자 한다.

이를 통해 지금 기업에 필요한 것은 더 많은 기술이 아니라, '기술 이후의 전략과 실행력'임을 확인하게 될 것이다.

R&D 혁신역량이 약화되는 주요 원인

기술은 갖추었는데도 시장에 진입하지 못하는 많은 조직의 공통점은 R&D 혁신역량이 뿌리부터 약화(弱化)되어 있다는 점이다. 그 원인은 단순한 노력 부족이나 예산 부족이 아니라, 사고방식, 운영 방식, 전략기획 체계 전반의 구조적 문제에서 기인한다. 아래는 대표적인 약화 요인 네 가지이다.

1) 기술 중심의 폐쇄적 사고

많은 기업과 연구기관은 여전히 R&D를 기술 그 자체의 완성도나 정밀성, 차별성에 초점을 맞춰 바라본다. 말하자면 "얼마나 잘 만들었는가?"에만 집중하는 것이다.

이러한 사고방식은 기술 자체의 내재화와 특허 확보에는 도움이 될 수 있지만, 그 기술이 어떻게 쓰이고, 누구에게 필요한지를 놓치게 만든다. 결국 기술은 개발되지만, 시장과 연결되지 못하고, 활용되지 못하는 기술이 양산된다. 이는 R&D를 '개발'로만 이해하고, '전환'과 '활용'의 단계를 고려하지 않은 결과이다.

2) 시장·수요에 대한 이해 부족

R&D 과제의 기획 단계에서부터 수요자 관점이 배제되는 관행은 혁신 역량 약화의 대표적 원인이다. 기술은 있지만, 그 기술이 해결하려는 문제가 실제 고객의 필요와 다르면 사업화 가능성은 크게 떨어진다.

"기술은 있는데 팔 데가 없다."라는 말은 기술의 부족이 아니라 시장의 부재 또는 시장의 오해에서 비롯된다. 그 결과, 유용한 기술 자산조차 활용되지 못하고 성과 없이 묻혀버리는 '사장화' 현상이 발생하게 된다.

3) 협업·융합 역량의 결핍

오늘날의 혁신은 더 이상 혼자의 힘만으로 이루어지지 않는다. 기술은 다른 기술, 정책, 산업, 조직과 연결될 때 비로소 의미 있는 가치를 창출한다. 그러나 여전히 많은 조직은 부서 간 칸막이(사일로) 구조 속에 있고, 외부와의 협력에도 소극적인 태도를 보인다.

예컨대 기술팀, 마케팅팀, 재무팀이 서로 소통하지 않는다면 시장에 대한 대응력은 떨어질 수밖에 없다. 또한 대학, 연구소, 기업, 정책기관 간 협업이 부족하면 신산업 창출의 기회를 놓치기 쉽다. 결국 협업 부족은 기술의 융합 가능성과 확산 잠재력을 모두 가로막는 구조적 장애물로 떠오르게 된다.

4) 리더십과 전략의 부재

많은 R&D 리더는 무엇을 개발할 것인가에는 능숙하지만, 그 기술을 어떻게 수익화할 것인가에는 경험과 전략이 부족하다. 이는 기술 중심의 리더십 구조가 시장과 정책, 고객 흐름을 해석하는 데 약하기 때문이다. 이 때문에 다음과 같은 문제들이 나타난다.

- 기술의 우선순위가 조직 전체의 전략과 맞지 않음
- 자원 배분이 단기 과제 위주로 쏠림
- 기술이 정책과 연계되지 못해 확산 채널을 확보하지 못함

결과적으로 기술 성과는 조각처럼 흩어지고, 전체 조직의 혁신 역량은 구조적으로 약화된다. 이러한 문제들은 하나하나가 치명적이지만, 실제로는 복합적으로 작용하여 조직의 사업화 가능성을 전반적으로 떨어뜨린다. 기술을 넘어 시장으로 가는 다리, 즉 R&D 혁신 역량을 복원하지 않는다면 기술은 계속 만들어지되, 수익은 계속 비워지는 상황이 반복될 수밖에 없다.

혁신역량이 중요한 이유

R&D 혁신역량은 단순히 기술을 잘 다루는 능력이 아니다. 그것은 기술을 통해 문제를 해결하고, 가치를 만들며, 조직과 사회에 지속 가능한 변화를 일으킬 수 있는 실행의 힘이다. 이제는 기술만으로는 경쟁력이 되지 않는다. 혁신역량이 중요한 이유는 바로 지금 우리가 마주한 시장과 정책, 기술 환경의 변화 속도와 방향이 근본적으로 달라졌기 때문이다.

1) 기술을 가치로 전환하는 핵심 연결 고리

오늘날 대부분의 기술은 '좋은 기술'이라는 사실만으로 시장에서 선

택받기 어렵다. 이미 세계 각국은 유사한 기술력을 보유하고 있으며, 특허나 논문 수만으로는 차별화하기 어렵다. 중요한 것은 "이 기술이 어떤 문제를 해결하는가?", "고객은 어떤 방식으로 이 기술을 경험하게 되는가?"하는 점이다.

R&D 혁신역량은 기술을 고객의 언어로 해석하고, 그 기술이 담고 있는 기능을 고유한 가치로 전환하는 전략적 감각이다. 이 연결 고리를 갖춘 조직만이 기술을 통해 실질적인 수익과 변화를 만들어 낼 수 있다.

2) 국가 전략과 정책과의 연계 역량

이제 R&D는 단순히 기업의 수익 창출 수단이 아니라, 탄소중립, 고령화, 기후 위기, 산업 디지털 전환 등 국가적 과제를 해결하는 핵심 도구가 되었다. 혁신역량이 높은 조직은 자신이 보유한 기술이 어떻게 정책 방향과 접점을 만들 수 있는지 이해하며, 국가의 예산과 제도, 규제 환경과 전략적으로 연계할 수 있다. 이는 단순히 공공과제를 수주하는 차원을 넘어, 기술이 공공적 파급력과 사회적 수용성을 함께 갖출 수 있는 기반이 된다.

3) 빠르게 변화하는 시장에 대한 민첩한 대응력

기술의 수명주기가 짧아지고 있다. 5년 걸려 개발한 기술이 출시 전 이미 구식이 되는 시대다. 이런 환경에서는 기존의 기술 역량만으로는 버티기 어렵다. 혁신역량은 불확실한 시장 변화에 유연하게 대응하는 민첩성을 제공한다. 새로운 기술 트렌드가 등장하면 자체 로드맵을 빠르게 수정하고, 외부 자원을 끌어들여 공동개발이나 기술 융합으로 연결하는 실행력을 발휘한다. 이는 단지 빨라지는 것이 아니라, 방향을 바꿀 수 있는 유연성과 결합 전략을 갖춘다는 의미이다.

4) 사람 중심의 지속 가능한 혁신 환경 구축

지속 가능한 혁신은 기술보다 사람에서 비롯된다. 혁신역량이 높은 조직은 단순한 시스템보다는 조직 문화, 커뮤니케이션, 실패에 대한 태도가 다르다.

- 구성원의 자율성과 실험 정신을 존중한다.
- 실패를 학습의 일부로 받아들인다.
- 부서 간 경계를 허물고 협업하는 문화를 지향한다.

이러한 조직은 인재가 떠나지 않고, 지속적인 혁신 아이디어가 축적되며, 조직 전체가 변화에 강한 유기체처럼 작동하게 된다. 결국 R&D 혁신역량은 기술이 아니라 수익, 시스템이 아니라 사람, 고립이 아니라 연결을 중심에 두는 사고의 전환이다.
　이제는 기술을 뛰어넘는 실행력, 그리고 가치를 설계할 수 있는 감각이 R&D의 진짜 경쟁력이 되는 시대다.

마무리: 기술의 시대, 그러나 혁신의 실력은 다르다.

오늘날 기술은 넘쳐난다. 수많은 기술이 개발되고, 특허가 쌓이며, 연구실에서는 매일 새로운 아이디어가 나온다. 하지만 그 모든 기술이 사회로 나아가고, 수익을 만들며, 변화를 일으키는 것은 아니다. R&D 혁신역량이 약한 조직은 아무리 뛰어난 기술을 보유해도 그것을 외부로 연결하지 못한다. 그 결과, 기술은 '쌓이기만 하는 자산'으로 남고, 조직은 시장에서 점점 멀어지며 기술의 불모지에 갇히게 된다.

반대로, 혁신역량이 강한 조직은 특허가 많지 않아도, 자원이 넉넉하지 않아도 기술을 시장과 정책, 고객과 연결하며 실질적인 성과를 만든다. 이러한 조직은 기술을 단순히 만드는 데 그치지 않고, 그 기술을 통해 사회를 변화시키는 씨앗을 심는다.

이제 우리는 R&D를 바라보는 시각을 바꿔야 한다.
"무엇을 개발했는가?"에서 "그 개발이 어떤 변화를 만들었는가?"로 질문을 바꿔야 한다.

기술은 시작일 뿐이다. 진짜 경쟁력은 그 기술을 가치로 바꾸고, 고객과 연결하며, 수익으로 전환하는 혁신의 실력이다. R&D 혁신역량은 기술 그 이후의 실력이다. 지금이야말로, 이 실력을 갖추기 위한 변화가 시작되어야 할 때다.

혁신은 진단에서 시작된다

약점을 전략으로 바꾸는 사업화 프레임

기술이 있다고 해서 사업이 성공하는 것은 아니다. 기업이 R&D 사업화를 추진할 때, 가장 먼저 마주하게 되는 현실은 '기술 하나만으로는 시장을 돌파할 수 없다.'라는 사실이다.

시장은 단순히 '좋은 기술'에 반응하지 않는다.

기술이 어떤 문제를 해결하는지, 고객이 그것을 어떻게 받아들이는지, 조직이 이를 어떻게 실행에 옮길 수 있는지에 따라 그 기술의 운명은 전혀 다른 결과로 이어진다.

이때 필요한 것이 바로 R&D 혁신역량 진단이다. 단순한 기술성 평가가 아니라, 그 기술이 실제로 시장에 닿을 수 있는 준비가 되어 있는지 확인하는 과정이다. R&D 혁신역량 진단은 다음의 여섯 가지 영역을 중심으로 구성된다.

- 기술 – 제품화와 경쟁력
- 마케팅 – 시장 적합성과 고객 접근력
- 법률 – 지식재산권과 제도적 보호
- 조직 – 팀 구성과 실행 체계
- 생산 – 품질 관리와 표준화, 확장성
- 재무 – 비용 구조와 자금 운용 능력

이 여섯 가지는 독립된 기능처럼 보이지만, 실제로는 유기적으로 연결되어 사업화 성공 여부를 결정짓는 통합된 실행 구조다. 예를 들어, 기술이 뛰어나더라도 마케팅 전략이 부재하면 고객은 제품을 찾지 못하고, 생산 역량이 부족하면 품질 문제로 초기 시장에서 신뢰를 잃는다. 반대로, 기술이 다소 부족하더라도 나머지 요소가 튼튼하면 빠르게 개선해 가며 시장을 확보할 수 있다.

이 장에서는 R&D 혁신역량 진단이 왜 중요한지, 각 영역에서 어떤 약점이 실패로 이어지는지 구체적인 사례와 함께 살펴본다. 그리고 이 진단 결과를 단순한 문제 발견이 아니라, 전략 수립의 출발점으로 삼는 방법에 대해 논의하고자 한다.

혁신은 기술이 아니라 해석력에서 시작되며, 해석은 반드시 진단이라는 과정을 거쳐야 한다.

진단 방법의 장점과 한계

R&D 혁신역량 진단은 단순히 기술 수준을 확인하는 도구가 아니다. 이 진단은 기술을 포함한 기업 내부의 복합적 역량을 다차원적으로 점검하여, 사업화 실행 가능성 전반을 사전에 예측하고 대응하기 위한 전략 도구다. 특히 기술 - 마케팅 - 법률 - 조직 - 생산 - 재무의 6개 영역을 기준으로 조직의 사업화 준비 상태를 균형 있게 진단한다는 점에서 강력한 실용성을 지닌다.

그러나 어떤 도구도 완전하지 않듯, 혁신역량 진단 역시 몇 가지 주의해야 할 한계를 동시에 내포하고 있다. 아래는 이 진단 프레임이 가지는 주요 장점과 잠재적 한계를 요약한 내용이다.

1) 진단 방법의 장점

• 사업화 실패의 구조적 원인을 사전에 식별할 수 있다.

R&D 사업화의 많은 실패는 기술 부족이 아니라, 조직 내부의 연결 불균형이나 시장진입 조건의 미비에서 비롯된다. 이 진단은 기술만 보는 것이 아니라, 사업화 전반에서 '약한 고리'를 사전에 파악할 수 있게 한다.

• 기능 간 전략적 보완 지점을 명확히 드러낸다.

진단은 단지 점수를 매기는 데 그치지 않고, 기술 - 조직 - 재무 - 마케팅 등 기능 간의 불균형을 시각적으로 드러내며, 한정된 자원 아래 무엇을 먼저 보완해야 하는지를 구체적으로 제시한다.

• 정성적 감각을 수치화해 의사 결정의 기준을 제시한다.

'중요도(Importance)', '실행력(Level)', '확신도(Confidence)' 세 지표를 통해 보이지 않는 감각을 수치화하고, 내부 팀 간 객관적인 토론 기반을 형성할 수 있다. 이는 전략 수립 과정에서 부서 간의 커뮤니케이션을 위한 기준선으로 활용할 수 있다.

• 외부 전문가의 개입 전 자가 진단용으로 유용하다.

특히 자원이 부족한 스타트업이나 중소기업으로서는 고비용 컨설팅 이전에 내부 인식 공유와 실행 진단을 위한 1차 도구로 매우 실용적이다.

2) 진단 방법의 한계

• 응답자 주관에 따라 진단 결과가 달라질 수 있다.

확신도나 중요도 판단은 응답자의 경험과 시각에 따라 달라질 수 있다. 따라서 진단 결과는 정량적 수치라기보다는 정성적 시사점으로 해석되어야 하며, 구성원 간 공유와 해석의 과정이 반드시 병행되어야 한다.

- 기능 간 상호작용이나 인과관계는 분석되지 않는다.

예를 들어 기술 점수가 높고 조직 점수가 낮다고 해서 '무엇이 원인이고 결과인가'를 도구 자체만으로는 판단할 수 없다. 이 점은 추가적인 맥락 해석과 사례 분석이 필수적임을 의미한다.

- 표면 진단만으로는 숨은 문제를 놓칠 수 있다.

진단은 현재 드러난 '표면적 인식'을 측정하는 데에는 탁월하지만, 내부 갈등, 리더십 불균형, 창업자의 역량 부족 등 심층적 리스크는 포착하기 어렵다. 이럴 때는 외부 인터뷰, 현장 실사, 후속 코칭 등 복합적 접근이 필요하다.

- 일회성 진단으로는 변화 추이를 파악할 수 없다.

혁신역량은 고정된 값이 아니다. 조직의 변화, 구성원의 교체, 외부 정책 변화 등 다양한 요인에 따라 달라진다. 따라서 진단은 단발적 점검이 아니라 반복적 추적과 개선의 출발점으로 사용되어야 한다.

R&D 혁신역량 진단은 '지금 우리는 어디에서 막히고 있는가?' 하는 질문에 구조적이고 시각적인 답을 제공한다는 점에서 매우 유효한 도구이다. 그러나 이 진단은 해답이 아니라 '해석의 출발점'이며, 결국 중요한 것은 진단 이후의 전략적 해석과 실행 설계 능력이다.

진단은 결과가 아니라 시작이며, 혁신은 진단 이후의 결단에서 비롯된다.

R&D 혁신역량 진단법의 단점과 극복 전략

1. 진단 항목이 많고 복잡하다.

① 문제 요약: 기술, 마케팅, 법률, 운영, 조직, 재무 등 각 항목마다 서로 다른 전문지식과 평가 기준이 필요하므로, 실무 적용이 어렵고 시간 소모가 큼.

② 극복 전략
· 표준화된 진단 도구/체크리스트 활용 → 각 항목에 대한 표준 템플릿, 설문, 체크리스트를 마련하여 평가 항목을 간결화하고, 누구나 활용할 수 있도록 설계
· 모듈화된 단계별 진단 체계 도입 → 1단계: 핵심 영역 우선 진단 → 2단계: 보완 영역 정밀 진단 등 → 전 영역을 동시에 수행하기보다 시간과 자원에 맞는 단계별 적용으로 현실성과 부담을 조율

2. 전문 인력이 부족해 일부 항목의 진단이 어렵다.

① 문제 요약: 스타트업이나 중소기업은 법무, 재무, 마케팅 등 분야별 전문가가 부재해, 진단을 수행하거나 해석하는 데 한계가 있음.

② 극복 전략
· 외부 전문가/기관 연계 시스템 활용 → TIPA, KIAT, 기술 거래기관, TLO, 중소기업 기술혁신센터 등과 진단·자문 연계 → 정부 R&D 과제 또는 창업 지원사업 내 포함된 전문가 멘토링 서비스 활용
· 민간-공공 협업형 지원 플랫폼 참여 → K-Startup, 창업진흥원,

지역창조경제혁신센터 등에서 운영하는 '기술-시장-재무 통합 코칭' 프로그램에 참여
· 디지털 자동화 도구 도입 → 마케팅 트렌드 분석, 재무 건전성 진단 등은 AI 기반 자동 진단 툴이나 오픈 DB(기업 신용분석, 시장 크기 등)를 활용하여 보완 가능

3. 영역 간 중복이나 연계(連繫) 부족으로 전략 수립이 단편화된다.

① 문제 요약: 진단 항목이 분리되어 있어 종합적 전략 도출이 어렵고, 영역 간 유기적 관계가 반영되지 못함.

② 극복 전략
· 통합형 평가 프레임 워크 설계 → 각 항목 간 상호 의존도를 고려한 연계 지표 (예: 기술 → 생산 가능성, 마케팅 → 재무 목표) 설정
· 시나리오 기반 전략 매핑 툴 도입 → 진단 결과를 바탕으로 ① 약점 유형 → ② 대응 방안 → ③ 실행 시나리오까지 연결하는 시나리오 맵 기반 전략 도구 활용
· 실행조직 중심의 전략 통합 회의 운영 → R&D, 기획, 마케팅, 재무 담당자가 함께 참여하는 'R&BD 통합 전략 워크숍' 운영을 통해 협업 기반 전략 수립 체계화

4. 진단 결과의 정량화 및 비교가 어렵다.

① 문제 요약: 정성적인 판단이 많고, 기업 간 비교나 내부 성과 추적이 어려움.

② 극복 전략
- 각 항목별 KPI 및 점수화 기준 마련 → 예: 기술 → TRL, 마케팅 → 시장 접근 지수, 조직 → 협업 빈도 등 지표화가 가능한 수치형 평가 항목 설계
- 타 기업/산업 표준과 비교가 가능한 벤치마킹 지표 활용 → 업종별 R&D 투자율, 특허 출원률, 판로개척 성공률 등과의 비교를 통해 정량 기반 의사결정 가능
- 주기적 반복 진단을 통한 개선 추적 → 정기적으로 동일 지표로 진단하여 개선도/성장도 추적, 평가 목적을 단기 수치에서 장기적 역량 구축으로 전환

5. 결론

R&D 혁신역량을 6대 영역으로 나누어 진단하는 방식은 분명히 많은 통찰을 제공하지만, 실제 기업 현장에서는 복잡성, 자원 부족, 평가 체계 미비 등의 현실적 한계가 있다. 그러나 이러한 단점은 오히려 조직의 문제 해결력을 높이는 기회로 작용할 수 있다.

핵심은 진단 그 자체보다, 진단 이후 어떤 실행 전략을 수립하고, 어떻게 실행할지를 설계하는 것이다. 따라서 각 단점을 극복하는 전략은 진단을 '보고용'이 아닌 '행동을 위한 출발점'으로 전환시키는 데 집중해야 한다.

치명적인 약점에 대한 영역별 대응 전략

R&D 혁신역량 진단 결과는 단순한 상태 확인이 아니라, 사업화 성공의 가능성과 병목을 사전에 파악하는 전략 도구다. 특히 6대 핵심 기

능(기술, 마케팅, 법률, 생산, 조직, 재무) 중 어느 하나라도 심각한 결핍 상태에 있다면, 해당 항목은 사업화의 '리스크 포인트'이자 '개선 우선순위'가 된다.

이 장에서는 기능별 약점이 무엇을 의미하는지, 그리고 어떻게 대응 전략을 수립해야 하는지 구체적으로 제시한다.

1) 기술 역량의 약점: 성숙도 부족, 경쟁력 불분명

기술 자체가 아직 충분히 완성되지 않았거나 (예: TRL4 이하), 동일 분야의 경쟁 기술 대비 차별성이 낮다면 이는 사업화의 출발선조차 넘지 못한 상태다.

※ 대응 전략
- 기술성숙도(TRL: Technology Readiness Level)를 기준으로 단계별 업그레이드 계획 수립
- 기술개발 초기부터 시장 기반 기술 기획(Market-Pull R&D) 적용
- 산학연 공동개발 체계 구축을 통해 기술 완성도와 신뢰도 동시 확보
- 유사 특허 분석과 기술로드맵 재정비로 기술 차별화 방향 명확화

2) 마케팅 역량의 약점: 고객 부재, 시장 분석 미흡

기술이 아무리 좋아도, 누구에게 어떻게 팔 것인지 불분명하면 그 기술은 '팔리지 않는 기술'로 남는다. 시장 정보 없이 기술만 개발하면, 제품이 아닌 '기술만 있는 회사'가 될 가능성이 높다.

※ 대응 전략
- 고객 니즈 인터뷰, 초기 사용자 조사(Problem Interview) 등을 통해 시장 검증
- 최소기능제품(MVP)을 기반으로 시제품 사용자 테스트 반복 수행
- 유통 채널, 마케팅 전문가, 브랜드 전략 파트너 등 외부 전문가 협업 체계 확보
- 경쟁 제품 분석을 통한 포지셔닝 및 초기 판매 전략 수립

3) 법률(지식재산) 역량의 약점: 무방비 사업화 위험

지식재산 보호가 취약하면, 기술 도용, 특허 분쟁, 기술 유출, 계약 위반 등의 위험이 급격히 증가한다.

사업화 단계에서 이러한 법적 리스크가 현실화하면 투자 유치와 시장 확산에 치명적이다.

※ 대응 전략
- 핵심 기술에 대한 특허 조기 출원 및 방어 전략 수립
- 사업화 전 반드시 FTO(Freedom to Operate) 분석 수행
- 기술이전 계약서 및 공동개발 계약의 전문 법률 자문 확보
- 영업비밀보호(Trade Secret), 디자인권, 상표권 등 복합적 IP 전략 활용

4) 운영(생산) 역량의 약점: 제품화 불능 상태

생산 역량이 부족하면, 기술은 종이 위에만 존재하는 상태로 남는다.

시제품 생산이 지연되거나 대량 생산 전환이 불가능한 경우, 시장 반응을 시험할 기회조차 놓치게 된다.

※ 대응 전략
- 초기 생산은 외부 파트너(ODM/OEM)와 파일럿생산 체계 구축
- KIAT, 생산기술연구원 등 공공 제조지원 인프라 적극 활용
- 공정설계, 품질관리, 인증 확보 등 양산 전환 로드맵 확보
- 시제품 - 양산 간의 간극 최소화를 위한 단계별 생산 기술 컨설팅 도입

5) 조직 역량의 약점: 실행력의 구조적 결핍

기술을 보유하고도 사업화가 지체되는 경우, 조직 내부의 협업 체계 부재, 책임 주체 모호성, R&D와 경영팀 간 단절이 원인인 경우가 많다.

※ 대응 전략
- 기술 - 사업화 연계를 위한 PM(Project Manager) 중심 실행 구조 정립
- 기술개발 KPI와 사업화 KPI의 통합적 목표 설계
- 협업 회의, 정기 워크숍, 비즈니스 모델 합숙 등 내부 협업 촉진 메커니즘 도입
- 외부 전문가와 팀 빌딩, 액셀러레이터 연계 등을 통한 보완형 인재 확보

6) 재무 역량의 약점: 지속 불가능한 투자 구조

기술개발비는 확보되어 있으나, 마케팅·생산·운영에 필요한 사업화 자금이 없거나 정부 지원금에만 의존하는 경우, 지속 가능성이 크게 떨어진다.

※ 대응 전략
- 기술개발 – 사업화 – 스케일업까지 이어지는 단계별 자금계획 수립
- IR(투자자 대상 발표) 자료 작성 및 초기 엔젤투자자 연계
- 정책금융(기보, 중진공) 및 지자체 사업화 자금 적극 활용
- 매출 발생까지의 현금흐름 시나리오 및 손익분기점(BEP) 분석 병행

마무리하며: 시장·실행·수익을 위한 조직 역량

이제 R&D는 더 이상 연구실의 성과로만 평가될 수 없다.

기술이 진정한 가치를 갖기 위해서는 그 기술을 시장으로 옮기고, 실행으로 연결하며, 수익으로 확장할 수 있는 조직의 역량이 뒷받침되어야 한다. 기술, 마케팅, 법률, 생산, 조직, 재무—이 여섯 가지 영역에 대한 정밀한 진단은 단지 상태를 측정하는 절차가 아니다. 사업화의 실현 가능성을 획기적으로 높일 수 있는 전략의 출발점이다.

특히 중요한 점은, 약점을 단순히 '리스크'로만 인식하지 않는 태도이다. 진단을 통해 발견된 결핍은 조직을 재정비하고 전략을 설계할 기회가 된다. 실제로 많은 성공 사례는 강점에서가 아니라 치명적 약점을 정확히 인식하고 극복한 기업에서 나왔다.

약점은 감춰야 할 단점만이 아니다.

그것은 전환점이자 전략의 방향타이다. 문제와 정면으로 마주하고,

그에 맞는 대응 방안을 마련하는 조직만이 실패를 피할 수 있고, 반복되는 시행착오를 줄일 수 있으며, 결국에는 시장에서 살아남는 강한 생존력을 얻게 된다.

 진단은 끝이 아니라 '실행의 시작'이다.
 혁신은 '강한 곳'이 아니라 '약한 곳'에서부터 자란다.

수치는 거짓말하지 않는다.
R&D 혁신역량을 수치로 읽는 법

왜, 기업의 R&D 혁신역량인가?

R&D 혁신역량은 단순한 기술개발 능력을 넘어, 기업이 새로운 가치를 창출하고 시장의 변화를 기회로 전환하는 근본적인 경쟁력이다. 기술만 보유한다고 시장에서 성공하는 시대는 끝났다. 이제 기업이 살아남기 위한 필수 조건은 기술을 사업화로 연결하는 전략적 실행 역량, 바로 R&D 혁신역량이다.

이 역량은 기업 내부의 지식 구조, 시스템 설계, 조직 문화, 실행 프로세스 전반에 걸쳐 작동한다. 단순히 개발만 잘하는 조직이 아니라, 고객 요구를 읽고 기술을 빠르게 변형하며, 이를 시장에서 수익화할 수 있는 민첩한 시스템이 구축되어야 비로소 R&D가 성과로 연결된다.

특히 불확실성이 커진 오늘날의 시장에서는 R&D 혁신역량이 선택이 아니라 필수 조건이 되었다. 이 역량이 있는 기업만이 끊임없이 변화하는 시장에 적응하고, 기존 기술을 빠르게 대체하며, 지속 가능한 성장 흐름을 만들어 낼 수 있다.

R&D 혁신역량이 경쟁력을 결정하는 이유

지금의 시장은 과거 어느 때보다도 변화 속도가 빠르다. 기술의 수명

주기는 짧아지고, 고객의 기대치는 높아졌으며, 글로벌 경쟁은 무한대로 확장되고 있다. 이런 환경에서 기업의 경쟁력은 기존 기술을 얼마나 보유했는가가 아니라, 새로운 기술과 솔루션을 얼마나 빠르게 시장에 적용하는가에 의해 결정된다.

R&D 혁신역량이 뛰어난 기업은 기술개발의 방향을 시장 흐름에 맞춰 유연하게 조정하고, 기술 자체보다 고객이 요구하는 문제 해결과 수익화 가능성에 전략 초점을 맞춘다. 이를 통해 반복적 실험과 피드백을 빠르게 소화하며, 기술을 경쟁력 있는 제품과 수익성 있는 비즈니스 모델로 전환할 수 있다.

이러한 역량을 갖춘 기업만이 시장에서의 차별화, 기술 주도권, 지속 가능한 성장이라는 세 가지 축을 동시에 확보할 수 있다.

창의성과 몰입을 이끄는 R&D 환경

진정한 R&D 혁신역량은 구성원들이 창의성과 문제 해결 능력을 최대한 발휘할 수 있는 조직 환경에서 자라난다.

기술의 완성도가 아니라, 사람들이 얼마나 자유롭게 아이디어를 제안하고, 시도와 실패를 반복하면서 실행에 몰입하는가가 조직의 혁신역량 수준을 가늠하는 기준이 된다.

혁신역량이 강한 조직은 단순한 R&D 팀의 역량이 아니라, 기술 개발자, 마케터, 기획자, 생산담당자 등 다양한 기능이 수평적으로 연결되어 활발히 협업하는 문화를 갖추고 있다.

이러한 문화는 구성원 개개인의 창의성을 이끌어내는 동시에 실패를 처벌하지 않고 학습과 성장의 자산으로 전환하는 안전한 실험 환경을 제공한다.

구체적으로 기업은 다음과 같은 시스템을 갖추어야 한다.

- 아이디어 제안 플랫폼: 누구나 쉽게 아이디어를 공유하고 검토할 수 있는 시스템
- 사내 기술 세미나와 워크숍: 최신 기술 트렌드와 실무 지식을 자유롭게 확산하는 구조
- 크로스펑셔널 프로젝트 운영: 기술 - 마케팅 - 영업 - 생산이 기능을 넘어 공동 문제 해결에 참여하는 운영 방식

이러한 환경은 단순히 '조직 문화 개선'에 그치는 것이 아니다. 기업의 전략적 실행 역량과 사업화 성공 확률에 직접적인 영향을 미치는 근본 인프라다.

R&D 혁신역량이란 기술이 아니라 사람과 문화에서 시작된다. 몰입과 협업이 일상화된 조직만이 기술을 수익으로 전환하는 진짜 실행력을 갖출 수 있다.

지식 공유와 협업이 중심이 되는 R&D 시스템

R&D 혁신은 특정 개인의 아이디어나 능력에 의존하지 않는다. 진정한 혁신은 다양한 전문지식이 연결되고, 서로 다른 기능이 협업하는 구조에서 탄생한다. 따라서 기업의 R&D 혁신역량은 단순한 개인 역량의 총합이 아니라, 조직 전반에 흩어진 지식 자산을 얼마나 효과적으로 통합하고 공유할 수 있는가에 달려 있다.

특히 빠르게 변하는 시장 환경에서는 단일 기술만으로는 지속적인 경쟁력을 확보하기 어렵다. 기술 간 융합, 부서 간 협업, 외부 네트워크와

의 연결이 필수적이다. 이를 가능하게 하는 것이 바로 '지식 공유 중심의 R&D 시스템'이다.

구체적으로는 다음과 같은 시스템이 핵심 역할을 한다.

1) 기술 포트폴리오 관리 시스템

전체 기술 자산의 흐름과 전략적 우선순위를 조직 전반에 공유하는 체계

2) 협업형 전자 연구 노트

실험과 데이터가 개인이 아닌 팀과 조직 차원에서 공유되고 발전하는 기록 시스템

3) 데이터 기반 의사 결정 플랫폼

주관이 아니라 수치와 실험 결과를 기반으로 의사 결정이 이루어지는 체계

이러한 시스템은 단순히 정보를 모으는 도구가 아니다. 기술을 빠르게 전환하고, 새로운 시장 요구에 맞게 조합하며, 장기적인 기술 경쟁력을 확보하는 기반 인프라가 된다.

지식은 쌓이는 것이 아니라, 흐를 때 힘을 발휘한다. 협업과 공유가 일상이 된 조직만이 기술을 기회로 만들고, 시장에서 지속적으로 살아남을 수 있다.

변화에 적응하고 미래를 창조하는 기업의 핵심 동력

R&D 혁신역량이 부족한 기업은 빠르게 변하는 시장 환경에 적응하지 못하고 위기에 직면한다. 기존 제품의 수명주기가 끝나거나 기술 경쟁에서 뒤처지면, 회복 불가능한 성장 정체에 빠지는 경우가 많다.

반대로 혁신역량이 내재화된 기업은 다르다. 이들은 위기가 오기 전에 시장 변화를 감지하고, 기존 비즈니스 모델이 무너지기 전에 새로운 성장 축으로 전환할 수 있는 민첩성을 지닌다. 기술을 단순히 보유하는 수준을 넘어, 기술을 시장 기회로 연결하고 새로운 문제를 해결하는 실행력을 보유하고 있다.

R&D 혁신역량은 단기적인 성과를 넘어서, 기업의 지속 가능한 성장과 장기적 경쟁력 확보의 핵심 동력이다. 이 역량이 강한 기업은 변화에 흔들리지 않고, 오히려 변화 속에서 새로운 시장을 열고 미래 산업을 선도할 수 있다.

"기술은 시작일 뿐이며, R&D 혁신역량은 변화를 기회로 바꾸고, 미래를 창조하는 기업의 결정적 차별화 요소다."

인재 유치와 기업 브랜드의 강화

R&D 혁신역량이 높은 기업은 단순히 기술이 좋은 회사를 넘어, 우수 인재가 일하고 싶어 하는 매력적인 조직으로 성장한다. 기술의 완성도만으로 인재를 끌어올 수 있었던 시대는 이미 지났다. 이제 인재가 선택하는 기준은 '기술력'과 '혁신 문화'가 함께 존재하는가이다.

혁신역량이 내재화된 기업은 자율적이고 창의적인 일터, 실패를 두려워하지 않는 실험 문화, 시장과 연결된 실질적인 성과를 만들어 내며 긍정적인 기업 브랜드를 구축한다.

　이는 단기적인 인력 채용 효과를 넘어 기업의 장기적인 경쟁력 확보와 산업 내 위상 강화로 이어진다. 기술력과 혁신 문화가 조화를 이루는 조직은 우수 인재가 지속적으로 유입되고, 구성원의 몰입도와 성과가 자연스럽게 향상된다.

　결국 기술은 사람에게서 나오고, 혁신은 그 사람들이 성장하고 도전할 수 있는 환경에서 탄생한다. R&D 혁신역량을 갖춘 기업은 기술 경쟁력과 문화경쟁력을 동시에 확보하며, 이는 기업의 지속 가능성과 산업 내 선도적 위상을 결정짓는 핵심 동력이 된다.

　기술 그 자체가 기업의 미래를 보장해 주던 시대는 끝났다.

　앞으로의 경쟁력은 '기술을 어떻게 실행할 것인가?', '어떻게 시장에 연결할 것인가?', 그리고 '어떤 문화 속에서 인재를 육성할 것인가?'에 달려 있다.

　따라서 기업은 기술 중심 R&D에서 벗어나 '혁신역량 중심의 R&D 체계'로 전환해야 한다. 이는 단순한 트렌드가 아니라 '지속 가능한 성장을 위한 필수 조건'이다.

R&D 사업화와 기업의 R&D 혁신역량

　R&D 사업화와 R&D 혁신역량은 서로 긴밀하게 연결되어 있다. 기술만 개발한다고 시장에서 성공하는 것이 아니며, 내부 역량과 사업화 실행력이 함께 구축되지 않으면 지속 가능한 성과를 기대할 수 없다.

　R&D 사업화는 새로운 기술이나 연구 결과를 시장 가치로 전환하는 전 과정이다. 나아가 R&D 혁신역량은 조직이 아이디어를 발굴하고,

내·외부 자원을 활용해 실행하며, 실패에서 학습하고 개선하는 총체적 역량을 의미한다.

R&D 사업화와 R&D 혁신역량이라는 두 요소가 어떻게 맞물려 있는지 다음 일곱 가지 관점에서 살펴볼 수 있다.

1) 아이디어 발굴과 전략적 선택

R&D 사업화의 첫 단계는 무엇을 개발할 것인가를 올바르게 선택하는 것이다. 혁신역량이 높은 기업은 자유로운 아이디어 제안이 가능하며, 시장성과 실행 가능성 기준에 따라 선택과 집중 전략을 실행한다.

2) 실험과 학습의 순환 구조

R&D 사업화는 단발성이 아니라 반복적인 실험과 개선의 과정이다. 혁신역량이 내재된 기업은 실패를 숨기지 않고 실험 - 학습 - 재설계의 선순환 구조를 통해 기술 완성도를 높인다.

3) 창의성과 협업의 실행 체계

기술개발이 개인의 전문성에 의존한다면, R&D 사업화는 부서 간 협업과 집단 창의성이 핵심이다. 혁신역량이 뛰어난 기업은 마케팅, 생산, 경영이 함께 협력하며 문제를 빠르게 해결하고 실행하는 조직 문화를 갖추고 있다.

4) 외부 네트워크와의 협력 역량

현대 시장에서는 외부와의 협력이 필수다. 혁신역량이 높은 조직은 투자자, 연구기관, 스타트업과의 협력을 일상화된 개방형 혁신 전략으로 내재화하고 있으며, 이를 통해 기술의 시장진입 속도를 높인다.

5) 리스크관리와 실패 수용 체계

R&D 사업화는 본질적으로 불확실성을 동반한다. 혁신역량이 탄탄한 기업은 리스크를 회피하지 않고, 예측 - 관리 - 전환의 체계를 구축하여 실패를 기회로 전환한다.

6) 실행 문화와 조직 태도의 전환

혁신역량은 단순한 프로세스 개선만이 아니다. 실험적 사고와 시장 중심 실행 문화를 뿌리내린 조직은 변화에 유연하게 대응하고, 기술 방향을 능동적으로 조정할 수 있다.

7) 지속적인 혁신과 경쟁 우위의 내재화

R&D 사업화의 최종 목표는 일회성이 아니라 지속 가능한 혁신 구조를 조직 내부에 내재화하는 것이다. 혁신역량이 높은 기업은 기술을 시장 요구에 맞춰 끊임없이 진화시키고, 지속적인 성장과 산업 내 리더십을 유지한다.

결론적으로, R&D 혁신역량은 R&D 사업화의 보조 수단이 아니라 기술을 시장 성공으로 연결하는 핵심 동력이다. 이 역량이 부재하면 어떤 기술도 시장에서 고립된다. 반대로 혁신역량이 뒷받침된 기업은 기술을 수익으로 전환하는 실행력과 복원력을 기반으로 지속 가능한 성장과 경쟁 우위를 실현할 수 있다.

R&D 사업화를 위한 기업의 R&D 혁신역량 진단 방법

R&D 사업화는 단순히 기술이 뛰어나다고 해서 성공하기는 어렵다. 기술 자체의 완성도는 필요조건일 뿐, 시장성과 수익성을 갖춘 제품으로 발전하려면 조직 전체의 사업화 역량이 유기적으로 뒷받침되어야 한다.

특히 고객 니즈를 제대로 해석하지 못하거나, 내부 역량 간 불균형이 심한 경우, 기술이 있음에도 불구하고 시장진입에 반복적으로 실패하게 된다. 이러한 실패를 사전에 방지하는 데 필요한 것이 바로 'R&D 혁신역량 진단 평가(Diagnosis Assessment)'이다.

1) R&D 혁신역량 진단의 구조와 목적

R&D 혁신역량 진단은 R&D 사업화를 추진하기 전, 기술 아이디어가 실제로 실행 가능한지, 조직 내 어떤 영역에서 병목이 생길 수 있는지, 시장에 진입했을 때 문제 없이 확장할 수 있는 구조를 갖추었는지 등을 점검하기 위한 사전 점검 및 전략 수립 도구다.

〈그림 3-1〉은 R&D 혁신역량 진단이 제품 아이디어를 조직의 6대 기능과 연결하여 어떻게 전략적 기회로 전환되는지를 보여준다.

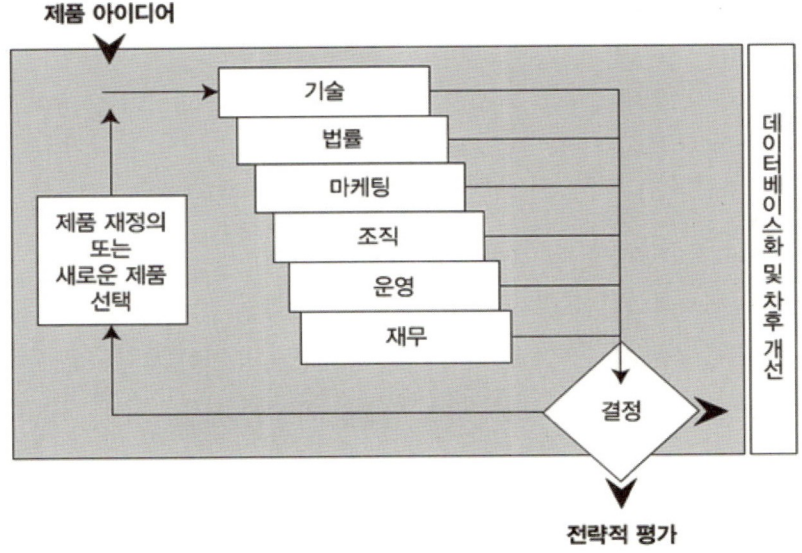

〈그림 3-1〉 제품 아이디어를 조직 기능과 연결 및 전략적 기회 진단하는 R&D 혁신역량 평가 프로세스

- 기술: 제품의 기능적 차별성, TRL(기술성숙도), 특허 경쟁력
- 법률: 지식재산권 확보, 기술이전 계약, 규제 대응력
- 마케팅: 고객 니즈 분석, 시장 접근성, 브랜딩 기획
- 조직: 실행 주체의 책임성과 협업 체계
- 운영: 제조 및 생산 가능성, 품질관리 능력
- 재무: 자금 조달 계획, 수익모델 구조, BEP 분석

이 6가지 요소는 각기 독립적인 기능이면서도, 실제 사업화에서는 상호 연결되고 영향을 주고받는 유기적 시스템으로 작동한다.

2) 진단의 핵심 기능: 약점을 기회로 전환하기 위한 정보 확보

R&D 혁신역량 진단은 단순히 상태를 평가하는 데 그치지 않는다. 이 진단의 핵심 목적은 다음 세 가지에 있다.

- 치명적인 결함을 조기에 식별한다.

기술은 뛰어나지만 생산 불가능한 상태, 고객은 있지만 전달 수단이 없는 구조, 시장성이 있으나 조직 실행력이 부족한 상황 등 숨겨진 병목 지점을 사전에 드러내는 데 진단의 진정한 가치가 있다.

- 가설을 수치와 논리로 검증할 수 있게 한다.

사업화 과정에서 조직은 수많은 가정을 세운다. 하지만 그것이 단순한 감인지, 근거가 있는 전략인지 알기 어렵다. R&D 혁신역량 진단은 이러한 가설들을 '중요도 - 실행력 - 확신도'라는 구조적 수치로 가시화하여 전략적 토론과 우선순위 설정을 가능하게 만든다.

- 제품 아이디어의 전사적 가치와 리스크를 정량적으로 이해할 수 있다.

제품 재정의 또는 신규 제품 아이디어의 경우, 단순히 기술의 가능성만으로는 투자나 실행을 결정하기 어렵다. 진단은 이 아이디어가 조직 전반에서 어떤 기능에 영향을 미치고, 어떤 리스크를 수반하며, 그 리스크를 극복할 수 있는 실행 체계를 가졌는지 명확히 보여준다.

3) 전략적 평가와 개선을 위한 데이터 기반 의사 결정

진단의 결과는 다시 아이디어로 순환한다. 기술 아이디어는 진단을 통해 재정의되거나, 기존 제품 전략은 기능별 약점을 기반으로 다시 보완된다. 이 모든 과정은 단순한 직관이 아닌, 데이터 기반의 전략적 평가 – 결정 – 개선의 사이클로 이루어진다.

따라서 R&D 혁신역량 진단은 단순한 사전 평가가 아니라, 사업화를 위한 전사적 시뮬레이션 도구이며, 기업이 실패를 줄이고 생존 확률을 높이기 위한 가장 경제적이고 전략적인 접근 방식이다.

〈표 3-6〉 R&D 혁신역량 진단 항목 및 내용

항목	내용
기술(Technology)	기술의 독창성, 경쟁력, 완성도, 확장성 등
마케팅(Marketing)	시장 수요, 고객 세분화, 경쟁 환경, 진입 전략
법률(Legal)	지식재산(IP) 확보 상태, 법적 리스크, 인증 등
조직(Organization)	인적자원, 협업 체계, 리더십, 기업문화
운영(Operation)	생산 가능성, 공급망, 품질 관리
재무(Finance)	자금 조달 능력, 수익모델, 투자 유치 가능성

기업의 R&D 혁신역량 진단 평가는 하나씩 제품마다 개념을 놓고 평가를 진행해야 한다. 만약 하나의 R&D 혁신역량 분야에서 제품 개념에 영향을 미치는 정보가 발견될 경우, 평가는 수정될 필요가 있다.

〈그림 3-1〉에서 나타난 것처럼, 하나의 제품 아이디어가 기업의 R&D 혁신역량 진단 평가로 들어갈 때, 6개의 기능 측면에서 평가된다. 진단 평가 결과에 따라 아래와 같이 세 가지로 의사 결정을 할 수 있다.

① 프로젝트를 앞으로 계속 진행하게 한다.
② 프로젝트를 멈추거나 데이터베이스로 보낸다.

③ R&D 혁신역량 진단 평가에서 가치 있는 정보를 기반으로 제품 개념을 다시 정의한다.

이때 중요한 점은 더 많은 정보를 기반으로 제품이 다시 정의되는 것처럼, 이 프로세스는 여러 차례 반복됨을 이해해야 한다. 또한 견고한 제품 개념을 가지고 R&D 혁신역량 진단 평가를 시작하는 것이 중요하다. R&D 혁신역량 진단 평가에 어려움을 겪고 있는 팀이나 기업을 보면, 제품에 대한 각자의 이해가 달라서 생기는 경우가 많다.

R&D 혁신역량 진단 평가를 위한 워크시트(Worksheet)는 복잡한 편인데, 첫 번째로 다양한 워크시트의 부분을 정의하고, 그것이 어떻게 사용되는지 이해가 필요하다. 그 사용 방법은 다음과 같다.

- 맨 왼쪽에 있는 첫 번째 칼럼의 숫자는 각 R&D 혁신역량 영역에 관한 질문 번호이다.
- 두 번째 칼럼은 각 진단에 대한 기준의 중요도이다.
- 세 번째 칼럼은 실질적인 평가 기준으로 질문들이 있다.
- 네 번째 칼럼은 각 진단 질문에 대한 순위를 평가하는 것이다. 낮거나 불리한 점수를 나타내는 용어는 왼쪽에 놓여 있다. 오른쪽은 긍정적인 점수를 나타내는 용어이다. 낮은 점수는 항상 '1'이고, 높은 점수는 항상 '5'이다.
- 확신도 칼럼은 네 번째 칼럼에 대한 순위를 나타내는 진단 점수에 대한 정도를 나타내는 데 사용된다. 확신도는 주로 주장의 신빙성, 증거의 정도, 정보의 정확성 및 일관성 등을 평가하여 결정된다.
- 혁신 역량에 대한 진단 질문들은 6가지 기능적 분야로 구분된다.
- 분야별로 제시된 질문은 제품 아이디어가 얼마나 가치 있게 진단되

는지에 대한 '잠재력' 질문과, 제품 아이디어가 기능적 관점으로부터 얼마나 준비되고 있는지 진단하는 '개발' 질문으로 나뉜다.

> ### CEO 어록 : 실패하지 않는 유일한 길
>
> "처음부터 잘되는 일은 아무것도 없다. 실패 또 실패, 반복되는 실패는 성공으로 가는 길의 이정표이다. 당신이 실패하지 않을 수 있는 유일한 길은 당신이 아무런 시도도 하지 않는 것이다. 사람들은 실패하면서 성공을 향해 나아간다."
>
> 찰스 F. 케터링(Charles Franklin Kettering)
>
> 실패를 어떻게 바라보는가 하는 관점의 차이가 더 큰 성패 여부를 가린다는 생각을 해본다. 글로벌 기업의 위대한 경영자들이 실패를 정리하고, 실패를 장려하고, 실패를 통한 학습이라는 긍정적 관점에서 실패를 바라보는 이유는 실패야 말로 성공으로 가는 이정표이기 때문이다.

R&D 혁신역량의 진단(診斷)을 위해 워크시트(Worksheet)를 작성할 때는 칼럼 대 칼럼으로 진행된다.

첫째, 팀의 멤버 간 토론을 통해 0~5점 척도로 순위를 평가하여 모든 측정 항목의 중요도를 결정한다. '0'으로 평가된 항목은 진행되는 프로젝트와 관계없는 것으로 간주하고 분석에 사용하지 않으며, '5'라고 평가된 기준은 프로젝트에서 매우 중요하다는 의미이다.

모든 점수는 개인이 순위 평가를 해서는 안 되며, 반드시 '팀 토론'을 거쳐 결정해야 한다. 왜냐하면 팀은 프로젝트에 대한 공통된 이해도를 함께 갖고 있어야 하기 때문이다.

다음으로, 팀은 목록의 맨 위에서 맨 아래까지 '1(낮음)~5(높음)'를 활용하여 기준별로 순위를 평가한다. 팀은 다시 목록의 맨 뒤로 올라가서 항목마다 확신도 점검을 한다. 이것은 중요성을 조사하고, 점수를 통해 순위를 평가하기 위한 것이다.

TEC 프로그램 기반

R&D 혁신역량 진단 워크시트는 연구개발 가치 창출을 위한 R&D 사업화 방법론으로 기술, 기업가정신 및 사업화(Technology Entrepreneurship Commercialization), 다시 말해 TEC라는 검증된 R&D 사업화 프로그램을 응용한 것이다.

TEC는 미국 '리서치트라이앵글파크(이하 RTP)'의 노스캐롤라이나 주립대 경영대학이 미국 과학재단(NSF) 지원을 통해 1995년에 만들어 30년 가까이 운영하고 있으며, 미국 국내뿐만 아니라 유럽, 아시아, 아프리카 등 여러 국가에서 적용하는 프로그램이다.

특히 대덕특구에서 2005년부터 이 프로그램을 통해 연구소기업과 창업자들에게 교육을 진행하면서 우수한 프로그램으로 인정받고 있다. 노스캐롤라이나의 농업경영자 프로그램에서도 농업창업과 농가소득 개선을 위해 TEC를 이용하며, 도시바 등 대기업에서도 신제품 개발에 적용하고 있다. TEC는 시장의 문제와 기회를 발굴해 이를 구현할 기술을 찾고, 사업아이디어를 평가하며, 사업화하는 방법론을 워크시트 형태를 활용하여 구체적으로 제시하고 있다.

이는 하이테크놀로지 벤처기업을 창업하는 데 필요한 준비 교육과정의 일환으로, 통합적인 방법론을 사용하여 공학 분야와 경영 분야의 대학원생들과 학부생, 그리고 예비 창업가들에게 실제 여러 학문 분야의 프로젝트를 통해 접근하는 형식이다.

기술사업화 혁신문화 진단 워크쉬트

1. 기술

(1) 기술 잠재력

중요도	평가 기준	점수		확신도
012345		12345		12345
	성능의 이점	없음	우수	
	원가/성능의 이점	낮음	높음	
	제품의 기술기반 지원 범위	제한적	광범위	
	전문성의 범위	제한적	광범위	

(2) 기술 개발력

중요도	평가 기준	점수		확신도
012345		12345		12345
	개발전략과 로드맵	없음	개발됨	
	개발단계	아이디어	시제품	
	기술적 타당성 문제의 확인	알려지지 않음	명확히 확인	
	원가 및 개발의 난이도(복잡성)	높음	낮음	

〈그림 3-2〉 R&D 혁신역량 진단 워크시트 : 기술

기술사업화 혁신문화 진단 워크쉬트

2. 마케팅

1) 시장 잠재력

중요도	평가 기준	점수		확신도
012345		12345		12345
	경쟁이-직접적	강함	약함	
	경쟁이-간접적	강함	약함	
	시장 연합 또는 파트너	없음	많음	
	시장 크기	작음	큼	
	예상시장 점유	작음	큼	
	시장 성장	작음	큼	
	제품 속성의 이점	제한적	광범위	
	상대적인 판매 가격	높음	낮음	
	관련 제품의 포트폴리오 플랫폼의 비율	작음	큼	
	최종 포토폴리오의 총시장 규모	작음	큼	

2) 시장 개발력

중요도	평가 기준	점수		확신도
012345		12345		12345
	기존의 유통체널	미개발	개발	
	이미 구축된 사용처	제한적	광범위	
	시장이 선명하게 세분화되었는가?	잘모름	잘정의됨	
	세분화의 명확성(정의 가능성)	알려지지 않음	정의됨	
	세분화의 바람직함	낮음	높음	
	전달성	어려움	쉬움	
	시험역량	어려움	쉬움	
	시장조사 능력	어려움	쉬움	
	팀의 시장조사 능력	제한적	광범위	

〈그림 3-3〉 R&D 혁신역량 진단 워크시트 : 마케팅

기술사업화 혁신문화 진단 워크쉬트						
3. 법률							
(1) 법률 잠재력						
중요도	평가 기준		점수			확신도
012345			12345			12345
	제품 또는 프로세스의 특허화	아니오		예		
	특허 보호의 효과성	비효과적		효과적		
	제품이 저작권 보호 가능성	아니오		예		
	저작권의 효과성	비효과적		효과적		
	영업 비밀 보호 일반성과 효과성	비효과적		효과적		
(2) 법률 개발력						
중요도	평가 기준		점수			확신도
012345			12345			12345
	특허의 진척 사항	없음		등록됨		
	저작권 진척 사항	없음		허가		
	상표권 진척 사항	없음		허가		
	정보가 영업 비밀로 유지	아니오		예		
	기술자의 라이선스	비독점적		독점적		

〈그림 3-4〉 R&D 혁신역량 진단 워크시트 : 법률

기술사업화 혁신문화 진단 워크쉬트						
4. 팀/조직							
(1) 팀/조직 잠재력						
중요도	평가 기준		점수			확신도
012345			12345			12345
	기업가정신 경험	제한적		광범위		
	팀 기술과 프로젝트 요구 사항간의 적합성	약함		강함		
	팀 안정성과 역사	약함		강함		
	팀을 위한 타이밍	나쁨		좋음		
(2) 팀/조직 개발력						
중요도	평가 기준		점수			확신도
012345			12345			12345
	외부 지원	제한적		광범위		
	기술 네트워크	제한적		광범위		
	기술 개발 지원	제한적		광범위		
	비즈니스 네트워크	제한적		광범위		
	비즈니스 개발 지원	제한적		광범위		

〈그림 3-5〉 R&D 혁신역량 워크시트 : 팀/조직

기술사업화 혁신문화 진단 워크쉬트			
5. 운영/생산			
(1) 운영/생산 잠재력			
중요도	평가 기준	점수	확신도
012345		12345	12345
	핵심 아이템 및 부품의 측정 가능성	아니오 — 예	
	생산에 필요한 기술	특화 — 표준	
	생산에 필요한 표준화 된 체계	특화 — 표준	
	공급 기반의 적절성	미비함 — 강함	
(2) 운영/생산 개발력			
중요도	평가 기준	점수	확신도
012345		12345	12345
	제품에 충분한 품질 보유	낮음 — 높음	
	생산을 위한 신뢰할 수 있는 프로세스 수립	낮음 — 높음	
	충분한 수량(확장성과 시간)	아니오 — 예	
	제품 변경에 대응하기 위한 유연성	낮음 — 높음	

〈그림 3-6〉 R&D 혁신역량 진단 워크시트 : 운영/생산

기술사업화 혁신문화 진단 워크쉬트			
6. 재무			
(1) 재무 잠재력			
중요도	평가 기준	점수	확신도
012345		12345	12345
	제품의 단기 현금 흐름 잠재성	낮음 — 높음	
	제품의 장기 현금 흐름 잠재성	낮음 — 높음	
	제품의 전반적인 위험수준은 어떠한가?	높음 — 높음	
	제품에 내재하고 있는 비재무적 가치는 어떠한가?	높음 — 높음	
(2) 재무 개발력			
중요도	평가 기준	점수	확신도
012345		12345	12345
	금융시장과 펀딩 원천의 접근성	제한적 — 광범위	
	전체 비즈니스 원가에 대한 지식	모름 — 알고 있음	
	제품 수요의 탄력성에 대한 지식	모름 — 알고 있음	
	신제품 개발에서 주요 재무 위험에 대한 지식	모름 — 알고 있음	

〈그림 3-7〉 R&D 혁신역량 진단 워크시트 : 재무

마무리: 수치는 조직의 전략 언어다.

R&D 혁신역량 진단은 단순한 평가표를 넘어 조직 전체의 전략적 방향성과 실행 상태를 시각화(視覺化)해 주는 도구이다. 기능별 진단 결

과는 항목별 수치로 정리될 수 있으며, 이를 기반으로 한 레이다 차트 (Radar Chart) 또는 막대그래프 등 시각 자료는 프로젝트의 현황을 한 눈에 파악할 수 있도록 돕는다.

이러한 시각화는 단지 보기 좋게 만드는 것이 아니라, 조직 내 다양한 이해관계자들이 똑같은 언어로 논의할 수 있는 공통의 기반을 제공한다.

기술 개발자, 마케팅 담당자, 재무 책임자, 경영진이 서로 다른 언어와 관점으로 사업화 전략을 논의할 경우, 그 간극(間隙)은 조직의 실행력을 약화시킬 수 있다. 하지만 R&D 혁신역량 진단 결과가 "중요도 – 실행점수 – 확신도"라는 수치화된 틀로 표현될 때, 모두가 같은 그림을 보며 협의하고 조정할 수 있는 기반이 마련된다.

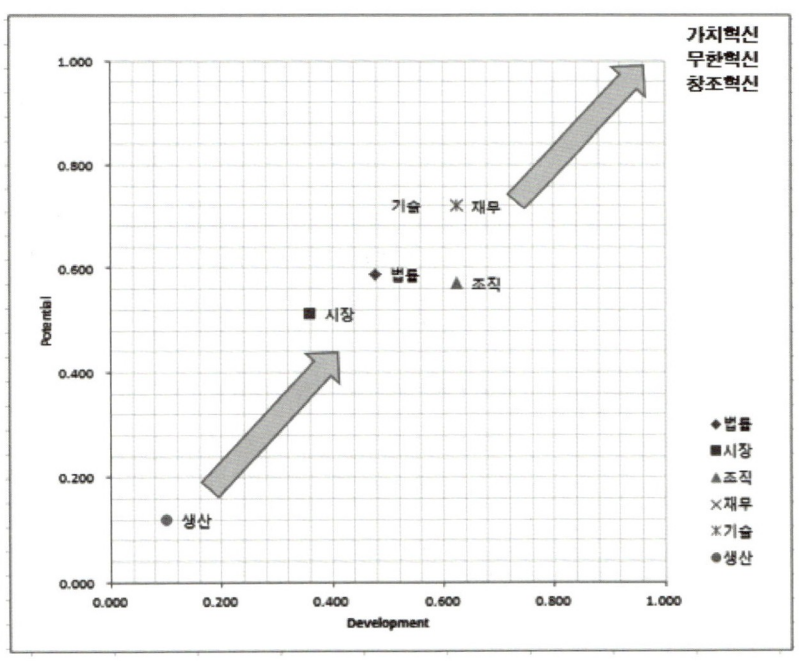

〈그림 3-8〉 R&D 혁신역량 진단도 (단독형)

다시 말해 R&D 혁신역량 진단은 R&D 사업화 전략 수립의 '출발점'이자, 기능 간 소통의 '플랫폼'이며, 문제를 발견하고 논의하며 해결할 수 있는 조직 내 '전략 언어'이다.

기술은 혼자서 움직이지 않는다. 그 기술이 어떤 구조 속에서, 누구에 의해, 어떻게 수익화되는지를 진단하고 설계하는 것. 그것이 바로 '혁신역량'의 본질이며, 기업의 수익을 예측이 가능한 형태로 바꾸는 첫 번째 작업이다.

수치는 거짓말하지 않는다. 하지만 그 수치를 읽을 줄 아는 사람만이 기술의 방향과 시장의 답(반응)을 동시에 볼 수 있다.

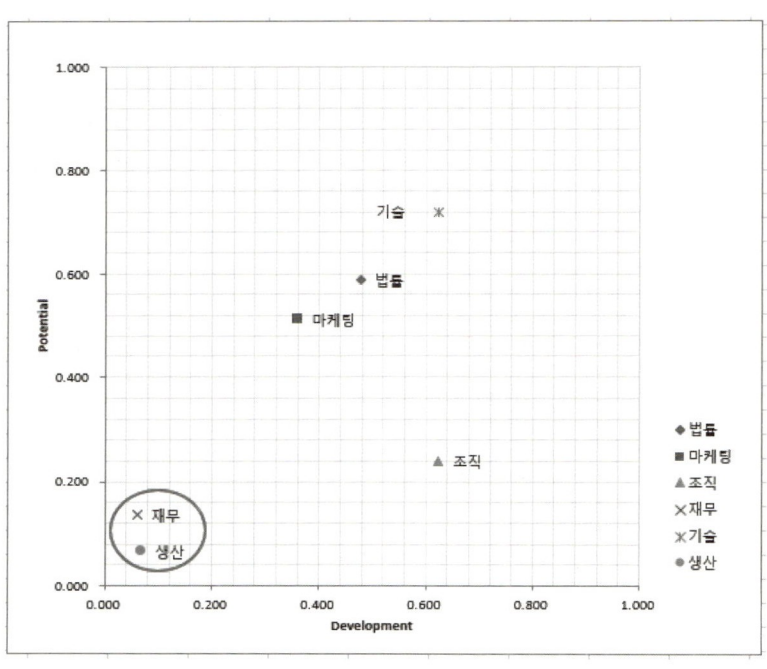

〈그림 3-9〉 R&D 혁신역량 진단도 (복합형)

제4부

수익 맵(Return Map), 혁신 설계도

수익 맵(Return Map)

기술에서 수익까지 혁신을 설계하는 지도

　기술혁신과 R&D 투자는 기업의 지속적인 성장과 경쟁력 확보를 위한 핵심 요소이다. 그러나 이러한 투자의 효과성을 어떻게 측정하고 관리할 것인가는 여전히 기업들의 중요한 과제로 남아 있다. 특히 기술이 고도화되고 시장 변화 속도가 빨라지는 시대에 기업의 성공은 단순히 개발 비용을 절감하는 데 있는 것이 아니라, 얼마나 빠르게 시장의 평가를 받을 수 있느냐에 달려 있다.

　이러한 맥락에서 〈수익 맵(Return Map)〉은 R&D 프로젝트의 전 과정, 그러니까 시간, 비용, 수익을 통합적으로 관리하고 시각화할 수 있는 혁신적인 도구로 주목받고 있다.

　실제로 McKinsey의 연구에 따르면, 제품 출시가 6개월 지연될 때 세후 수익이 33% 감소하는 반면, 개발 비용이 50% 초과하더라도 손실은 3.5%에 불과하다는 분석 결과가 있다. 이는 R&D 성공의 핵심이 '비용'보다 '시간'에 있음을 분명하게 보여준다.

　이와 같은 통찰은 알베르트 아인슈타인(Albert Einstein)의 명언에서도 확인할 수 있다.

　"같은 일을 되풀이하면서 다른 결과가 나오기를 기대하는 것만큼 어리석은 일은 없다 (Insanity: doing the same thing over and over again and expecting different results)."

이 말은 우리가 기술개발과 사업화 전략을 기존 방식대로 반복하는 데서 벗어나 보다 전략적인 사고와 데이터 기반의 방식으로 접근해야 함을 시사한다. 말하자면 수익 맵은 단순한 관성적 실행이 아니라, 변화를 읽고 대응하는 도구인 셈이다.

수익 맵은 R&D 프로젝트의 전체 라이프사이클을 하나의 그래프로 표현하여, 시간(Time), 비용(Cost), 수익(Revenue) 간의 관계를 명확히 보여준다. 이를 통해 기업은 R&D 투자의 효율성과 효과성을 동시에 고려할 수 있으며, 단지 투자의 규모를 늘리는 것이 아니라 '투자의 타이밍'과 '시장 대응력'에 집중할 수 있도록 한다. 궁극적으로 이는 수익성 향상으로 이어진다.

이러한 수익 맵의 실효성은 Hewlett-Packard(HP)의 사례에서도 확인된다. HP는 1987년부터 수익 맵을 도입하여, 전체 매출의 50% 이상을 최근 3년 이내에 출시된 제품에서 창출하고 있다.

동시다발적으로 500개 이상의 개발 프로젝트가 진행되는 복잡한 환경에서도, 수익 맵을 통해 프로젝트의 시간, 비용, 수익 구조를 하나의 그래프로 통합 관리하고 있다.

수익 맵은 부서 간 협업을 촉진하고, 각 팀원은 자신의 결정이 프로젝트 전체에 미치는 영향을 명확히 인식할 수 있도록 해준다.

피터 드러커(Peter Drucker)는 "측정할 수 없는 것은 관리할 수 없다."라고 강조했다. 수익 맵은 바로 이 원칙을 실현하는 도구로서, 복잡한 R&D 과정을 단순하고 명확하게 시각화함으로써 전략적 결정을 가능케 한다.

물론 수익 맵을 효과적으로 활용하기 위해서는 몇 가지 도전 과제를 극복해야 한다. 예측 불가능한 R&D 성과, 장기적인 투자 회수 기간, 부서 간의 조정과 협업 등은 여전히 실무적 장애물이다. 그러나 이러한 도전 과제도 체계적(體系的)인 접근과 전사적(全社的)인 실행 역량을 갖춘다면 충분히 극복할 수 있다.

따라서 이 장에서는 수익 맵의 개념과 구성 요소, 주요 지표(Time to Market, Break Even Time 등)를 알아보고, 기업 내 다양한 이해관계자들이 어떻게 이를 활용할 수 있는지 구체적으로 살펴보고자 한다. 이를 통해 R&D 투자의 불확실성을 줄이고, 보다 전략적으로 사업화를 이끌어가는 실질적인 방향성을 제시하고자 한다.

수익 맵의 이해

1) 수익 맵의 정의와 목적

수익 맵은 R&D 사업화 과정에서 핵심 역할을 하는 전략 도구로, 프로젝트의 전체적인 흐름을 재무적 관점에서 시각화하고 관리하는 것을 의미한다. 이로써 수익 맵은 제품개발부터 시장 출시, 그리고 수익 창출에 이르는 전 과정을 단순하고 명확한 그래프로 표현하여 프로젝트의 재무적 성과와 진행 상황을 한눈에 파악할 수 있게 한다.

수익 맵의 기본 구조는 x축에 시간, y축에 비용과 수익을 나타내는 2차원 그래프로 구성되어 있으며 시간적 측면(x축)에서는 TM(Time to Market), BET(Break Even Time), BEAR(Break Even After Release), RF(Return Factor) 등을 통해 프로젝트의 핵심 성과를 측정할 수 있다. 수익적 측면(y축)에서는 DCF(Discounted Cash Flow) 방법론을 기반으로 하여, 미래의 예상 현금흐름을 현재 가치로 환산하는 방식을 채택하고 있다. 이를 통해 프로젝트의 장기적인 가치를 평가하고, 투자 결정을 지원한다.

수익 맵은 특히 '죽음의 계곡'이라 불리는 R&D 사업화의 위험 구간을 극복하는 데 중요한 역할을 할 것으로 기대한다. 프로젝트의 진행 과정을 투자 곡선과 판매 곡선으로 실시간으로 표현하여 예상치 못한 변동을 이해관계자가 감지하여 리스크를 조기에 발견하고, 이에 대한 대응 전략을 팀 차원에서 수립하여 대비할 수 있도록 하기 때문이다.

더불어 수익 맵은 기업의 재무성과를 기반으로 프로젝트의 효율성과 효과성을 객관적으로 평가할 수 있는 기준을 제공한다. 이를 통해 프로젝트의 성공 여부를 명확히 판단하고, 향후 개선 방향을 설정할 수 있다.

결론적으로, 수익 맵은 R&D 사업화 프로젝트의 성공 가능성을 높이고, 효율적인 프로젝트 관리를 가능하게 하는 종합적인 관리 도구이다. 이는 다양한 이해관계자들에게 프로젝트의 현황과 전망을 명확하게 전달함으로써, 더 나은 협업과 의사결정을 지원하는 중요한 역할을 한다. 수익 맵의 주요 목적은 다섯 가지로 구분될 수 있다.

첫째, 전 과정의 시각화이다. 수익 맵은 재화 관점을 중심으로 단순하고 명확한 그래프로 표현하여 전체 프로젝트의 진행 상황을 한눈에 파악할 수 있게 한다. 이를 통해 프로젝트 참여자들은 현재 상황과 앞으로의 방향을 쉽게 이해할 수 있다.

둘째, 부서 간 협업 촉진이다. 시각화된 정보를 통해 마케팅, R&D, 제조 등 다양한 부서의 역할과 책임을 명확히 하고, 각 부서의 결정이 전체 프로젝트에 미치는 영향을 판단할 수 있다. 이는 부서 간 협업의 근거로 활용되어 더 효율적인 팀워크를 가능하게 한다.

　셋째, 의사 결정 지원이다. 수익 맵은 프로젝트의 주요 지표(시장 출시 시간, 투자의 회수 시간 등)를 실시간으로 모니터링할 수 있게 해준다. 이를 통해 부족한 업무를 신속하게 파악하고, 정확한 의사 결정을 내릴 수 있다.

　넷째, 리스크관리이다. 의사 결정을 통해 결정된 사항이 협업을 통해 제대로 작동하고 있는지 파악할 수 있으며, 발생하는 문제가 일시적인지 지속적이고 잠재적인지 구분할 수 있다. 이를 통해 조기에 대응하여 프로젝트의 리스크를 최소화할 수 있다.

　다섯째, 성과 평가이다. 수익 맵은 기업의 목표인 재무성과를 기반으로 전체적인 제품의 개발에서 판매까지의 효율성과 효과성을 객관적으로 평가할 수 있는 기준을 제공한다. 이를 통해 프로젝트의 성공 여부를 명확히 판단하고, 향후 개선 방향을 설정할 수 있다.

　수익 맵은 특히 Hewlett-Packard(HP)와 같이 다수의 제품개발 프로젝트를 동시에 진행하는 기업에서 그 효용성이 입증되었다. 결론적으로, 수익 맵은 단순히 제품 개발 비용을 줄이는 것을 넘어, 개발 시간을 단축하고 전체적인 프로젝트의 성공 가능성을 높이는 데 초점을 맞춘 전략적 도구라고 할 수 있다.

2) 수익 맵의 구성 요소

　수익 맵(Return Map)은 신제품 개발 과정을 시각화하고 관리하는 혁신적인 도구이며 하나의 신제품 개발 과정을 제품의 생애주기를 시각화여 관찰할 수 있다. 제품개발의 전 과정을 2차원 그래프로 표현하는 수익 맵의 x축은 시간을, y축은 비용과 수익을 나타내며, 제품 개발의 주요 단계인 조사, 개발, 제조 및 판매를 명확히 구분하여 보여준다.

• 축

수익 맵의 축은 제품개발 과정의 핵심 요소를 시각적으로 표현하는 중요한 구성 요소로 x, y축〈그림 4-1〉으로 설명할 수 있다.

x축은 시간을 나타내며 선형 눈금으로 표시된다. 이는 제품 개발의 전체 과정을 시간순으로 보여주며, 조사(Investigation), 개발(Development), 제조 및 판매(Manufacturing-Sales)의 주요 단계를 구분하여 표시한다. 각 단계의 소요 시간을 명확히 보여주고, 출시 시점(MR)과 같은 주요 이벤트를 표시함으로써 프로젝트의 진행 상황을 한눈에 파악할 수 있게 한다.

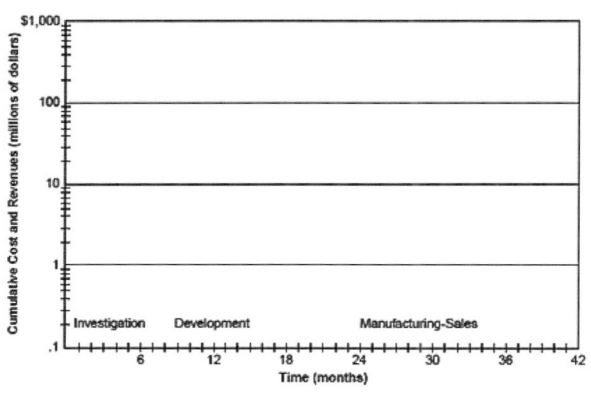

〈그림 4-1〉 수익 맵 구성 (x축, y축)

y축은 비용과 수익을 나타내며, y축은 누적되는 그래프로 초기 투자

비용이 높을 때 발생하는 그래프와 MR 이후 발생하는 수익을 나타내는 판매 곡선으로 크게 나눌 수 있다. 이러한 구성을 통해 비용과 수익의 차이를 효과적으로 표현할 수 있으며, 투자의 회수 시간(BET)을 쉽게 식별할 수 있다.

이러한 x축과 y축의 구성은 시간의 흐름에 따른 투자와 수익의 관계를 명확히 보여주며, 프로젝트의 재무적 성과를 실시간으로 모니터링할 수 있게 한다. 또한 단계별 소요 시간과 비용, 그리고 수익 발생 시점을 한눈에 파악할 수 있어 효과적인 프로젝트 관리 도구로 활용된다.

• 단계 구분

수익 맵의 단계 구분은 제품개발 과정의 주요 단계를 시각적으로 표현하는 중요한 요소로 시간의 흐름에 따라 구분할 수 있기에 x축을 중심으로 살펴보고자 한다. 기본적으로 주요 단계를 조사, 개발, 제조와 판매의 세 가지로 구분하여 나타낸다.

조사 단계는 제품의 기능, 비용, 가격, 기술 타당성 등을 결정하는 단계로, 일반적으로 소규모 팀의 책임이며 비교적 적은 투자가 필요하다. 이 단계에서는 마케팅과 R&D가 협력하여 고객이 원하는 기능과 그 제공 방법을 결정한다.

개발 단계는 R&D, 제조 부서와의 협의를 통해 진행된다. 이 단계의 목적은 원하는 가격으로 제품을 생산하는 방법을 결정하는 것이다. 제품 기능 변경, 제품과 제조 프로세스의 동시 설계 등의 도전 과제가 포함된다.

제조와 판매 단계는 제품이 실제로 생산되어 고객에게 노출되는 단계이다. 이 단계에서는 제조, 마케팅, 판매 비용이 발생하며, 동시에 수익이 실현된다.

이러한 단계 구분은 단계별 소요 시간과 비용, 그리고 책임 소재를 명확히 보여줌으로써, 프로젝트의 진행 상황을 효과적으로 모니터링할 수 있게 한다. 또한 수익 맵의 가장 큰 전환점(예: 출시 시점, MR)을 명확히 표시함으로써, 프로젝트의 주요 의사 결정 시점을 시각화한다.

3) 주요 곡선

수익 맵의 주요 곡선은 제품개발 과정의 재무적 측면을 시각적으로 표현하는 핵심 요소이다. 이는 크게 투자(Investment), 판매(Sales), 수익(Profit) 곡선으로 구성〈그림 4-2〉된다.

투자 곡선은 제품개발에 투입되는 누적 비용을 나타낸다. 이 곡선은 앞에서 언급했듯이 누적되는 비용으로 프로젝트 시작부터 시작되어 제품 출시 시점까지 계속 상승한다. 조사 단계에서는 완만한 기울기를 보이다가 개발 단계에서 급격히 상승하는 경향을 보인다. 이는 개발 단계

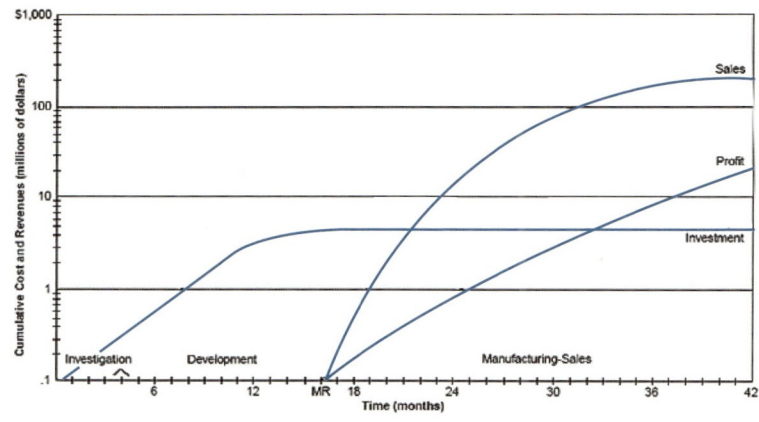

〈그림 4-2〉 수익 맵 곡선의 주요 지표

에서 더 많은 자원과 인력이 투입되기 때문이다. 투자 곡선은 제품 출시 후에도 제조 및 마케팅 비용으로 인해 계속 상승할 수 있다.

판매 곡선은 제품 출시 후 발생하는 누적 매출을 보여준다. 이 곡선은 제품이 시장에 출시된 시점부터 시작되며, 일반적으로 S자 형태를 띤다. 초기에는 완만한 상승세를 보이다가 제품이 시장에 안착하면서 급격히 상승하고, 이후 시장 포화 상태에 도달하면 다시 완만해진다. 판매 곡선의 기울기는 제품의 시장 수용도와 판매 성과를 직접적으로 반영한다.

수익 곡선은 제품 출시 후 발생하는 누적 수익(매출 - 비용)을 보여준다. 이 곡선은 투자와 운영비용이 매출을 초과하는 초기 구간에서는 음의 값을 유지하며, 일정 시점(BET)을 지나면서 양(+)의 수익이 발생하기 시작한다. 이후 매출이 증가하고 고정비가 분산됨에 따라 수익 곡선은 점차 가팔라지며 상승한다.

투자-판매, 투자-수익 곡선의 교차점은 투자의 회수 시간(Break Even Time, BET)을 나타내며, 이는 누적 판매 혹은 수익이 누적 투자를 초과하는 시점이다. 이 지점은 프로젝트의 재무적 성공을 평가하는 중요한 지표가 되며, 특히 투자-수익 곡선에서 발생하는 BET, BEAR을 중시할 것이며 곡선의 기울기는 수익성 구조의 개선 정도를 나타낸다.

만약 BEAR 이후 수익 곡선이 급격히 상승한다면, 이는 마케팅, 고객 확산, 가격 전략 등 수익화 요인들이 효과적으로 작동하고 있음을 시사한다. 반대로 매출이 증가해도 수익 곡선이 완만하거나 정체된다면, 원가 구조나 운영 전략에 문제가 있을 가능성을 암시한다.

주요 곡선은 프로젝트의 재무적 진행 상황을 명확히 보여줌으로써, 관리자들이 프로젝트의 건전성을 평가하고 필요한 조치를 필요한 부서와 협력하여 취할 수 있게 한다. 또한 이 곡선들은 다양한 부서의 팀 구성원들이 자신의 활동이 전체 프로젝트의 재무적 성과에 미치는 영향을 이해하는 데 도움을 준다. 이는 부서 간 협업을 촉진하고, 전체 프로젝트의 재무적 목표 달성을 위한 공동의 노력을 유도한다.

수익 맵의 핵심 지표

수익 맵의 핵심 지표는 크게 다음의 네 가지로 구성된다.
TM(Time to Market), BET(Break Even Time), BEAR(Break Even After Release), RF(Return Factor)의 네 가지는 제품개발 프로젝트의 성과를 측정하고 평가하는 데 사용되는 중요한 요소이다.

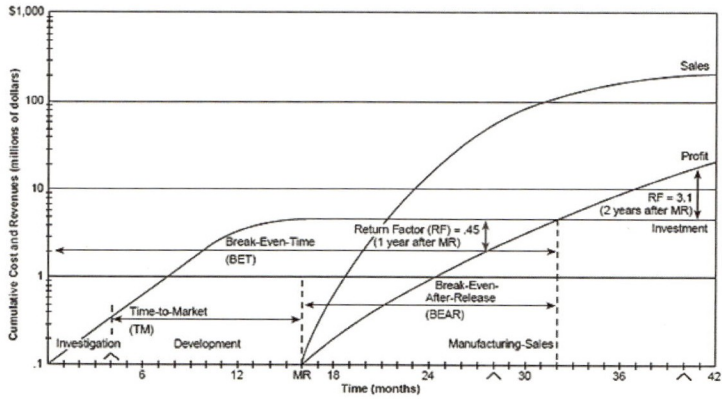

〈그림 4-3〉 수익 맵 핵심 지표 4가지(TM, BET, BEAR, RF)

1) TM(Time to Market)

TM은 수익 맵에서 핵심적인 지표로서, 제품개발의 시작부터 시장 출시(개발 단계)까지 소요되는 총시간을 의미하고 TM이라 표기한다. 이는 기업의 경쟁력과 직결되는 중요한 요소로, 프로젝트의 속도와 효율성을 측정하는 데 사용된다. 수익 맵에서 TM은 x축 상에서 프로젝트 시작점(조사 단계 이후)부터 MR(Manufacturing Release)까지의 기간으로 표시된다.

TM의 중요성은 여러 측면에서 강조된다. 먼저, 시장 선점 효과를 통해 경쟁사보다 앞서 시장 점유율을 확보할 수 있다. 또한, 제품을 빨리 출시할수록 수익 실현도 빨라지며, 시장의 변화에 신속하게 대응할 수 있다. 더불어 개발 기간이 단축되면 다른 프로젝트에 자원을 효율적으로 재할당할 수 있다.

그러나 TM을 무조건 단축하는 것은 위험할 수 있다. 품질 저하, 중요 기능 누락, 시장 준비 부족 등의 문제가 발생할 수 있기 때문이다. 따라서 제품의 복잡성, 시장 요구사항, 기술적 불확실성, 조직의 역량 등을 종합적으로 고려하여 TM을 최적화해야 한다.

TM을 효과적으로 관리하기 위해 부서 간 협업, 동시 공학, 프로토타이핑, 모듈화 설계 등의 방법을 활용할 수 있다. 지속적인 모니터링과 피드백을 통해 TM을 단축하면서도 제품의 품질과 시장 적합성을 유지하는 것이 중요하다.

수익 맵에서 TM은 투자 곡선의 형태에 직접적인 영향을 미친다. 똑같은 투자 금액으로 가정할 때, TM이 길어질수록 투자 곡선의 기울기가 완만해지는데 이는 결과론적으로 BET(Break Even Time)를 지연시키는 요인이 될 수 있다. 따라서 TM의 최적화는 전체 프로젝트의 재무적 성과를 개선하는 데 핵심 역할을 한다.

2) BET(Break Even Time)

BET(Break Even Time)는 수익 맵에서 핵심 지표이며, 누적 수익이 누적 투자를 초과하는 시점을 의미한다. 이는 프로젝트의 재무적 성공을 평가하는 중요한 요소로, 투자의 회수 속도와 프로젝트의 수익성을 측정하는 데 사용된다.

수익 맵에서 중요하게 생각하는 BET는 투자 곡선과 수익 곡선이 교차하는 지점으로 표시된다. 이 지점은 프로젝트가 초기 투자를 회수하고 순수익을 창출하기 시작하는 시점을 나타낸다.

BET의 중요성은 여러 측면에서 강조된다. 먼저, 프로젝트의 재무적 건전성을 평가하는 지표로 활용된다. BET가 짧을수록 투자의 회수가 빠르고 프로젝트의 재무적 성과가 우수하다고 볼 수 있다. 또한 BET는 프로젝트의 리스크를 평가하는 데도 사용될 수 있는데, BET가 길어질수록 시장 환경 변화나 경쟁사의 대응에 따른 리스크가 증가하는 것으로 이해할 수 있기 때문이다.

그러나 BET를 무조건 단축하려는 시도는 위험할 수 있다. 과도한 마케팅 비용 투입이나 제품 가격 인하 등의 방법은 단기적으로 BET를 단축(短縮)시킬 수 있지만, 장기적인 수익성을 저해할 수 있다. 따라서 제품의 품질, 시장 포지셔닝, 가격 전략, 경쟁 환경 등을 종합적으로 고려하여 BET를 최적화해야 한다.

BET를 효과적으로 관리하기 위해서는 정확한 시장 예측, 효율적인 생산과 유통 체계, 전략적 가격 정책 등의 방법을 활용할 수 있다. 또 지속적인 시장 모니터링과 피드백을 통해 BET를 개선하면서도 장기적인 수익성을 유지하는 것이 중요하다.

수익 맵에서 BET는 TM과 함께 프로젝트의 전체적인 성과를 평가하는 핵심 지표로 활용된다. BET의 최적화는 프로젝트의 재무적 성과를 개선하고, 기업의 지속 가능한 성장에 이바지하는 중요한 요소이다.

3) BEAR(Break Even After Release)

　BEAR(Break Even After Release)는 수익 맵의 중요한 지표 중 하나로서, 제품 출시 후 투자의 회수 시간에 도달하기까지 걸리는 시간을 의미한다. 이는 제품의 시장성과와 수익성을 평가하는 핵심적인 요소로, 투자의 회수 속도와 제품의 상업적 성공을 측정하는 데 사용된다.

　수익 맵에서 BEAR는 제품 출시 시점(MR)부터 투자 곡선과 수익 곡선이 교차하는 지점까지의 기간으로 표시된다. 이 기간은 제품이 시장에 출시된 후 누적 수익이 누적투자를 초과하는 데 걸리는 시간을 나타낸다.

　BEAR의 중요성은 여러 측면에서 강조된다. 먼저, 제품의 시장 수용도와 판매 성과를 직접 반영하는 지표라고 판단할 수 있다. BEAR가 짧을수록 제품이 시장에서 빠르게 수용되고 있음을 의미한다. 또 BEAR는 제품의 수익성과 투자 효율성을 평가하는 지표로 활용된다. BEAR가 짧을수록 투자의 회수가 빠르고 제품의 수익성이 높다고 볼 수 있다.

　그러나 BEAR를 무조건 단축하려는 시도는 위험할 수 있다. BET와 마찬가지로 제품의 품질, 시장 포지셔닝, 가격 전략, 경쟁 환경 등을 종합적으로 고려하여 BEAR를 최적화해야 한다.

　실무적으로 볼 때, BET와 BEAR을 혼용하게 되면 프로젝트의 책임 주체와 평가 포인트가 모호해질 수 있다. BET는 개발 조직의 성과 측정에 가까우며, BEAR는 출시 이후 조직(마케팅, 생산 등)의 성과를 가늠하는 지표이기 때문이다.

　예를 들어, 기술적으로는 BET를 최적화했음에도 불구하고 BEAR가 길어진다면, 이는 제품 출시 이후의 시장 대응 전략이 미흡했음을 시사한다. 수익 맵에서 BEAR의 최적화는 제품의 시장 성과를 개선하고, 기업의 수익성과 경쟁력 향상에 이바지하는 중요한 요소이다.

4) RF(Return Factor)

RF(Return Factor)는 수익 맵의 중요한 지표 중 하나로, 특정 시점에서의 누적 수익과 누적 투자의 비율을 나타낸다. 이는 프로젝트의 투자 효율성과 수익성을 평가하는 핵심 요소로, 투자 대비 수익의 규모를 측정하는 데 사용된다.

수익 맵에서 RF는 일반적으로 제품 출시 후 특정 시점(예: 2년 후)에서 계산된다. 이는 누적 수익을 누적투자로 나눈 값으로, 투자 금액 대비 얼마나 많은 수익을 창출했는지 더욱 집중해서 관찰할 수 있을 것이다.

RF의 중요성은 여러 측면에서 강조된다. 먼저, 프로젝트의 전반적인 재무적 성공을 평가하는 지표로 활용된다. RF가 높을수록 투자 대비 더 많은 수익을 창출했음을 의미한다. 또 RF는 다른 프로젝트나 업계 평균과의 비교를 통해 프로젝트의 상대적 성과를 평가하는 데도 사용된다.

그러나 RF를 무조건 높이려는 시도는 위험할 수 있다. 초기 투자를 과도하게 줄이거나 단기적인 수익 증대에만 집중하는 것은 장기적인 제품 경쟁력과 시장 지위의 약화를 가져올 수 있다. 따라서 제품의 품질, 시장에서의 포지셔닝, 장기적인 성장 전략 등을 종합적으로 고려하여 RF를 최적화해야 한다.

RF를 효과적으로 관리하기 위해서는 초기 투자의 효율성 제고, 지속적인 원가 관리, 효과적인 마케팅 및 판매 전략 수립 등의 방법을 활용할 수 있다. 또 지속적인 시장 모니터링과 피드백을 통해 RF를 개선하면서도 제품의 장기적인 경쟁력을 유지하는 것이 중요하다.

수익 맵에서 RF는 TM, BET, BEAR와 함께 프로젝트의 전체적인 성과를 평가하는 핵심 지표로 활용된다. RF의 최적화는 프로젝트의 투자 효율성을 개선하고, 기업의 수익성과 재무적 건전성 향상에 이바지하는 중요한 요소이다.

수익 맵의 핵심 지표들은 제품개발 프로젝트의 전체적인 진행 상황과 성과를 한눈에 파악할 수 있게 해준다. 특히 투자와 수익의 관계를 시간의 흐름에 따라 명확히 보여줌으로써, 프로젝트의 재무적 성과를 실시간으로 모니터링할 수 있게 한다.

또한 프로젝트 관리자와 팀 구성원들이 프로젝트의 진행 상황과 성과를 객관적으로 평가하고, 필요한 조치를 취할 수 있게 해준다. 또한 이 지표들은 다양한 부서의 팀 구성원들이 자신의 활동이 전체 프로젝트의 성과에 미치는 영향을 이해하는 데 도움을 준다. 이는 부서 간 협업을 촉진하고, 전체 프로젝트의 목표 달성을 위한 공동의 노력을 유도한다.

수익 맵이 던지는 다섯 가지 질문: 당신의 기술은 준비되어 있는가?

수익 맵은 단순히 그래프를 그리는 도구가 아니다. 그것은 기술의 사업화 전략을 점검하는 질문의 구조다. BET, TM, BEAR, RF라는 지표는 각각 숫자이기도 하지만, 그에 앞서 반드시 던져야 할 전략적 질문의 형태로 존재한다. 다음은 수익 맵이 기술 개발자와 사업담당자에게 요구하는 핵심 전략 질문 다섯 가지다.

1) 질문1. 언제 투자의 회수가 가능한가? (BET)

기술은 언제부터 돈을 벌기 시작할까?

이 질문은 단순한 투자의 회수 시점 계산이 아니라, 기술개발 속도, 시장 진입 시점, 고객 반응 속도를 모두 고려한 판단을 요구한다. BET는 단순히 '몇 개월 후'가 아니라, 해당 기술이 놓인 시장 환경에서 기술의 경제적 수명을 초과하지 않는가를 판단하는 기준이다.

BET가 지나치게 길다면 투자자로서는 기술의 매력도가 급감하며, 내부적으로는 자금 회전율 저하와 후속 개발 지연의 원인이 된다.

☞ 전략 질문: 몇 개월 내에 투자금을 회수할 수 있는 구조로 되어 있는가?

2) 질문2. 얼마나 빨리 시장에 출시할 수 있는가? (TM)

TM(Time to Market)은 경쟁에서 이길 수 있는 '속도'를 의미한다. 하지만 단순한 빠른 개발만을 의미하지는 않는다. 제품개발, 시제품 완성, 인증, 양산, 유통망 확보 등 전체 R&D 사업화 프로세스에서 시장진입까지의 현실적인 소요 시간을 예측해야 한다. TM이 길어질수록 기술의 신선도는 감소하고, 경쟁 제품의 추월 가능성은 커진다.

☞ 전략 질문: 몇 개월 안에 고객 앞에 설 수 있는가?

3) 질문3. 출시 후 투자의 회수는 언제부터 발생하는가? (BEAR)

BEAR(Break Even After Release)는 제품 출시 이후 수익이 발생하여 투자금을 회수하기까지 걸리는 시간이다. 이 구간은 마케팅 역량, 고객 수용 속도, 판매 채널 작동력 등 기술 외적 요소들이 수익성에 얼마나 영향을 미치는지 측정하는 구간이다. BEAR이 길어지면 조직의 운영비, 재고 리스크, 자금 소진 속도가 가속화된다.

> ☞전략 질문: 출시 이후 몇 개월 안에 투자의 회수 시간에 도달할 수 있는가?

4) 질문4. 이 기술은 지속 가능한가? (RF)

RF(Return Factor)는 기술이 창출할 수 있는 수익성의 '질'을 판단하는 지표이다. RF는 단순히 현재 기술의 수익률이 아니라, 후속 제품군, 재투자 가능성, 시장 확대 여지까지 고려한 전략적 성능지수다. RF가 낮으면, 기술이 단기 수익은 내더라도 장기적 성장 동력은 되지 못한다. RF가 높을수록 기술은 '플랫폼'으로 확장될 가능성을 가진다.

> ☞전략 질문: 단기 수익을 넘어서 다음 단계의 전략까지 설계할 수 있는가?

5) 질문5. 기능 변경은 수익성에 어떤 영향을 주는가?

수익 맵은 제품의 사양이나 기능이 변경되었을 때 TM, BET, BEAR, RF 지표가 어떻게 변하는지를 예측할 수 있다. 기능 하나를 추가함으로써 개발 기간이 연장되고, 출시가 지연되며, 그 결과 BEAR이 밀리고 RF가 하락하는 경우가 자주 발생한다.

반대로, 기능을 축소하거나 간소화하면 초기 시장 진입은 쉬워지지만, 경쟁력이나 수익성이 낮아질 수도 있다.

> ☞전략 질문: 지금 고려 중인 기능 변경이 수익 구조를 개선하는가, 악화시키는가?

수익 맵은 단순히 숫자를 보여주는 도구가 아니다. 질문을 던지는 구조이며, 전략을 검증하는 언어이다. 좋은 기술을 뛰어난 기술로 만드는 힘은, 그 기술이 수익이라는 결과를 내기 위한 '구조화된 질문'으로부터 시작된다.

실행 가능성과 리스크 인식

R&D 사업화는 설계된 대로 움직이지 않는다. 예측 불가능한 변수, 실행 차질, 외부 환경의 변화 등 수많은 리스크가 개발 단계부터 시장진입, 수익 발생 시점까지 곳곳에 숨어 있다.
이러한 복잡성 속에서 중요한 것은 단지 성공 시나리오만을 그리는 것이 아니라, 실행 가능성과 리스크의 요인을 사전에 인식하고 관리할 수 있는 구조를 갖추는 것이다.
수익 맵은 이 지점에서 전략 도구 이상의 의미를 발휘한다.

1. 수익 맵은 현실 기반 시뮬레이션 도구이다.

수익 맵은 이상적인 사업계획의 작성에 쓰이는 도표가 아니다. 오히려 각 단계의 실행 가능성을 따져보고, 무엇이 이 수치를 지연시키거나 왜곡시킬 수 있는지 사전에 시뮬레이션하고 예측하는 구조다. 예를 들어보자.

- TM이 3개월 지연되면 BEAR은 얼마나 밀리는가?
- 기능을 2개 추가하면 개발비는 얼마나 늘어나고, RF는 어떻게 변하는가?
- 출시 후 6개월간 판매가 예상치의 70%에 그칠 경우, BEAR 도달 시점은 몇 개월 뒤로 이동하는가?

이와 같은 시나리오 분석은 단지 숫자 맞추기가 아니라, 실행 경로에 숨어 있는 리스크의 크기와 위치를 가시화하는 작업이다.

2. 리스크는 외부보다 내부에서 시작된다.

실행 단계에서의 가장 큰 리스크는 기술 자체의 실패가 아니라, 조직 내부의 판단 오류, 시기 착오, 기능 간 단절에서 발생한다. 수익 맵은 기술 개발자, 전략 담당자, 마케팅 실무자가 공통의 언어로 실행 타이밍과 수익 구조를 공유할 수 있게 한다. 이러한 구조는 다음과 같은 상황에서 리스크를 사전에 줄이는 데 효과적이다.

- 과도한 기술 낙관주의: '좋은 기술이면 팔릴 것'이라는 오해를 구조적으로 반박할 수 있다.
- 조직 간 충돌: 출시 시점이나 기능 스펙을 두고 부서 간 이해가 엇갈릴 때 수익 맵을 통해 BET·BEAR 기준을 제시하면 논의의 기준점이 생긴다.
- 예산 실패: 수익 맵은 일정 지연이 자금 소진 곡선에 미치는 영향을 보여줌으로써 재무 리스크를 조기에 경고할 수 있다.

3. 실행 가능성은 구조의 산물이다.

좋은 기술도 나쁜 구조에서는 실패하고, 탁월한 전략도 실행력이 부족하면 수익으로 연결되지 않는다. 수익 맵은 이러한 복잡한 상호작용을 단순하고 명확한 지표의 흐름으로 구조화함으로써, 실행 가능성과 리스크를 동시에 관리할 수 있는 전략 기반을 제공한다.

기술의 성공은 단지 성능의 문제가 아니라, 실행 타이밍과 경로의 문제이며, 수익 맵은 그것을 숫자와 곡선이라는 언어로 설명하는 체계이다.

기술과 시장의 첫 만남:
시장 출시(Time to Market) 전략

기술과 시장 사이의 시간 차

　기술이 아무리 혁신적이라 해도, 그것이 시장에 늦게 도달한다면 기회는 사라진다. 기술개발의 정점에서 승리를 자축하던 기업이, 몇 개월 뒤 시장에서 외면받는 장면은 드물지 않다.

　이것은 단순한 기술력 부족이 아니라, '시장의 시간표'를 고려하지 못한 전략 부재에서 비롯된다. R&D 사업화에서 이 시간표를 가늠하는 가장 중요한 개념이 바로 TM이다.

　TM은 앞에서 언급한 것과 같이 기술이 제품 형태로 시장에 도달하기까지 걸리는 시간이다. 조사 완료 후부터 제품 출시까지의 구간을 다루며, BET(Break Even Time)나 BEAR(Break Even After Release)과는 또 다른 관점을 제공한다.

　이 장에서는 TM이 기업의 R&D 사업화 성과에 어떻게 결정적 영향을 미치는지 구체적인 사례와 함께 살펴보고자 한다.

TM(Time to Market)의 정의와 중요성

　TM은 기술 조사가 완료된 시점부터 제품이나 서비스가 실제 고객에게 공급되기 시작하는 시점까지 걸리는 '시장진입 시간'이다. 이 개념은 신기술의 개발, 효율성, 제품화 역량, 조직 내 프로세스 연계 수준, 시장 적시성에 대한 통찰을 제공한다. TM을 단축한다는 것은 단순한 '속도 경쟁'이 아니라 다음과 같은 전략적 의미를 내포한다.

- 시장 선점 기회 확보: 소비자에게 가장 먼저 다가가는 기업이 기준을 설정할 수 있다.
- 제품 수명주기(PLC)의 연장: 빨리 출시된 제품은 후발 제품보다 장기 수익성을 갖기 쉽다.
- 자금 회수 가속화: R&D 투자 후 자금 유동성 확보 시점이 앞당겨진다.
- 리스크 분산: 기술이 시장에서 성공 여부를 빠르게 검증받을 수 있어 자원 낭비를 줄인다.

특히 기술 중심 스타트업은 TM이 늦어질 경우, 시장 선도 기업에 의해 해당 영역 자체가 평준화되거나 경쟁 과열로 진입 장벽이 높아지는 리스크에 직면할 수 있다.

TM과 BEAR의 전략적 연결 고리

많은 기업이 BET나 BEAR 달성을 최종 목표로 삼지만, 그 이전 단계인 TM이 전체 수익 구조에 어떤 영향을 미치는지는 간과되기 쉽다. TM이 짧다는 것은 BEAR 도달 시점을 앞당길 기회이자, 사업화 리스크를 줄이는 강력한 무기다.

예를 들어, BEAR 시점을 12개월로 설정했을 때, TM이 9개월이면 시장에서 수익을 회수하기까지 단 3개월의 여유만이 주어진다. 반면 TM

이 5개월이면 BEAR까지의 여유 기간이 7개월로 늘어나며, 마케팅 전략과 고객 피드백을 반영한 제품 개선의 반복 여력이 생긴다.

TM과 BEAR은 다음과 같은 방식으로 연결된다.

- TM 단축: 빠른 시장진입 → 빠른 수익 발생 → 누적 비용 조기 회수 → BEAR 도달 시점 앞당김
- TM 지연: 출시 시기 미스 → 초기 수익 지연 → 누적 적자 장기화 → 자금 고갈 리스크 증가 및 BEAR 도달 시점 연장

사례: A사의 TM 전략과 실행

A사는 전력 효율을 높이는 AI 냉각 모듈 기술을 개발한 후, 제품화를 위한 계획을 BEAR 기준이 아닌 TM 기준〈표 4-1〉으로 먼저 수립하였다. 기술이 아무리 우수하더라도, 서버와 반도체 장비 시장에서 신속하게 진입하지 않으면 대형 공급사들이 유사 기술로 시장을 장악할 수 있다는 분석에 근거했다.

〈표 4-1〉 A사의 TM 전략 개요

단계	주요 활동	소요 기간
기술 조사 완료	알고리즘 및 설계 확보, 특허 출원 완료	
제품 기획	제품 콘셉트 정의, 시장 세분화	1개월
MVP 개발	프로토타입 제작 및 내부 성능 테스트	2개월
고객 피드백	산업용 서버 2곳과 PoC 진행	2개월
사전 유통망 구성	총판 계약, A/S 체계 준비	2개월

A사의 전체 TM은 약 7개월이었다. 일반적으로 이 분야에서 10~12개월이 걸리는 점을 감안하면 매우 민첩한 진입이었다. 이 전략은 BEAR 도달 시점을 9개월 차로 앞당기는 데 결정적 역할을 하였다. 특히 TM 과정에서 확보된 고객사 피드백은 출시 후 제품 업그레이드에도 반영되어 '고객 락인 효과(lock-in effect)'를 낳았다.

TM을 단축하는 전략적 실행 요소

TM 단축은 단순히 '빨리 만들자'가 아니라, 아래의 구조적 요건이 필요하다.

1) Cross-Functional Team 구성

기술 개발팀, 제품기획팀, 마케팅팀, 법무 및 지식재산권 부서가 '동시적 병렬 참여'를 한다. 특히 초기 기획 단계부터 고객 관점을 반영할 수 있어 재작업 비용을 줄일 수 있다.

2) 시장 중심의 제품 정의

'무엇을 만들 수 있는가?'가 아니라 '무엇이 팔릴 수 있는가?'를 기준으로 MVP를 설계해야 한다. TM의 성공은 기술 중심이 아니라 수요 중심의 프로토타이핑 전략에 달려 있다.

3) 반복적 PoC와 피드백 루프 설계

시장 출시 이전에 반복적인 기능 테스트와 고객 반응 조사를 실행함으로써, 제품 완성도를 높이면서도 일정 지연 없이 진입할 수 있다.

4) 외부 자원의 전략적 활용

외부 생산 인프라(예: OEM), 초기 유통 파트너, 정부 지원 테스트 베드 등을 활용하여 내부 리소스를 집중하고 TM을 단축할 수 있다.

마치며: 기술의 생존력 = 빠른 시장진입

기술의 성공은 그 자체의 완성도에 있는 것이 아니라, 얼마나 빨리 고객과 만나는가에 달려 있다. A사의 사례는 TM을 전략적으로 설계하고 실행했을 때, R&D 사업화의 성과가 어떻게 극대화될 수 있는지를 명확히 보여준다.

TM은 단순한 속도 개념이 아니라, 사업의 시작점과 수익 구조를 설계하는 핵심 전략 축이다. BEAR을 이야기하려면 먼저 TM을 정교하게 설계해야 한다. BEAR이 수익의 시작점이라면, TM은 그 수익을 가능하게 만드는 첫 시도이자 도약이다.

투자의 회수 시간(BET)

기술이 수익을 창출하기까지의 시간

기술은 아이디어의 결정체이며, 혁신의 출발점이다.

그러나 아무리 뛰어난 기술이라 하더라도 시장과 연결되지 않는다면, 그 가치는 실현되지 않는다. 기술의 궁극적인 목적은 문제 해결을 넘어, 경제적 가치로 전환되는 것이다. 바로 여기서 'R&D 사업화'의 진정한 의미가 시작된다.

오늘날 기업마다 기술개발에 막대한 자금을 투자하고 있다. 하지만 이러한 R&D 투자가 반드시 수익으로 이어지는 것은 아니다. 수많은 기술이 연구실이나 보고서 안에 머물고, 실제 시장에 도달하지 못한 채 소멸해 버리곤 한다.

그 원인은 무엇일까?

바로 기술 → 사업화 → 시장진입 → 수익 창출로 이어지는 과정이 유기적으로 연결되지 못했기 때문이다.

이 장에서는 기술이 어떻게 시장성과로 이어질 수 있는지, 그 흐름을 R&D 투자 → R&D 사업화 → 투자의 회수 시간 분석이라는 세 가지 단계로 구조화하여 살펴본다.

특히 중소기업인 B사의 실제 사례를 통해, 하나의 기술이 어떻게 설계되고, 어떻게 제품으로 구현되며, 어떤 수익성을 확보해야 생존이 가능한 사업으로 발전할 수 있는지 구체적으로 제시한다.

각 단계는 단순한 순서가 아니다.

기술을 설계할 때부터 시장성과를 고려하고, 제품을 개발하면서 고객의 반응을 테스트하며, 투자의 회수 시간을 분석함으로써 현실적 사업전략을 수립하는 것이 중요하다. 이 흐름은 단절된 부서의 일이 아니라, 하나의 통합된 R&D 사업화 전략으로 기능해야 한다.

기술이 경쟁력이 되는 시대. 그러나 진짜 경쟁력은 기술을 '시장과 연결하는 능력'이다. 이제 우리는 기술을 넘어, 그 기술이 수익을 만들어 내는 구조를 설계할 수 있는가를 고민해야 할 시점에 있다. 이 장을 통해 그 전략적 사고의 기초를 다져보자.

R&D 투자: 기술 경쟁력의 씨앗

연구개발(R&D)은 기술 중심 기업과 기관이 경쟁 우위를 확보하기 위한 첫 번째 전략적 선택이다. 기술은 산업 구조를 변화시키고, 신(新)시장을 창출하며, 기존 시장에서 차별화를 가능케 한다. 하지만 R&D는 장기적이고 불확실성이 높은 고위험 투자이므로, 체계적인 기획과 실행이 필수적이다.

R&D 투자의 주요 목적

- 미래 시장을 선도할 수 있는 핵심 기술 확보
- 기존 제품의 성능 개선 및 차별화
- 내부 기술 역량 강화와 지식재산권 기반 구축

사례: B사의 R&D 투자

B사는 탄소중립 시대의 흐름에 발맞춰, 온실가스 감지용 스마트 센서 기술에 대한 연구개발에 착수하였다. 약 2년에 걸쳐 총 3억 원을 투자하였고, 고정밀 감지 알고리즘 개발과 함께 관련 기술을 특허로 등록하는 성과를 거두었다.

R&D 사업화: 기술을 시장으로 옮기는 가교

아무리 우수한 기술이라 하더라도, 경제적 가치로 전환되지 않으면 사업적 성과로 인정받을 수 없다. R&D 사업화는 R&D 성과를 기반으로 실질적인 제품과 서비스로 전환하여 고객에게 전달하고 수익을 창출하는 과정이다.

성공적인 사업화를 위한 핵심 요소

- 시장 타당성 분석: 기술의 수요성과 시장 규모 확인
- 사업모델 수립: 수익 구조 및 유통 경로 설계
- 지식재산권 확보: 기술의 법적 보호와 차별화
- 시제품 개발 및 성능 인증
- 투자 유치와 정부 지원 활용

B사의 사업화 전환

B사는 스마트 센서를 활용하여, 스마트팩토리용 온도·진동 모니터링 제품으로 상용화를 추진하였다. 기술이전 방식이 아닌 직접 제품화를 선택하고, 시제품 100대를 제작해 테스트 베드에 적용하였다. 사용자 피드백을 반영해 제품을 개선하는 선(善)순환 구조를 구축하였다.

투자의 회수 시간 분석: 수익성과 생존의 분기시간

제품이 시장에 출시된 이후, 기업은 본격적인 수익 창출 전략을 수립해야 한다. 이때 가장 중요한 지표가 투자의 회수 시간(BET, Break Even Time)과 손익분기점(BEP, Break Even Point)이다. 이 둘은 모두 '언제부터 수익을 기대할 수 있는가?'를 설명하지만, 서로 다른 관점에서 접근하고 있으며 그 차이는 아래〈표 4-2〉와 같다.

〈표 4-2〉 BET vs BEP: 무엇이 다른가?

항목	BET(Break Even Time)	BEP(Break Even Point)
의미	초기 투자금을 회수하는 데 걸리는 시간	총수익 = 총비용이 되는 매출 or 판매수량
단위	시간 (월, 분기, 연 등)	금액(매출) 또는 수량(판매량) 등
주요 활용	R&D, 스타트업 투자, R&D 사업화	제조업, 유통, 일반 사업 운영
포커스	'얼마나 빨리' 수익을 낼 수 있는가?	'얼마나 많이' 팔아야 손해를 보지 않는가?
표현 방식	"투자 회수까지 18개월 소요"	"손익분기점 매출은 월 1억 원"
기준 정보	투자금, 월별 수익 흐름	고정비, 변동비, 단가, 판매량
적용 상황	R&D, 신사업 투자성과 분석	일상적인 기업의 운영 및 생산 계획
누가 사용하는가	기술 기획자, 투자자, 프로젝트 매니저	생산관리자, 마케팅팀, 재무팀

투자의 회수 시간(BET) 공식

$$\text{투자회수 시간(개월)} = \frac{R\&D\ \text{투자비용}}{\text{월 또는 분기 수익}}$$

B사 투자의 회수 시간(BET) 분석

☞ 개념: 어떤 사업이나 기술에 투자한 비용이 언제쯤 회수되는 지를 측정
☞ B사의 적용 예:
- 스마트 센서 기술 투자 → "언제부터 흑자 전환"
- R&D 프로젝트 ROI 예측
- 계산 방식

$$BET = \frac{R\&D\ \text{투자금}}{\text{월 또는 분기 수익}}$$

B사 BET: 2억 R&D 투자, 월 수익금 1천만 원 = 20개월

B사가 월 수익금 1천만 원일 경우 20개월 후에 투자의 회수 시간에 도달하게 되고, 그때의 시간을 투자의 회수 시간이라 한다. 이 분석은 투자자 설득, 마케팅 전략, 생산 계획 수립의 중요한 기준이 된다.

손익분기점(BEP) 공식

$$\text{손익분기점 (매출)} = \frac{R\&D\ \text{투자비용}}{\text{판매단가} - \text{변동비}}$$

$$\text{손익분기점 (수량)} = \frac{R\&D\ \text{투자비용}}{\text{판매단가} - \text{변동비}}$$

B사의 손익분기점(BEP) 분석

☞ 개념: 총매출이 총비용과 같아져 손익이 0이 되는 지점
☞ B사의 적용 예:
- 스마트 센서 기술 투자 → "월간 최소 몇 개를 팔아야 손해를 보지 않나?"
- 생산라인 규모 결정, 마케팅 전략 수립
- 계산 방식

① 정량 공식(단위: 금액 기준)

$$BEP(매출) = \frac{R\&D \ 투자금}{1 - \frac{변동비}{판매단가}}$$

② 정량 공식(단위 수량 기준)

$$BEP(수량) = \frac{R\&D \ 투자금}{판매단가 - 변동비}$$

B사: 2억 R&D 투자, 판매단가 2만 원 변동비 8천 원
③ BEP(매출) = 2억/(1-(8,000/20,000)) = 3억 3천4백만 원
④ BEP(수량) = 2억/(20,000-8,000) = 16,667개

    BEP는 총매출이 총비용과 같아져 이익이 '0'이 되는 시점이라는 의미로, 제품 가격 대비 변동비를 기준으로 R&D 투자금 회수 가능성을 판단한다.
    BEP는 매출 기준(금액)과 수량 기준(개수)으로 모두 계산이 가능하며, 이를 기반으로 투자 및 생산 계획 조정, 초기 생산 수량 결정의 핵심 도구로 활용된다.
    결론적으로 BET는 "언제 수익을 낼 수 있는가?"에 대한 답이고, BEP는 "얼마나 팔아야 손해를 보지 않는가?"에 대한 답이다.

전략적 시사점

R&D 투자 → 사업화 → 투자의 회수 시간 분석은 각각 독립적인 단계가 아니다. 이는 기술의 수익화로 이어지는 전략적 연쇄 고리로 구성되며 단계별로 분석〈표 4-3〉할 수 있다.

- R&D는 투입(Input)의 논리
- 사업화는 전환(Conversion)의 논리
- 투자의 회수 시간은 수익성(Return)의 논리

이 세 단계는 기획 → 실행 → 평가의 일관된 경영 구조를 형성한다.

〈표 4-3〉 단계별 핵심 질문과 도구

단계	핵심 질문	전략적 도구
R&D 투자	무엇을 개발할 것인가?	기술로드맵, 수요 예측, 정책 분석
사업화	누구에게 어떻게 팔 것인가?	시장 분석, 비즈니스 모델, 지재권 전략
투자의 회수 시간 분석	얼마나 팔아야 수익이 나는가?	비용 구조 분석, 가격 전략, 생산 계획

마치며: 기술은 시장의 언어로 번역되어야 제 역할

기술은 문제 해결의 수단이자, 시장을 혁신하는 원천이다.
그러나 그것이 단지 '개발'되었다는 사실만으로는 산업의 성장을 보장하지 않는다. 기술이 실제로 가치를 발휘하기 위해서는, 시장의 언어로 번역되어 고객과 만나고, 수익을 창출할 수 있는 구조로 들어가야 한다. 기술개발의 최종 목표는, 결국 경제적 성과와 지속 가능한 사업 기반을 확보하는 것이다.

이 장에서는 R&D 투자, R&D 사업화, 그리고 투자의 회수 시간 분석이라는 세 단계의 핵심 고리를 통해 기술의 수익화 과정을 조망하였다. 각각의 단계는 독립적으로 존재하지 않는다. 오히려 R&D 단계에서부터 사업성을 염두에 둔 기획, 시장 중심의 제품화 전략, 그리고 현실적인 수익 기준인 투자의 회수 시간 분석이 유기적으로 연결될 때, 기술은 진정한 경쟁력이 될 수 있다.

특히 B사의 사례는 중소기업의 입장에서 기술을 단순히 개발하는 수준을 넘어서, 시장에 안착시키고 성과를 회수하는 전 과정을 어떻게 설계할 수 있는지 보여주는 실용적 사례였다. 기술이전이나 외부 위탁이 아닌 자체 제품화를 선택한 이들의 선택은, 기술의 잠재력을 '수익성 있는 사업'으로 전환하기 위해 어떤 전략이 필요한지 생생하게 보여준다.

오늘날 우리는 단순한 '기술 중심 시대'를 지나, '기술-시장-자본-고객'이 통합적으로 작동하는 'R&D 사업화 중심 시대'에 서 있다. 기업과 연구자는 더 이상 기술의 '가능성'만으로 평가받지 않는다. 이제는 그 기술이 어떻게 시장에서 살아남고, 수익을 창출하며, 재투자로 이어지는 선순환을 만들어 내는가가 성공의 기준이 된다.

다음 장에서는 R&D 사업화 이후, 출시된 제품이 어떻게 수익성을 극대화하고, 투자의 회수라는 관점에서 평가될 수 있는지 살펴본다. 특히 BEAR(Break Even After Release)와 RF(Return Factor) 등의 개념을 통해, R&D 사업화의 실질적 성과 평가 지표를 분석하고, 이를 활용한 성장 전략을 제시할 것이다.

출시 후 투자의 회수 도달시간(BEAR)

기술의 진정한 성공

기술은 혁신의 출발점이자 미래 산업의 핵심 자산이다. 그러나 기술이 시장과 연결되지 않는다면, 그것은 잠재력에 머물 뿐이다. 단순한 R&D의 성공은 기술의 완성도를 말해줄 수는 있어도, 그 자체로 사업의 성공을 보장하지는 않는다.

이 장에서는 기술이 수익으로 전환되기까지의 전 과정을 R&D 투자 → 사업화 → 시장 출시 이후의 수익 전환 시점인 BEAR(Break Even After Release)를 중심으로 살펴본다. 특히 BEAR은 R&D 사업화 성과의 진짜 완성 시점이자, 기업이 지속 가능한 성장을 도모할 수 있는 기점이기도 하다.

C사의 실제 사례를 통해, 기술이 단순히 개발을 넘어 제품으로 구현되고, 시장에서 고객과 만나면서 생존과 수익을 동시에 확보하는 과정을 단계별로 조망해 본다. 기술이 살아남기 위해서는 언제 BEAR에 도달할 수 있는지를 아는 것이, 오늘날 기술 중심의 스타트업에게 가장 현실적인 전략이 된다.

R&D 투자: 혁신의 씨앗을 뿌리다.

R&D 투자는 기술 기반 기업이나 기관이 미래 경쟁력을 확보하기 위

해 가장 먼저 착수하는 고위험·고보상(high risk-high return) 전략이다. 기술의 진보를 통해 새로운 시장을 창출하거나 기존 시장의 판도를 뒤엎는 데 목적이 있다. 주요 목표는 다음과 같다.

- 기술 우위 확보 및 특허화
- 내부 기술 역량 제고
- 시장 선점 기회 확보

> **사례: C사의 R&D 투자**
>
> C사는 전력 소모를 획기적으로 줄이는 AI 기반 반도체 냉각 기술에 주목하였다. 약 3년간 총 10억 원의 R&D 투자를 통해 관련 알고리즘과 설계 기술을 확보하고, 3건의 특허를 등록했다. 정부 과제와 공동연구, 자체 자금이 유기적으로 활용되었다.

R&D 사업화: 기술을 사업 언어로 바꾸다.

R&D 성과가 기술 문서나 논문에 머무르는 한, 그것은 '완성된 연구'일 뿐이다. 이를 고객과 시장의 언어로 바꾸는 작업이 사업화이다. 사업화는 다음과 같은 활동을 포함한다.

- 시장 타겟팅 및 제품 컨셉 구체화
- MVP(Minimum Viable Product) 개발
- 수요자 피드백을 통한 제품 개선

- 지식재산권 정비와 사업모델 설계
- 시범 사용자 확보와 초기 납품 계약 체결

> **사례: C사의 사업화**
>
> C사는 기술을 기반으로 '냉각 모듈'이라는 하드웨어 제품을 기획하였다. 산업용 서버, 자율주행차 GPU 냉각 분야를 타겟으로 MVP를 제작하고, 반도체 설비 업체 2곳과 PoC(Proof of Concept) 테스트 계약을 체결했다.

시장 출시 후의 진짜 고지: BEAR(Break Even After Release)

R&D 사업화에서 자주 간과되는 개념이 바로 BEAR(Break Even After Release)이다.

이는 제품이 시장에 출시된 이후, 판매 실적과 유지비용, 운영비, 마케팅비 등을 포함한 총투자 금액이 회수되는 시점을 의미한다.

BEAR(Break Even After Release) ≠ BET(Break Even Time)

BET는 프로젝트 시작에서부터 수익지점까지 도달한 시간이며, BEAR는 실질적 시장 출시 이후 기업이 수익을 보기 시작하는 시간으로 C사의 사례〈표 4-4〉를 통해 분석할 수 있다.

BEAR의 중요성

- 시장 피드백 이후 수정 비용 반영
- 실제 마케팅·유통비 포함
- A/S 및 고객관리 비용 고려
- 초기 투자의 회수와 수익 전환 시점 판단

〈표 4-4〉 BEAR 사례 분석: C사

항목	수치
R&D 투자 비용	5억 원 (인건비, 설비 유지, R&D 비용 일부 상환)
변동비용 (1개 제품당)	30만 원
제품 판매가	80만 원
초기 생산 수량	2,000개
월평균 판매량	250개
초기 마케팅·유통비	1.5억 원
제품 출시 시점 (MR)	3개월
출시 후 투자의 회수 시간 (BEAR)	5.2개월째
투자의 회수 시간(BET)	8.2개월

사례: C사의 출시 후 투자의 회수 시간(BEAR)

C사는 시장 출시까지 3개월(MR)이 소요되었으며, 출시 후 5개월까지는 적자를 감수하면서 마케팅 집중 전략을 취했고, 점진적 판매 증가와 단가 인하 없이 출시 후 9개월 차에 누적 순수익이 0이 되는 BEAR에 도달했다.

BEAR을 고려한 R&D 사업화 전략

1) 투자 계획 수립 시 BEAR 예상 시점 명시

- 초기 투자자 설득에 효과적
- 회수 전략의 명확화

2) 유통·운영비용 구조 반영

- 단순한 생산 원가가 아닌 전체 운영비 포함

3) BEAR 시점까지의 현금흐름(Cash Flow) 관리

- 마케팅비, 인건비, 유지보수 포함 계획 필요

마치며: 기술의 성공은 출시 후 투자의 회수 시간(BEAR)에서 완성된다.

많은 기업이 기술을 개발하고, 제품화까지는 성공하지만, 그 이후의 '시장 생존' 단계에서 실패한다. 그 이유는 단순히 BET 도달에만 집중하고, 출시 이후의 누적 비용 회수와 수익 창출까지의 시간, 즉 BEAR(Break Even After Release) 시점을 간과하기 때문이다.

C사의 사례는 BEAR 전략이 R&D 사업화의 성패를 가르는 핵심 변수임을 명확히 보여준다. 단순히 기술이 잘 만들어졌는가를 넘어서, 그것

이 얼마나 빠르게 시장에서 수익을 창출할 수 있는 구조인가를 판단하고 설계하는 것이 중요하다.

기술의 성공은 개발에서 끝나지 않는다. 그것이 수익을 만들어 내고, 그 수익이 다음 혁신을 가능하게 만드는 순환 구조로 들어갈 때, 비로소 기술은 '산업을 바꾸는 힘'이 된다. BEAR은 그 순환의 첫 고리이며, R&D 사업화 전략의 마지막 시험대이기도 하다.

다음 장에서는 BEAR을 넘어, 사업화된 기술이 장기적으로 어떤 방식으로 성장하고 수익성을 지속할 수 있는지, RF(Return Factor), 수익성 분석 지표를 통해 확장된 전략을 살펴본다.

수익 계수(RF)

시장성 평가의 완성

연구개발(R&D)은 기술 기반 조직이 미래의 경쟁력을 확보하고 시장을 선도하기 위해 반드시 거쳐야 할 출발점이다.

기술혁신은 문제 해결과 생산성 향상을 넘어, 새로운 산업과 시장을 창출할 수 있는 잠재력을 지니고 있다. 하지만 기술의 개발만으로는 성공을 담보할 수 없다. 진정한 성공은 기술이 현실의 고객, 실제 시장, 구체적인 수익과 연결될 때 비로소 완성된다.

많은 기업과 연구기관이 우수한 기술을 보유하고 있음에도 사업화 과정에서 수익을 창출하지 못하는 이유는 무엇일까?

그것은 단지 시장 진입에 실패해서가 아니다. 더욱 근본적인 문제는 기술개발 이후의 경제적 성과를 구조적으로 분석하고, 정량적으로 측정하는 체계가 부족하기 때문이다.

이러한 배경 속에서 등장한 개념이 바로 RF(Return Factor)이다.

RF는 기술개발과 사업화에 투입된 총투자에 비해, 실제로 얼마나 많은 수익이 창출되었는지 수치로 표현하는 지표다. 이는 단순히 수익을 계산하는 것이 아니라, R&D 사업화의 전 과정을 수익성 관점에서 객관화하는 방법이다.

RF는 투자자에게는 회수 가능성을 설명하고, 경영자에게는 전략적 의사결정을 돕는 기준점이 되며, 공공기관에는 정책적 성과를 검토할 수 있는 근거가 된다.

이 장에서는 이러한 RF 개념의 의미와 구조를 이해하고, 그것이 R&D 투자 → 사업화 → 수익 실현이라는 흐름 속에서 어떻게 적용될 수 있는지 실무적 관점에서 탐색한다.

특히 스마트팜 기술을 개발한 D사의 실제 사례를 통해, 기술이 어떻게 수익을 창출하고, RF를 기준으로 사업 성과를 진단하며, 향후 전략을 재설계할 수 있는지 구체적으로 살펴볼 것이다.

기술은 단순히 '만드는 것'이 아니라, 수익을 창출하는 구조로 설계되어야 한다. 이제 우리는 기술의 성공을 단순한 개발 완료가 아니라, 투자 대비 실질 수익의 관점에서 다시 정의해야 할 시점에 와 있다.

R&D 투자: 미래를 위한 모험

R&D는 불확실성을 감수하고 미래 가치를 창출하기 위한 장기적 투자다. 시장 선도 기술을 확보하거나 고부가가치 산업에 진입하기 위한 전략적 수단으로서, 매년 막대한 자금을 R&D에 투입한다.

사례: D사의 R&D 투자

스마트 농업 시장을 공략한 D사는 도심형 스마트팜 자동제어 시스템을 개발하기 위해 총 9억 원의 자금을 5년에 걸쳐 투자했다. 이 중 5억 원은 정부 지원금, 4억 원은 자체 자금으로 조달되었다.

R&D 사업화: 기술이 비즈니스로 변하는 과정

R&D의 결과물은 그대로 시장에 투입될 수 없다. 기술은 고객의 언어로, 시장의 요구에 맞춰 제품화되고, 유통되며, 가격이 정해지고, 홍보되어야 한다. 이 전환 과정을 R&D 사업화라 한다.

D사는 스마트팜 기술을 사업화했다. 도심 카페형 농장, 교육기관, 지자체 등 15개 초기 고객을 확보하여 실증을 진행했고, 이후 개선된 버전을 통해 본격적인 시장 판매를 개시했다.

RF(Return Factor): 수익성의 객관적 지표

R&D 사업화가 성공했는지 판단하는 가장 직접적인 방법은, 투자한 금액 대비 실제 수익이 얼마인지 보는 것이다. 이를 수치로 표현한 것이 바로 RF(Return Factor)이며 〈표 4-5〉와 〈표 4-6〉을 통해 쉽게 이해할 수 있다.

RF 정의

$$RF = \frac{누적\ 수익}{누적\ 투자}$$

- 누적 수익: 총매출 − 총비용
- 누적 투자: R&D + 사업화에 투입된 전체 자금

〈표 4-5〉 RF 해석 기준

RF 값	해석
RF = 1	최초 투자금(투자의 회수 상태)
RF 〉 1	투자 대비 수익 발생
RF 〈 1	투자 대비 손실 상태

〈표 4-6〉 실제 사례 분석: D사 RF 분석

항목	수치
누적 투자	9억 원
누적 매출	18억 원
누적 비용	11억 원
누적 수익	7억 원
RF	7억 ÷ 9억 = 0.78

사례: D사의 RF

D사는 R&D 사업화 이후 일정 매출을 달성했으나, 투자 대비 수익성이 아직 부족해 RF가 1에 못 미쳤다. 이는 초기 고정비용이 크고, 회수 기간이 더 필요하다는 신호다. 향후 제품 단가 인상 및 해외 진출을 통해 RF를 높이려는 전략이 수립되었다.

RF의 전략적 활용

1) 기술별 성과 비교 지표로 활용

- 복수 R&D 과제의 사업 성과 비교
- 내부 자원 배분 시 기준값 제공

2) 투자자 설득 및 정책 보고 활용

- R&D 사업화 성과보고서에 RF 수치 반영

- 정부 R&D 지원사업 성과지표로도 활용 가능

3) 사업 포트폴리오 조정

- RF가 1 이상인 기술: 확장 전략 추진
- RF가 낮은 기술: 구조 조정 혹은 파생 제품 개발 검토

마치며: 수치로 증명되는 R&D 사업화의 진정한 가치

기술은 개발되는 것으로 끝나지 않는다.

그것은 시장과 연결되어야 하며, 고객의 문제를 해결해야 하며, 나아가 수익을 만들어 내야 비로소 진정한 가치를 가진 기술이 된다. 결국 R&D 사업화란, 기술을 통한 재무적 성공의 실현 과정이며, 기술과 시장, 경영과 재무의 언어가 만나는 지점이다.

이러한 R&D 사업화의 복잡성과 불확실성 속에서, RF(Return Factor)는 단순한 수치 이상의 의미를 지닌다. RF는 "얼마를 벌었는가?"가 아니라, "얼마를 투자하고, 그에 비해 얼마를 회수했는가?"를 명확히 드러내는 수익성 지표다.

특히 기술 중심 기업이나 공공기관이 수행한 R&D의 성과를 정량적으로 설명할 수 있는 언어로, 점점 더 중요해지고 있다.

D사의 사례에서 보았듯, RF가 1에 도달하지 않았다는 것은 손해라는 뜻이 아니라, 아직 완전한 회수 시점에 도달하지 않았다는 신호인 셈이다. 이처럼 RF는 단지 '결과 평가'가 아니라, 향후 전략 수립과 투자의 리밸런싱, 후속 R&D 사업화 방향 설정에까지 활용할 수 있는 실천

적 도구가 된다.

    R&D 사업화가 고도화될수록, 우리는 단순한 기술개발에 머무를 수 없다. 이제는 수익을 디자인하는 기술개발, 재무지표(財務指標)로 설명할 수 있는 기술 로드맵, 성과와 생존이 연결된 기술 전략이 필요한 시대이다.

    앞으로의 기술 기반 비즈니스는 RF를 포함한 수익성 지표를 통해 지속 가능성을 판단하고, 기술 성과를 투자자, 정책결정자, 내부 경영자에게 수치로 설득할 수 있어야 한다. 이는 기술과 경영, 과학과 자본의 언어가 진정으로 만나는 지점이며, 기술이 경제가 되는 길이다.

수익 맵의 실제 활용 사례와 전략(Use Case)

들어가며

"성공한 기업은 수익을 설계한다."

기술은 가능성을 보여주고, 시장은 실행 결과를 요구한다. 기술개발이 아무리 정교하더라도, 그것이 수익으로 이어지지 않는다면 사업의 관점에서는 미완의 작업에 불과하다.

성공한 기술은 우연히 수익을 만들어 낸 것이 아니다. 그들은 수익을 설계했고, 숫자로 그 경로를 예측했다.

수많은 기업이 기술은 개발했지만, 출시 타이밍을 놓치거나, 가격 구조를 잘못 설계하거나, 시장 반응을 정량적으로 관리하지 못해 수익화에 실패한다. 이는 단지 실행력의 문제가 아니라, 수익이라는 목표를 사전에 구조화하지 않은 데서 비롯된 전략의 실패이다.

수익 맵은 기술이 수익으로 이어지기까지의 전 과정을 BET(Break Even Time), TM(Time to Market), BEAR(Break Even After Release), RF(Return Factor)라는 지표로 정량화하고, 이 지표들의 흐름을 시각화함으로써 수익 설계를 가능하게 만든 전략 도구이다.

수익 맵이 실제 비즈니스 환경에서 어떻게 활용되고 있으며, 이 도구가 기업의 의사결정, 실행 전략, 실패 예방 구조로서 어떻게 기능하는지를 글로벌 대기업과 국내 중소기업의 실전 사례, 그리고 전략 시뮬레이션 방식까지 아우르며 살펴본다.

첫 번째 사례는 HP의 대표 사례를 통해 수익 맵이 어떤 방식으로 제품개발 전략에 통합되었는지 확인한다. 4대 지표를 기준으로 출시 시점, 기능 결정, 마케팅 타이밍까지 모든 의사결정이 수익 중심으로 정렬된 사례를 통해 수익 맵의 실전 적용 가능성을 보여준다.

두 번째 사례는 국내 중소기업들의 실제 적용 사례를 다룬다. 자원이 제한된 상황에서 수익 맵은 기술의 강약, 시장 반응, 출시 일정, 수익 구조를 균형 있게 설계하는 전략적 우선순위 도구로 기능한다. 실제 기업들의 BET 단축, BEAR 조정, RF 목표 설정 사례를 통해 수익 설계가 어떻게 실행 전략으로 이어졌는지 확인할 수 있다.

HP 프로젝트: 수익 맵 적용 사례

1) 심장 초음파 진단기 개발 프로젝트 기획 출발점

수익 맵 개념이 실무에 도입된 사례로 알려져 있는 Hewlett-Packard(HP)의 '심장 초음파 진단기' 프로젝트의 실제 수행의 결과를 살펴보자.

이 프로젝트는 단순한 신제품 개발을 넘어, 기술개발부터 수익 실현까지의 경로를 정량화하여 전략적으로 관리한 수익 중심 제품개발의 대표적 사례로 평가받는다.

HP는 심장 초음파 진단기 신제품을 개발하면서 전자기기로 전환하는 전략을 추진하면서 단순히 '기술이 가능하냐?'가 아니라, '수익이 가능한가?'를 기준으로 제품의 기획이 이루어졌다.

2) 조사 – 개발 – 출시 단계: 정량 지표 기반의 구조화된 실행 전략

HP는 제품 출시 전부터 수익 맵에서 활용하는 4대 지표를 기준으로 전체 프로젝트 구조〈표 4-7〉를 설계하였고 실제 도식화〈그림 4-4〉하였다.

- 총투자금: 약 490만 달러
- TM(Time to Market): 12개월
- BET(Break Even Time): 32개월
- BEAR(Break Even After Release): 16개월
- RF(Return Factor): 3.1 (총투자 대비 총수익: 3.1배)

〈표 4-7〉 프로젝트 수익지표

항목	R&D 투자	TM	조사분석	BET	BEAR	RF
데이터	490만 달러	12개월	4개월	32개월	16개월	3.1

개발은 단순한 기능 구현이 아니라, 수익 실현까지를 고려한 전(全) 과정이었다. 이 프로젝트는 세 단계—조사, 개발, 출시—로 구분되며, 각각의 단계마다 수익 맵의 핵심 지표들이 실시간으로 반영되었다.

먼저 조사 단계(Investigation phase)는 약 4개월간 진행되었으며, 기능 정의, 시장 분석, 가격 수용도 평가, 경쟁사 조사 등이 포함되었다. 이 과정은 단순한 예비 검토가 아니라, TM(Time to Market)을 예측하고 RF(Return Factor)의 근거 데이터를 설정하기 위한 전략적 수집 단계였다. BET(Break Even Time) 지표도 이 시점부터 계산되었으며,

HP는 조사 개시 시점을 BET 산정의 출발점으로 설정했다.

이어진 개발 단계(Development phase)는 총 12개월로 계획되었으며, 실제 TM으로 기록되었다. TM은 개발 시작부터 제품이 제조 단계(MR: Manufacturing Release)에 도달하기까지 걸린 시간을 뜻한다. 심장 초음파 진단기의 TM은 12개월이었다.

이는 R&D 효율성과 사양(仕樣)의 조정에 기반한 전략적 시간 관리의 결과였다. HP는 기능을 줄이는 대신 개발 속도를 높였고, 이를 통해 비용과 일정을 동시에 관리하였다.

TM은 프로젝트에서 가장 중요한 R&D 성과지표로 간주(看做)되었고, 이후 다른 제품에서도 벤치마킹 기준으로 사용되었다.

출시 단계(Release phase)는 제조 인도 후 시장 진입부터 시작되었으며, 이 단계에서 BEAR(Break Even After Release) 지표는 핵심 관리 포인트가 되었다. 심장 초음파 진단기의 BEAR는 16개월로 측정되었다. 다시 말해 제품이 시장에 출시된 후 16개월이 지나서야 누적 수익이 누적 투자금을 초과했다는 뜻이다. BEAR는 마케팅 및 유통 전략의 효과를 반영하며, 제품이 얼마나 빠르게 시장에 자리 잡았는지 평가하는 핵심 지표다. HP는 이 지표를 줄이기 위해 특정 산업군을 중심으로 초기 마케팅을 집중하는 전략을 채택했다.

마지막으로, 전반적인 수익성을 가늠하는 RF(Return Factor)는 다음과 같이 정리되었다.

출시 후 1년 차의 RF는 0.45로, 220만 달러의 순수익이 발생했지만, 투자금 490만 달러를 회수하진 못했다. 그러나 2년 차에는 누적 순수익이 1,520만 달러에 도달하며 RF는 3.1을 기록했다. 이는 투자금 대비 수익이 3.1배였음을 의미한다.

특히 RF는 수익률 자체를 표현하지만, 그 수익을 얻기까지 걸린 시간은 반영하지 않는다는 점에서 TM, BET, BEAR 등과 함께 해석해야 한다. HP는 이 네 가지 지표를 통해 기술개발, 마케팅, 재무의 각 부서가 똑같은 '수익 기반 실행 시간표' 위에서 움직이도록 시스템화하였다.

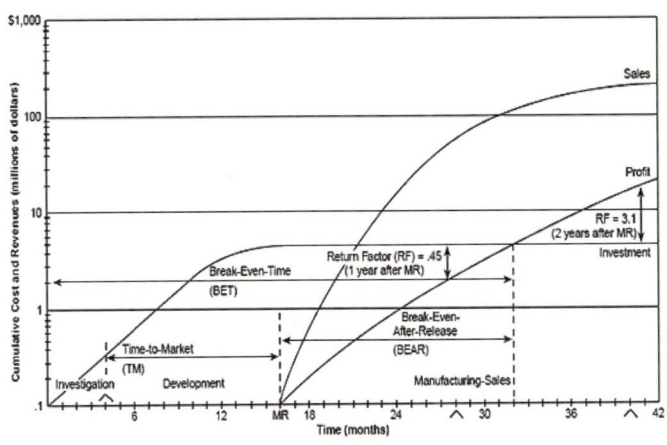

〈그림 4-4〉 '심장 초음파 진단기' 프로젝트 수익 맵

이 지표들은 단지 보고용 숫자가 아니었다.

제품 기획, 기술 사양 결정, 마케팅 타이밍, 출시 일정 등 모든 전략 결정의 기준점으로 수치 지표가 활용되었다.

3) 수익 구조를 고려한 기술·기획 통합 전략

HP는 수익 회수를 최우선으로 기능을 최소화하고, TM(Time-to-Market)을 단축하여 조기 출시를 실현하였다. 이러한 전략은 기능별 실행의 균형을 맞추며, 전사적 수익 중심 협업 체계를 실현하게 하였다. 결과적으로 HP는 출시 2년 만에 투자 대비 수익률(RF) 3.1을 달성하며 시장에서 빠르게 안착하였다.

- 기능 결정의 수익 중심화: TM을 줄이기 위한 기능 절제 전략

당시 해당 전자기기 시장에서 신기술을 채택한 제품이었으며, 마이크로프로세서, LCD 디스플레이, 소형 배터리 기술 등 복수의 첨단 부품을 요했다. 그럼에도 HP는 기술적 완성도보다 수익 구조를 먼저 고려하였다.

개발팀은 가능한 한 조기에 제품을 시장에 출시하고 빠르게 수익을 회수하는 전략을 수립했다. 이를 위해 기능 확장을 보류하고, 시장 수용성과 가격 민감도에 맞춰 기능을 제한적으로 설계하였다. 결과적으로 TM은 단축되었고, 개발 리스크도 낮아졌다. 이러한 결정은 수익 맵의 TM 구간 최적화에 이바지하였다.

- BEAR 단축을 위한 마케팅 자원 집중 배치

수익 회수 시점인 BEAR(Break-Even After Release)를 단축하기 위해 HP는 출시 초기에 마케팅 자원을 공격적으로 배치하였다.

특정 산업군(기술자·과학자 등)을 중심으로 초기 수요를 집중공략(集中攻略)할 수 있도록 타깃을 좁게 설정하고, 이에 적합한 채널과 메시지를 설계하였다.

이러한 전략은 제품이 시장에 안착(安着)하기까지의 시간을 줄였고, 출시 초기 월간 판매량을 빠르게 끌어올리는 데 성공하였다.

이는 제품의 BEAR를 16개월로 단축하여, 투자비 회수의 속도를 높이는 결과를 가져왔다.

- 수익 중심의 의사결정 정렬과 전사 협업 구조

조사, 개발, 제조, 마케팅 등 각 기능 부서는 수익 중심 지표(BET, BEAR 등)를 기준으로 의사결정을 조율하였다. BET(Break-Even Time)를 기준으로 프로젝트 전체의 재무적 수익성을 평가하였고, 개발팀은 기능 축소를, 제조팀은 생산 수율 확보를, 마케팅팀은 초기 수요 확보를 위해 각자의 역할을 이행했다.

특히 마케팅팀은 제품이 출시된 이후 6개월 안에 수익이 안정화될 수 있도록 목표를 설정하였고, 개발팀은 이에 맞춰 개발 일정을 수립하였다. 이러한 지표 기반 협업 체계는 수익 맵을 통해 시각화되었으며, 전사적인 목표 정렬을 가능케 하였다.

4) 수익 맵의 효과: 판단의 기준이 바뀌다.

HP의 프로젝트는 기존 제품개발 실행 구조에 수익지표를 도입한 첫 사례라는 데 의미가 있다. 수익지표가 없던 과거에는 기능 중심, 개발 완성 중심의 의사결정이 일반적이었으나, 수익 맵의 도입 이후에는 모든 부서가 '이 결정이 BET과 RF에 어떤 영향을 주는가?'를 기준으로 판단하게 되었다. 기술, 마케팅, 제조, 재무의 기능별 책임도 수익 곡선상의 지표 목표에 따라 정렬되었다.

이러한 변화는 HP 내부에서의 수익 중심 실행 문화의 출발점이 되었으며, 이후 다수의 제품군에 수익 맵을 적용하게 되는 계기가 되었다.

HP의 심장 초음파 진단기 프로젝트는 기술 기반 기업이라 하더라도 수익을 정량적으로 설계하지 않으면 생존과 성장은 어렵다는 사실을 보여준다. 기술의 가치도, 전략의 효용도 숫자로 말할 수 있어야 관리되고 실행될 수 있다.

이 사례는 수익 맵이 단지 보고용 도구가 아니라, 조직 전체의 전략 언어로 확장될 수 있다는 가능성을 입증한 대표 사례다.

BET, BEAR, RF 중심의 전략 운영

HP는 심장 초음파 진단기 프로젝트를 통해 기술개발의 모든 단계에서 수익 중심 전략을 실현하였다. 단순한 일정 관리나 예산 통제가 아니라, 수익 발생 시점과 구조를 지표 중심으로 설계하고 이에 맞춰 실행을 조율하는 방식이었다. 이 과정에서 중심에 있었던 것이 바로 BET, BEAR, RF의 세 가지 수익 지표였다.

1. BET 중심의 투자·개발 계획

BET(Break Even Time)는 HP가 가장 먼저 설정한 핵심 지표였다. 총투자금 490만 달러를 회수하기 위해서는 32개월 내에 누적 수익이 투자금을 초과해야 했다. 이 목표를 기준으로 전체 프로젝트 구조가 설정되었다.

- TM은 BET 내에서 BEAR을 최대한 단축할 수 있는 시점으로 결정되었고, 기능 수는 시장 수용성과 제조 가능성을 고려하여 제한적으로 조정되었다.
- 개발에 필요한 설비와 인력 투입도 BET 달성을 기준으로 배분되었다.

BET는 '언제까지 수익이 발생해야 하는가?'를 기준으로, 투자의 크기와 개발의 속도를 동시에 조율하는 판단의 기준이었다.

2. BEAR 중심의 마케팅·판매 전략

BEAR(Break Even After Release)는 출시 이후 투자금 회수까지 걸리는 시간이다. HP는 BEAR을 16개월로 설정하고, 이 목표를 달성하기 위해 공격적인 초기 마케팅 전략을 설계하였다.

- 제품 출시 직후 6개월간 고객군을 기술직 전문가로 한정하여 집중 마케팅을 전개하였고, 가격은 단가 수익률보다 시장 반응과 회전율을 극대화할 수 있는 구조로 설정되었다.
- 기술지원 조직도 사전에 준비하여 초기 고객의 이탈을 최소화하였다.

이처럼 BEAR은 단지 수익 곡선의 기울기를 분석하는 지표가 아니라, 시장 반응 속도를 높이기 위한 실행 전략의 기준점이었다.

3. RF 중심의 제품 수명주기 전략

RF(Return Factor)는 총 순수익을 투자금으로 나눈 수익성 지표로, HP는 전자기기의 RF 목표를 3.0 이상으로 설정하였다. 이는 단순히 투자의 회수 시간 도달이 아닌, 이 기술이 '재투자가 가능한 기술'인가를 판단하는 기준이었다. RF는 제품 수명주기 내에서 수익의 누적 정도를 평가하는 수단이었으며, 다음과 같은 전략적 판단에 사용되었다.

- 후속 제품개발 여부 결정
- 마케팅 예산 지속 여부 판단
- 기술 확장 또는 라이선싱 여부 검토
- 결국 전자기기는 RF 3.1을 달성하였고, HP는 이를 기반으로 고(高)기능형 후속 제품군과 다양한 시장 확장 전략을 실행할 수 있었다.

HP의 사례는 수익 맵의 지표들이 단순한 '나중에 확인하는 숫자'가 아니라, 실시간으로 전략을 움직이는 기준점이 될 수 있음을 보여준다. 각 기능 부서가 똑같은 수치 지표를 기준으로 판단을 내리고, 전략을 조정하고, 실행을 정렬하는 문화는 BET, BEAR, RF라는 수익 구조가 조직의 전략 언어로 기능할 수 있음을 증명한다.

작은 기업이 수익을 설계하는 법: 국내 중소기업 수익 맵 실천 사례

1) 중소기업 적용 사례

수익 맵은 글로벌 대기업의 전략 도구로만 활용되는 것이 아니다. 오히려 자원이 제한된 중소기업, 생존이 필수인 스타트업일수록, 수익의 구조를 명확히 설계하고 실행 가능성과 수익성을 동시에 관리하는 프레임이 절실하다.

국내 기술 기반 중소기업들은 수익 맵을 통해 제품 출시 시점, 기능 결정, 투자 규모, 후속 전략의 우선순위를 정교하게 조정하며 성공 확률을 높이고 실패 비용을 줄이는 전략 운영 방식을 실현하고 있다. 다음은 실제 현장에서 수익 맵을 적용한 국내 중소기업 사례 다섯 곳의 전략적 시사점이다.

- A사: TM 단축을 위한 MVP 전략

A사는 반도체 제조공정에 필요한 AI 기반 냉각 모듈을 개발하던 초기 단계에서, 시장 진입이 늦춰질 때 경쟁사 제품과의 차별성이 약화(弱化)된다는 리스크를 인식하였다. 이에 따라 BEAR과 RF를 고려하기보다 먼저 TM(Time to Market) 단축을 우선 목표로 설정하였다.

제품을 완성형으로 출시하기보다 핵심 기능만 담은 MVP(Minimum Viable Product)를 6개월 안에 출시하여 선보였고, 빠른 고객 반응을 확보함으로써 BET 설정 및 후속 투자 타이밍을 더 정밀하게 조정할 수 있었다. 수익 맵을 통해 TM 단축이 BEAR에 미치는 영향력을 사전에 검토한 결과, 3개월의 조기 출시가 BET을 5개월 앞당기는 효과로 이어졌다.

- B사: BEAR 중심의 조기 회수 전략

B사는 스마트 센서 기반 공기 질 측정 장비를 개발하던 과정에서 제품의 기술 완성도는 높았지만, 마케팅 역량이 제한되어 있었다.

수익 맵 분석을 통해 BEAR이 24개월 이상으로 예상된다는 결과가 나왔고, 이에 따라 BEAR 단축을 위한 마케팅 전략 전환이 이루어졌다. 대형 유통망 진입 대신, 특정 산업군(학교, 병원)에 맞춤형 납품 구조를 구축하였고, 초기 판매에 집중하여 BEAR을 14개월로 줄이는 데 성공하였다.

이 기업은 수익 발생 속도를 관리가 가능한 수준으로 조정함으로써 BET 내 자금 회수 가능성을 확보하였다.

- C사: RF 극대화를 위한 기능 최적화

C사는 고가의 유체 감지 센서를 개발하면서, 경쟁사 대비 차별화된 기능을 강조하였지만, 원가 부담으로 인해 RF가 낮게 예측되었다.

수익 맵 분석 결과, 단일 제품 기준 RF가 1.2에 불과했으며, 이는 투자의 회수가 가능하더라도 후속 투자는 어려운 구조였다. 이에 따라 기능을 축소하고 사양을 단순화한 '경량화 모델'을 별도로 기획하였고, 생산 단가를 절반으로 낮추면서 RF는 2.8까지 상승하였다.

이 전략은 BEAR을 유지하면서도 RF를 높이는 수익 구조 최적화 전략으로 이어졌고, 결과적으로 C사는 해당 제품을 기반으로 해외 시장 진출을 본격화할 수 있었다.

- D사: BEAR 실패 리스크를 피드백 루프로 전환

D사는 자동제어 시스템을 개발하여 출시(出市)하였지만, 초기 고객 반응이 예상보다 저조했고, 수익 발생 속도가 지연되었다.

BEAR이 20개월 이상으로 예상되었고, 이는 투자금 소진 시점과 겹치며 심각한 현금 흐름 리스크를 불러일으킬 수 있었다. 수익 맵에서 BEAR 지연이 치명적인 구조임을 인식한 후, D사는 개발 조직 내에 빠른 피드백 루프 체계를 도입하였다. 기존 고객 반응을 기반으로 사양 변경과 가격 재조정이 이루어졌고, 4개월 안에 BEAR 예상치가 20개월에서 14개월로 회복되었다.

이처럼 수익 맵은 실패를 구조적으로 감지하고 대응 시점을 앞당기는 전략적 기능을 수행하는 데 탁월한 효과를 발휘한다.

- E사: 수익 맵을 IR 전략으로 활용한 사례

E사는 산업용 고효율 배터리 팩을 개발하던 과정에서 수익모델 구조가 복잡하고, 회수 기간이 길어 초기 투자 유치에 어려움을 겪고 있었다. 내부적으로 수익 맵을 설계한 후, BET, RF 시나리오별 민감도 분석표를 포함한 IR 자료를 작성하였고, 이 자료를 통해 투자자들에게 수익 발생 구조를 정량적으로 설득하는 데 성공하였다. 수익 맵은 단지 내부 실행 도구를 넘어서, 외부 투자 커뮤니케이션 전략에도 강력한 역할을 할 수 있다는 점을 보여주는 사례다.

이처럼 중소기업의 수익 맵 활용은 기술개발의 효율성 제고, 출시 시점 조정, 기능 의사결정, 투자 전략 수립 등 다양한 경영 판단에서 실행이 가능한 근거를 제공하는 구조적 도구로 작용하고 있다. 중소기업일수록 감에 의존할 여유가 없으며, 정확한 수익 설계가 생존의 조건이 된다. 수익 맵은 그 설계를 위한 핵심 좌표계이다.

중소기업형 전략 적용 팁

수익 맵은 복잡한 프레임처럼 보일 수 있지만, 중소기업에는 오히려 실행을 단순화하고, 판단을 명확히 해주는 구조화 도구로 기능한다. 자원이 부족하고 리스크를 감당할 여유가 없는 중소기업일수록 BET, BEAR, RF

같은 수익지표는 '선택의 기준'을 제공해 준다. 다음은 실제 현장에서 수익맵을 도입한 중소기업들이 공통으로 강조한 중소기업형 전략 적용의 핵심 원칙 다섯 가지이다.

1. TM(Time to Market)은 '출시일'이 아니라 '시장 반응일'로 정의하라.

TM은 단지 제품을 만들어 낸 날이 아니라, 실제 고객이 구매할 준비가 되었을 때 제품이 존재하는지의 문제다. 중소기업은 출시 후의 피드백이 느리기 때문에 MVP(Minimum Viable Product) 개념을 적용해 '완성형'이 아니라 '반응을 이끌어 낼 수 있는 상태'를 먼저 시장에 제시해야 한다.
☞전략 팁: 초기 출시 기준은 기술 완성도가 아니라, 고객 반응 가능성을 기준으로 설정하라.

2. BEAR은 줄일 수 없으면 구조적으로 대응하라.

BEAR(Break Even After Release)는 단축이 가장 어렵지만, 중소기업에는 생존과 직결되는 지표다. 초기 수익이 발생하지 않으면 운영자금이 고갈되고, 후속 마케팅이나 생산 확대가 불가능해진다. 따라서 BEAR 자체를 줄이기 어렵다면?

- 고정비를 최소화하고,
- 유통이나 마케팅을 외부 자원에 위탁하며,
- 초기 고객군을 반응이 빠른 소규모 세그먼트로 좁히는 전략이 필요하다.

☞전략 팁: BEAR을 줄이지 못하면, 그 구간을 '버틸 수 있는 설계'로 대응하라.

3. RF(Return Factor)는 생존이 아니라 확장의 기준이다.

RF는 수익이 얼마나 나느냐보다, 후속 전략을 설계할 수 있느냐의 기준이 된다. 초기 RF가 1.0을 넘기면 생존은 가능하지만, 후속 라인업 확대나 신제품 기획이 어려울 수 있다.

중소기업은 처음부터 RF 2.0 이상을 목표로 하되, 초기에는 단가보다 수익 구조의 단순화를 통해 RF를 확보하는 전략이 현실적이다. 사양 축소, 제품군 경량화, 제조공정 간소화 등이 효과적인 방법이다.

☞전략 팁: RF는 성공을 위한 조건이 아니라, 성장의 발판으로 인식하라.

4. 수익 맵은 팀 내부 실행력 진단 도구로도 활용하라.

수익 맵의 진짜 장점은 전략적 커뮤니케이션에 있다.
대표, 개발팀, 마케팅팀이 각자 다른 언어를 쓰는 상황에서 TM, BEAR, RF라는 공통 지표는 실행력을 맞추는 기준선이 된다. 실제로 중소기업의 많은 문제는 전략이 없는 것이 아니라, 부서 간 기준이 서로 달라서 실행이 어긋나는 것이다. 수익 맵은 이러한 단절을 줄이는 데 매우 유용하다.

☞전략 팁: 수익 맵을 전사 공통 KPI 기준으로 도입하라.

5. 수익 맵은 투자자 설득의 언어가 될 수 있다.

중소기업이 외부 자금을 유치하려면 아이템의 기술성만으로는 부족하다. "언제 돈을 벌 것이며, 얼마를 벌 수 있고, 얼마를 써야 하는가?"에 대해 숫자로 대답할 수 있는 구조가 필요하다. 수익 맵은 IR 자료로 활용하기에 가장 간결하면서도 신뢰를 줄 수 있는 형태다. 시나리오 기반 BEAR 변화 그래프, RF 민감도 분석표, BET 도달 추정 시점 등의 자료는 투자자

> 관점에서 가장 설득력 있는 언어다.
> ☞전략 팁: 수익 맵은 IR 프레임이자 리스크 통제 증거자료다.
>
> 기술의 경쟁력보다 더 중요한 것은 그 기술이 언제, 어떻게 수익이 될 것인가를 설명할 수 있는 능력이다. 수익 맵은 중소기업에서 그 설명을 가능하게 해주는 가장 실용적인 도구이며, 감(感)이 아닌 구조(構造)로 경영을 설계할 수 있게 하는 실행의 기준이다.

마무리: 전략은 감이 아니라 데이터다-수익 맵 기반 전략 수립과 의사결정

1) 변경·지연 시뮬레이션

기술개발과 사업화 과정에서 '예정대로 되는 일'은 거의 없다. 사양이 변경되고, 일정이 밀리고, 예산이 초과하는 일은 예외가 아니라 전형적인 실행 패턴에 가깝다.

문제는 이러한 변화가 수익 구조에 어떤 영향을 미치는지, 대부분의 기업이 명확히 판단하지 못한 채 감에 의존해 대응하고 있다는 점이다. 이때 수익 맵은 정량 기반 시뮬레이션 도구로 기능한다. 지표의 민감도를 분석하고, 전략의 우선순위를 다시 설정할 수 있게 한다.

2) 사양 변경의 수익성 영향 분석

제품개발 중 사양이 변경되거나 기능이 추가되는 경우, 기술 관점에서는 개선일 수 있지만 수익 관점에서는 치명적인 손실로 이어질 수 있다.

예를 들어, 새로운 기능을 하나 추가함으로써 개발 기간이 2개월 연장되고, 기존 대비 15%의 비용이 추가된다고 가정해 보자. TM이 지연되면 BEAR 역시 뒤로 밀리고, 이 때문에 BET 도달 시점은 3~4개월 이상 늘어날 수 있다. RF도 단가 상승으로 인해 회복되기 어렵다면 전반적인 수익성 하락이 발생한다.

수익 맵 시뮬레이션을 통해 이런 흐름을 사전에 확인할 수 있다면, 기능 추가의 효과보다 손실이 더 크다는 구조적 판단이 가능해진다.

> ☞전략 팁: 사양 변경은 '기술 완성도 향상'이 아니라, 'RF 대비 투자 비용 상승률'을 기준으로 의사결정을 해야 한다.

3) 출시 지연이 수익 구조에 미치는 파급 효과

제품 출시 일정은 BEAR, BET, RF 모두에 영향을 미치는 핵심 변수다. 수익 맵을 활용하면 지연 시나리오별로 각 지표의 변화 폭을 시뮬레이션(표 4-8)할 수 있다.

〈표 4-8〉 지연 시나리오별 지표 변화

출시 지연	BEAR 변화	BET 변화	RF 변화
없음	14개월	28개월	2.8
+2개월	16개월	32개월	2.2
+4개월	18개월	36개월	1.7

출시가 2개월 지연되었을 때는 RF가 2.8 → 2.2로 하락하며 후속 제품개발 여력이 줄어든다. 4개월 지연될 경우, 투자의 회수 가능성 자체

가 불확실해지는 구조로 진입하게 된다.

이처럼 수익 맵 기반 시뮬레이션은 지연을 감안한 재설계, 출시 조건의 재정의, 비용-수익 재구조화 전략을 사전에 실행할 수 있도록 만든다.

4) 전략은 의사결정의 기준값을 가진 구조로 작동해야 한다.

전략이 감에 의해 좌우되는 이유는 기준값이 없기 때문이다. 수익 맵은 TM, BET, BEAR, RF 같은 기준값을 제공하고, 그 값이 변수에 따라 어떻게 반응하는지 수치로 보여준다. 이러한 시뮬레이션 구조가 있으면 기능 변경, 일정 조정, 예산 추가, 채널 전략 변경 등의 의사결정을 '수익 중심의 시나리오 설계'로 전환할 수 있다.

중소기업, 스타트업, 기술팀 중심 기업일수록 '기술적 타당성'보다 '경제적 실행 가능성'의 시뮬레이션을 더 자주 확인해야 한다. 수익 맵은 그 판단 기준을 감(感)이 아닌 데이터 기반 시나리오로 정렬하는 도구다.

수익 맵을 문화로 만드는 실행 방법: 수익 맵을 조직에 심는다

들어가며: 전략은 문서에 있지 않다.

수많은 조직이 전략 보고서를 만든다. 정밀한 수익 구조를 설계하고, 도표와 시뮬레이션을 첨부하며, 거대한 계획서를 출력한다. 그러나 현실에서 그 전략이 실행되지 않는 경우가 훨씬 많다. 이유는 간단하다. 전략은 보고서에 있지 않고, 조직의 일상에 존재하기 때문이다.

수익 맵도 마찬가지다. 아무리 정교하게 설계된 수익 구조라 할지라도, 구성원 모두가 그것을 이해하지 못하고, 자신의 역할과 연결 짓지 못한다면 실행은 일어나지 않는다.

보고서로만 남은 수익 맵은 차트일 뿐이다. 실행되기 위해서는 그것이 조직의 언어이자 문화로 자리 잡아야 한다.

수익 맵을 조직의 운영 원리로 내재화하기

수익 맵이 단순한 경영 도구는 아니다. 그것은 조직 운영의 프레임이자 실행 중심 언어다. 개발, 기획, 마케팅, 재무 등 기능 간 의사결정 기준을 일치시키고, 수익을 중심으로 한 협업 체계를 만들어 낸다.

수익 맵 기반 조직 운영이란 곧 전략이 보고서를 떠나 현장으로 내려와, 각 기능이 똑같은 방향으로 움직이도록 정렬되는 것을 의미한다. 이 과정에서 조직은 '누가 일을 잘하느냐?'가 아니라, '어떤 수익 경로에 기여하고 있는가?'라는 질문을 중심으로 작동하기 시작한다.

기능별 역할을 정렬하는 전략적 지표

수익 맵은 수익성을 측정하는 도구가 아니라, 각 기능의 전략적 역할을 정의하는 지표 시스템이다. 주요 지표들은 각 부서의 책임과 직결된다.

- TM (Time to Market): 개발팀, 제품기획팀
- BEAR (Break Even After Release): 마케팅팀, 유통조직
- BET (Break Even Time): 경영진, 전사 운영팀
- RF (Return Factor): 재무팀, 전략실, IR 담당

이러한 지표들은 기능 간 연계를 명확히 하고, 각 팀이 수익 구조의 어떤 지점을 책임지는지 선명하게 드러낸다. KPI도 달라진다. 마케팅은 더 이상 노출 수가 아니라 BEAR 단축이라는 수익성과 직접 연결된 목표를 갖게 된다. 개발팀은 출시 시점이 아니라 TM 단축이라는 경제적 기여도를 중심으로 평가받는다.

의사결정의 언어로 수익 맵 활용하기

수익 맵이 뿌리내리기 위해서는 단순한 분석 툴을 넘어, 조직의 의사결정 언어가 되어야 한다.

중요한 것은 숫자가 아니라 '대화'다. 다음과 같은 질문이 실제 회의에서 자연스럽게 오갈 때, 수익 맵은 조직에 정착한다.

"이 기능 추가가 BEAR을 얼마나 지연시키는가?"
"이 일정 변경이 BET을 초과하지 않는가?"
"이 마케팅 캠페인이 RF를 얼마나 높일 수 있을까?"

이러한 문장은 더 이상 전략실의 보고서에만 머무르지 않는다. 수익 맵이 실행 중심 언어로 작동하고 있다는 증거다. 전략은 추상적인 목표가 아니라, 실시간 대화의 기준이 된다.

'감(感)'이 아닌 '지표(指標)'로 협업하기

기존의 협업은 많은 경우 경험과 감각에 의존해 왔다. 그러나 감은 책임을 흐리고, 실패의 원인을 외부로 돌리게 만든다. 반면 수익 맵은 각 부서의 기여도를 숫자로 구조화하여, 협업을 정량화된 경로로 이끈다.

개발팀은 TM 단축을 목표로 하고, 마케팅은 BEAR 단축을 추구하며, 재무는 RF 극대화를 설계한다. 이 모든 부서는 BET이라는 시간 축 위에서 서로 조율된다. 협업은 더 이상 '감독과 통제'가 아니라, '지표에 기반한 설계와 실행'이 된다.

실패의 책임을 따지기보다는 누가 어떤 지점을 서포트할 수 있는지 파악하는 구조, 이것이 수익 맵이 만들어 내는 조직 문화다.

수익 맵 기반의 회의와 보고 체계

전략이 문화로 작동하기 위해서는 회의와 보고도 바뀌어야 한다. 수익 맵은 이를 위한 기준을 제공한다. 다음은 수익 맵이 조직 운영에 통합될 수 있는 보고와 회의 방식이다.

- 주간/월간 보고: BET 진행률, BEAR 변화 추이, RF 분석
- 제품 출시 회의: TM의 계획 대비 차이 분석
- 사양 결정 회의: BEAR에 대한 영향 시뮬레이션
- IR 회의: 수익 맵 기반 투자의 회수 시나리오 제시

이러한 체계는 기술 위주의 회의를 수익 경로 중심의 회의로 바꾸며, 모든 논의가 똑같은 좌표계 위에서 정렬되도록 만든다.

마무리: 전략이 문화가 되는 순간

수익 맵은 더 이상 전략기획실의 전유물이 아니다. 그것은 조직 전체가 같은 방향을 바라보고, 같은 언어로 움직이게 만드는 시스템 언어다. 기술이 아니라 수익으로 협업하고, 직관이 아니라 지표로 실행을 정렬하며, 계획이 아니라 실행의 리듬 속에서 전략을 완성하는 구조. 그것이 바로 수익 맵이 조직에 '심어졌음'을 보여주는 증거다.

수익 맵은 도구가 아니라, 조직의 DNA가 되어야 한다. 그때 비로소 '전략'은 문서를 넘어 삶이 된다.

KPI/협업 프레임으로의 수익 맵 내재화

1. 수익 맵은 전략 수립 도구가 아니라 실행 설계 플랫폼이다.

수익 맵의 진짜 가치는 계획 수립 단계에 머무르지 않고, 조직의 실행 구조 속으로 내재화될 때 드러난다. 단순히 수익을 예측하거나 시뮬레이션하는 수준을 넘어, 각 부서의 KPI와 협업 프로세스를 수익 중심으로

재설계함으로써 R&D 사업화의 반복 가능성과 확장성을 동시에 확보할 수 있다.

2. KPI는 기술 중심이 아니라 수익 중심으로 재정의되어야 한다.

R&D 중심 조직은 그간 '기술의 완성도', '일정 준수', '버그 감소' 등 내부 지향적 지표를 성과의 기준으로 삼아왔다. 그러나 수익 중심의 사업화 체계에서는 다음과 같이 수익 맵 기반 KPI로 전환이 필요하다.

부서	기존 KPI	수익맵 기반 KPI
R&D	개발 완료율, 버그 감소율	TM 단축률, 출시 적중률
마케팅	캠페인 수, 도달률	BEAR 단축 기여도, 초기 반응 속도
전략기획/IR	발표 횟수, 문서량	RF 향상률, 회수 가능성 예측 정확도

☞ 핵심 통찰: KPI는 기술의 '완료'가 아니라, 수익의 '실현 정도'를 평가해야 한다.

3. 협업 구조는 선택이 아니라 설계되어야 할 구조다.

수익 맵은 조직 내 협업을 '좋은 관계'나 '조율의 노력'이 아니라, 지표 기반의 설계 구조로 전환시킨다. 이는 부서 간 협업(協業)을 감이 아니라 실행의 루틴으로 정착시키는 핵심이다. 다음과 같은 예시가 있다.

- TM 정합을 위해 개발팀과 마케팅팀은 사전 기능 확정과 시기 조율을 합의해야 한다.

- BEAR 단축을 위해 마케팅과 고객지원 조직은 초기 3개월간 고객 반응 데이터를 실시간으로 공유하고, 이를 재투입하는 회고 루틴을 갖춰야 한다.
- RF 향상을 위해 제품기획팀과 생산팀은 사양과 원가를 동시에 검토하고, 투자자 입장의 회수 논리를 반영해야 한다.

☞핵심 통찰: 협업은 '사람 간 관계'가 아니라, 수익지표를 기준으로 설계된 실행 논리다.

4. 수익 맵 기반 협업 문화를 만드는 3가지 실행 방법

1) KPI 정렬 워크숍 개최
각 부서가 TM, BEAR, BET, RF 중 자신이 영향을 주는 지표를 직접 정의
이를 바탕으로 전사 KPI 프레임 내 역할과 책임을 수치화하여 공유

2) 공동 목표 기반 프로젝트 운영
예: "12개월 내 BEAR 도달"이라는 공통 목표 아래 전 기능 계획 통합
단기 KPI보다 강력한 실행의 단일 축을 제공함

3) 리더십 보고 체계 지표 전환
보고 기준을 "무엇을 했는가?"에서 "수익 구조에 어떤 영향을 주었는가?"로 전환
TM, BEAR, RF 기반으로 경영진이 상황을 진단하고 조율

☞핵심 통찰: 협업은 정서나 의지가 아니라, 지표 기반 구조와 루틴이다.

5. 결론

수익 맵은 기술 조직을 '개발 중심'에서 '실행 중심'으로 전환하는 핵심 도구이다. 기술이 아무리 뛰어나더라도 수익으로 연결되지 않으면 시장과 투자자는 반응하지 않는다.
수익 맵은 기술을 수익 구조와 연결 짓는 구조적 설계 도구이자, 협업의 언어이며, KPI 운영 체계의 플랫폼이다.
R&D 사업화의 반복성과 예측 가능성을 확보하기 위해서는 전략 수립 → KPI 재설계 → 협업 구조화 → 실행 루틴 내재화의 4단계 내재화 프레임을 갖춰야 한다.

수익 이후의 전략: RF와 BEAR 이후를 설계하다

왜 많은 기술은 수익 이후 무너지는가?

기술이 시장에서 최초의 수익(BEAR)을 창출한 순간, 기업은 잠시 환호한다. 그러나 진짜 시험은 그다음부터 시작된다.

많은 기업이 초기 제품에서 BET를 달성하고 BEAR에 도달했음에도 불구하고, 후속 제품이 실패하거나 전략이 부재한 탓에 수익이 유지되지 못하고 Return Factor(RF)가 급락한다.

왜 그런가?

단일 제품 중심의 수익 구조에 머물렀기 때문이다. R&D 사업화의 진짜 전략은 하나의 제품이 아니라 '제품군(Product Line)' 전체의 수익 구조를 어떻게 설계할 것인가에 달려 있다.

수익은 곡선이 아니라 계단이다.

BET, BEAR, RF는 하나의 제품의 흐름을 설명하는 강력한 프레임이지만, 기업의 수익 구조는 단일 곡선이 아니라 '계단형 구조'로 구성된다.

- 1세대 제품이 시장 진입의 기반을 닦고,
- 2세대 제품이 본격적인 수익 상승을 견인하며,

- 3세대 이후의 제품이 브랜드 안정성과 수익성 극대화를 담당한다.

이러한 계단형 수익 구조는 제품군 단위로 RF의 흐름과 분포를 분석해야만 제대로 파악할 수 있다.

> ☞ 전략 팁: 기술의 성공은 시리즈로 설계되어야 진짜 수익으로 이어진다.

제품군 수익 맵 비교의 3가지 축

제품군 전략에서 가장 중요한 것은 동시성(Concurrency), 계승성(Succession), 보완성(Complementarity)의 세 가지 축이다.

1) 동시성(Concurrency)

여러 제품의 Time-to-Market(TM) 또는 Break-Even-After-Release(BEAR) 시점이 겹칠 경우, 기업은 한정된 마케팅·영업 자원을 동시에 분산해야 하며 조직 내 리소스가 충돌할 수 있다. 이는 내부 자원의 소모뿐 아니라 시장에서의 메시지 혼선을 초래하여 브랜드 충성도 및 수익률 하락으로 이어질 수 있다.

동시성 관리는 제품별 출시 타이밍을 조율하여 마케팅 자원을 전략적으로 집중시키고, 각 제품의 수익 곡선을 극대화하는 핵심 조건이다.

2) 계승성(Succession)

제품군 내 수익의 흐름이 끊기지 않도록 하기 위해서는, 전 제품의

RF 실현 시점과 후속 제품의 시장 진입 시점이 유기적으로 연결되어야 한다.

예를 들어, A제품이 수익 정점에 도달한 시점에 B제품이 TM을 마치고 출시된다면, 기업은 마치 릴레이처럼 수익 곡선을 연장해 나갈 수 있다.

계승성은 단일 제품 단위의 성공을 넘어 '제품군 차원의 수익 지속성'을 확보하는 전략적 설계 요소로, 제품 포트폴리오 운용의 타이밍 전략 핵심이다.

3) 보완성(Complementarity)

제품군 간 기술 기반, 가격대, 타겟시장이 명확히 구분되고도 연결되어야 고객은 자연스럽게 다음 제품군으로 이동하게 된다. 예컨대, 엔트리 급 제품이 특정 기능과 가격으로 진입을 유도하고, 이후 상위 제품이 그 경험을 확장하는 식이다.

보완성은 제품 간 차별화를 통한 고객 전환(Conversion) 전략이자, 브랜드 생태계 안에서 수익 연계 구조를 강화하는 메커니즘이다.

☞전략 팁: 제품군 전체에서 BEAR와 RF가 유기적으로 연결되도록 설계하라.

Return Factor를 제품군 전략의 지표로 확장하라.

개별 제품의 RF는 기술 단위의 수익성과 효율성을 보여준다. 그러나 진짜 중요한 것은 제품군 전체의 RF 구조〈표 4-9〉이다.

〈표 4-9〉 제품군 전략의 지표 RF

제품	TM(월)	BEAR(월)	RF
A(1세대)	6	14	1.8
B(2세대)	12	10	2.5
C(확장형)	18	8	3.1

- A 제품: 기술 검증 및 시장 탐색
- B 제품: 수익 안정화 모델
- C 제품: 브랜드 확장과 RF 극대화
→ 핵심 분석 항목: 제품군 평균 RF, RF 편차, 누적 RF 기여율

☞ 전략 팁: 단일 RF가 아니라, 누적 RF와 RF 분포 구조를 경영 지표로 삼아라.

이상적 제품군 수익 맵의 모습

성공적인 제품군 수익 구조는 단순히 각 제품이 수익을 내는 것에 그치지 않고, 전체 포트폴리오가 연결성과 흐름을 갖춘 구조로 설계되어야 한다. 이상적인 수익 맵은 다음과 같은 네 가지 특징을 갖는다.

1) 순차적 연결(BEAR 기준)

각 제품의 수익 회수 시점(BEAR)이 서로 겹치지 않고 시간차를 두고 배열되면, 한 제품이 수익을 회수하는 동안 다음 제품은 출시 및 성장 단계에 진입하게 된다.

이러한 순차적 배열은 자원의 집중과 운영 효율성을 높일 뿐 아니라,

기업 전체의 현금 흐름을 안정적으로 유지시켜 준다.
예시: A 제품의 BEAR 시점 직후 B 제품이 BEAR에 진입 → 수익 공백 없이 포트폴리오 수익 연속성 확보

2) 최저 RF 확보(예: 2.0 이상)

Return Factor(RF)는 누적 이익 ÷ 누적 투자금으로 산출되며, 투자 대비 수익성을 의미한다. 이상적인 제품군은 각 제품의 RF가 일정 기준 이상으로 관리되어야 하며, RF가 2.0 이상인 경우 투자금의 2배 이상의 수익을 회수한 것으로 판단된다. 이는 제품개발이 단기적 반짝 성공이 아닌, 장기 수익성 확보를 기반으로 이루어졌음을 의미한다.

3) TM과 BET 간격 축소

TM은 제품개발 완료 시점까지 걸리는 시간이고, BET은 개발 시작부터 투자의 회수까지 걸리는 시간이다. 이 두 지표 간 간격이 줄어든다는 것은 곧 개발과 동시에 수익 회수까지의 속도가 빨라진다는 의미이다.
시간 간격을 줄이기 위해서는 초기 조사 단계의 정확도, 제품 기획의 실행력, 마케팅의 정밀도가 함께 개선되어야 한다. 개발팀, 마케팅팀, 제조팀 간의 학습 곡선이 쌓일수록 이 간극은 줄어드는 방향으로 설계된다.

4) 후속 제품과의 관계: 수익 연계 구조의 전략적 설계

신규 제품의 출시는 기존 제품의 시장을 잠식(Cannibalization)하는

방식이 아닌, 오히려 전체 수익 구조를 확장하는 방향으로 설계되어야 한다. 이를 위해서는 제품 간 가격대, 고객층, 기능 포지셔닝을 명확히 구분하고, 수요를 세분화하여 각 제품이 고유한 시장을 점유할 수 있도록 유도해야 한다.

특히 후속 제품의 시장 진입 시점은 전략적으로 조정되어야 한다. 기존 제품이 여전히 높은 RF(Return Factor)를 유지하고 있는 상황에서 후속 제품이 BEAR(Break-Even After Release)를 조기에 달성할 수 있도록 타이밍을 설계하면, 제품군 전체의 수익 흐름이 단절되지 않고 이어질 수 있다. 이는 곧 수익 공백이 없는 제품군 운영을 가능하게 하며, 기하급수적인 수익 곡선 형성을 유도한다.

이러한 수익 연계 구조는 마케팅이나 판매 단계에서만 조정할 수 있는 문제가 아니다. 제품군 단위의 수익 설계는 기술개발 초기 단계부터 반영되어야 하며, 제품별 포지션과 수익 달성 구조는 기획 단계에서부터 통합적으로 설계되어야 한다. 단일 제품의 투자 회수 시간을 넘는 수준의 전략이 필요하며, 기업의 장기적인 수익성과 제품 포트폴리오 안정성에 직결되는 요소이다.

결국 수익 맵 관점에서의 후속 제품 설계는 단순한 기능 개선이 아닌, 수익 흐름의 연속성과 제품 간 이음매를 정교하게 설계하는 전략적 작업이다. 이를 통해 기업은 지속 가능한 제품군 수익 구조를 구축할 수 있으며, 시장 내 경쟁 우위를 장기적으로 유지할 수 있다.

☞ 전략 팁: 제품군 단위의 수익 설계는 기술개발 초기 단계부터 시작되어야 한다.

마무리하며: 하나의 기술, 제품이 아니라 '하나의 수익 구조'를 설계하라

수익은 이벤트가 아니다. 그것은 구조이고, 흐름이며, 시리즈다.

R&D 사업화 전략은 개별 제품의 성공이 아닌, 제품군 전체에서의 BEAR-RF의 유기적 연결을 목표로 설계되어야 한다. 그리고 그 전략을 가능하게 하는 도구가 바로 수익 맵이며, 그 실행력을 증명하는 지표가 누적 RF(Return Factor)다.

기술이 시장에 안착했다면, 이제 이렇게 묻자.
"그다음 제품은, 언제 어떻게 등장하는가?"
"그리고 그 제품은, 기존 수익 구조를 지우는가, 아니면 확장하는가?"

재투자와 장기 성장 전략

1. 수익은 끝이 아닌 다음 전략의 시작이다.

'재투자(Re-invest)'란 단순히 수익을 다시 투입하는 행위를 넘어, 수익을 미래 기술개발과 제품화, 또는 사업 확장에 전략적으로 활용하는 개념이다. 기술 하나가 시장에서 수익을 내는 데 성공했다면, 해당 수익은 다음 기술의 BET(기술 타당성의 검증에 필요한 시간)를 줄이고, RF(수익률)를 높이는 자원으로 활용되어야 한다. 수익은 기업의 여정을 종결짓는 회계적 마침표가 아니라, 지속 가능한 성장을 위한 전략적 전환점이다.

많은 기술기업이 초기 제품으로 수익을 내고도 이후 전략이 부재한 탓에 후속 제품개발이나 시장 확대에 실패하며 하강 곡선을 그린다. 이는 단순히 시장의 문제나 기술력 부족 때문이 아니라, '수익 이후'를 설계하지 않은 전략의 공백 때문이다.

2. 수익 이후 반드시 던져야 할 질문들

수익이 발생한 후 조직은 스스로 다음과 같은 질문들을 던져야 한다.

- 이 수익은 어디에 재투자되는가?
- 다음 제품은 언제 TM(시장 진입 시점)을 설정해야 하는가?
- 후속 기술은 기존 RF를 뛰어넘을 수 있는가?
- 조직의 역량은 반복이 가능한 수익 구조로 진화하고 있는가?

이 질문들에 정량적으로 답할 수 있다면, R&D 사업화는 단발성에 그치지 않고 확장성과 재무적 내성을 갖춘 구조로 거듭날 수 있다.

☞ 핵심 전략 포인트: 수익은 재무 보고서의 종결이 아니라, 전략 설계의 출발점이다.

3. 재투자 전략의 세 가지 핵심 기준

BEAR(기술이 최초로 시장에서 수익을 내는 시점)을 넘긴 수익은 단순한 수익이 아닌, 다음 기술에 투자할 수 있는 전략적 여력이다. 이때 라인 베스트 전략은 다음 세 가지 기준에 따라 설계되어야 한다:

1) 연결성(Continuity)

기존 제품·기술과 고객, 유통망, 데이터를 공유할 수 있는 기술·서비스에 우선 투자해야 한다. 예시: 센서 장비 판매 후 해당 데이터를 분석하는 서비스로 확장.

2) 속도(Velocity)

새로운 프로젝트는 BET가 짧고 TM이 빠르며 BEAR의 단축이 가능한 것을 우선으로 해야 한다. ROI(투자 대비 수익률)를 높이는 기술 기반의 성장을 실현한다.

3) 확장성(Scalability)

기존 제품의 RF를 발판으로 더 높은 RF 구조로 발전시킬 수 있는 기술·서비스에 투자해야 한다. 예시: B2B 하드웨어 제품을 플랫폼화하여 SaaS 모델로 전환.

☞ 핵심 전략 포인트: 수익은 단순한 자본이 아니라, 다음 기술의 '시간'을 줄이는 전략적 자원이다.

4. 수익 곡선의 '겹침'으로 장기 성장 구조 설계

장기 성장을 위해서는 각 제품의 수익 곡선이 독립적으로 움직이도록 방치해서는 안 된다. 제품 A가 수익의 정점에 도달했을 때, 제품 B는 이미 시장에 진입하고 있어야 하며, 제품 C는 BEAR을 준비해야 한다. 아래는 제품 간 수익 곡선을 설계하는 예시이다.

제품	TM	BEAR	RF	전략 포지션
A	0	14	2.1	기술 검증 및 시장 진입
B	8	12	2.8	브랜드 확장 제품
C	16	10	3.4	후속 고부가 제품

이러한 '계단형 구조'를 통해 BEAR 이후 확보된 수익을 다음 제품의 BET 단축에 활용할 수 있으며, RF를 점진적으로 높이는 선순환 구조가 가능해진다.

☞ 핵심 전략 포인트: 수익 곡선은 독립적으로 분리되는 것이 아니라, 전략적으로 '겹쳐져야' 한다.

5. 수익 기반의 전략적 리스크 분산

수익은 기업의 리스크 감내 능력을 확장하는 완충 장치 역할을 한다. 특히, 다음과 같은 분야에서 리스크 분산 전략이 필요하다:

- 신규 기술 투자: 기술 리스크가 크지만 성장성이 높은 분야에 소규모 분산 투자
- 해외 시장 확장: BEAR이 길어도 RF가 높은 시장에 진입 시도
- 개발 인프라 구축: TM을 단축하기 위한 공정 자동화, 개발 플랫폼 등에 투자

수익 이후의 전략은 단순히 자본의 배분이 아니라, 다음 수익을 어떻게, 언제, 누구의 힘으로 만들어 낼지를 구조적으로 설계하는 과정이다.

☞ 결론적 통찰: RF는 단일 제품의 성과가 아니라, 기업의 전략적 진화 가능성을 평가하는 지표이며, BEAR 이후의 시간은 전략적 자산으로 활용되어야 한다.

참고문헌

서문

삼성경제연구소(SERI). (2020). 『삼성전자의 기술혁신 전략과 R&D 사업화 평가 체계』.

Chiesa, V., Coughlan, P., & Voss, C. A. (1996). Development of a technical innovation audit. Journal of Product Innovation Management, 13(2), 105 – 136.

Drucker, P. F. (1954). The Practice of Management. New York: Harper & Row.

HP Development Company. (2010). Return Map: A Financial Visualization Tool for R&D Commercialization. HP Internal White Paper.

IBM Research. (2021). IBM Annual Research Report.

OECD. (2015). Frascati Manual 2015: Guidelines for Collecting and Reporting Data on Research and Experimental Development. OECD Publishing.

제1부

1장

이해신 교수 인터뷰 및 KAIST 기술이전센터 보도자료 (2023 - 2024). KAIST News 및 Polyphenol Factory 창업 보도.

전자신문 (2024.05.19.). "이해신 KAISt 교수, 볼륨 확대 샴푸 '그래비티'에 과학기술 담아… 더 많은 아이디어 실현할 것"

Christensen, C. (1997). The Innovator's Dilemma. Harvard Business School Press.

Forbes Korea. (2024). "그래비티 샴푸, R&D사업화 성공의 모델을 쓰다".

Israel, B. (2017). Valley of Death: R&D Commercialization in Emerging Economies. Cambridge Innovation Press.

2장

김도현 외 (2019). 『기술사업화 이론과 실제』. 박영사.

장기욱 외 (2022). 『R&D 사업화 전략과 실전』. 한올출판사.

황성연 (2018). 「기술사업화의 개념과 구성요소에 관한 연구」. 『기술혁신학회지』, 21(1), 45-68.

Markman, G. D., Siegel, D. S., & Wright, M. (2008). Research and Technology Commercialization. Journal of Management Studies, 45(8), 1401 - 1423.

OECD (2013). Commercialising Public Research: New Trends and Strategies. OECD Publishing.

3장

박용삼. (2015). 「왜 좋은 기술이 실패하는가」, POSRI 보고서. 포스코경영연구원

Chesbrough, H. W. (2003). Open Innovation: The New Imperative for Creating and Profiting from Technology. Harvard Business School Press.

Levinthal, D. A. & March, J. G. (1993). "The Myopia of Learning." Strategic Management Journal, 14(S2), 95-112.

Teece, D. J. (1986). "Profiting from Technological Innovation." Research Policy, 15(6), 285-305.

Utterback, J. M. (1994). Mastering the Dynamics of Innovation. Harvard Business School Press.

4장

Blank, S., & Dorf, B. (2012). The Startup Owner's Manual: The Step-by-Step Guide for Building a Great Company. K&S Ranch.

CB Insights. (2021). The Top 12 Reasons Startups Fail. CB Insights 리서치 보고서.

Ries, E. (2011). The Lean Startup: How Today's Entrepreneurs Use Continuous Innovation to Create
Radically Successful Businesses. Crown Business.

Youn, H., Lee, J., et al. (2021). "Technological novelty and market success in startups: The mediating role of customer needs." Technovation, 103, 102252.

5장

김정운. (2008). 『인문의 바다에 빠져라』, 21세기북스
김호. (2021). 『그들은 왜 인지심리학에 열광하는가』, 흐름출판.
Norman, D. (2013). The Design of Everyday Things. New York, NY: Basic Books.
Pine, B. J., & Gilmore, J. H. (1998). Welcome to the Experience Economy. Harvard Business Review, 76(4), 97-105.

6장

Christensen, C. (1997). The Innovator's Dilemma : When New Technologies Cause Great Firms to Fail. Boston, MA: Harvard Business School Press.
Godin, S. (2003). Purple Cow : Transform Your Business by Being Remarkable. New York, NY: Portfolio.
Kim, W. C., & Mauborgne, R. (2005). Blue Ocean Strategy.
Rogers, E. M. (2003). Diffusion of Innovations.

7장

노현숙, 김찬호, 최윤정. (2013). 「기술전도사(Technology Evangelist)를

활용한 중소기업의 기술사업화 활성화 프로세스」. 한국기술혁신학회 2013년도 추계학술대회 발표논문집, 한국기술혁신학회, 13쪽.

Kawasaki, G. (2006). The Art of the Start: The Time-Tested, Battle-Hardened Guide for Anyone Starting Anything.

8장

한국경제신문. (2025.0715). "송승헌 맥킨지 한국사무소 대표- 새 정부 규제개혁 방향토론회 발표자료 --일본의 '잃어버린 30년'에 비견되는 '20년 저성장'의 근본 원인 중 하나는 기업가정신의 쇠퇴"

Fraunhofer-Gesellschaft. (2011). Research for Practical Applications: Annual Report.

Gassmann, O., Enkel, E., & Chesbrough, H. (2010). "The future of open innovation." R&D Management, 40(3), 213–221.

OECD. (2011). Knowledge Transfer and Commercialisation: Policy Review.

Steinbeis Foundation (2021). From Knowledge to Implementation: The Steinbeis Model. Steinbeis Report.

9장

김용학. (2008). 『조직의 발견』. 박영사.
박동섭 외. (2015). 『한국인의 일과 삶: 문화심리학적 접근』. 학지사.
이민진. (2017). 『파친코』. 문학사상.
Hofstede, G. (2001). Culture's Consequences: Comparing Val-

ues, Behaviors, Institutions and Organizations across Nations. Sage Publications.

OECD. (2012). Innovating out of Crisis: OECD Review of Innovation Policy Korea 2012.

제2부

1장

김은정 외. (2022). 『R&D 투자 의사결정 지원을 위한 인공지능 기반 지능형 분석모델 개발 시범 연구』. 한국과학기술기획평가원(KISTEP).

Chenhall, R. H. (2007). Multiple perspectives of performance measures. European Management Journal, 25(4), 266-282.

Geisler, E. (2007). The unintended consequences of metrics in technology evaluation. Journal of Informetrics, 1(3), 229-234.

Lazzarotti, V., Manzini, R., & Mari, L. (2009). Performance measurement of research and development activities: A model and a case study. European Journal of Innovation Management, 12(4), 564-582.

Lazzarotti, V., Manzini, R., & Mari, L. (2011). A model for R&D performance measurement. *International Journal of Production Economics*, 134(1), 212‑223.

Rhodes, R. E., Garrett, C. J., & Levac, D. J. H. (2011). Using Technical Performance Measures. 47th AIAA/ASME/SAE/ASEE Joint Propulsion Conference & Exhibit, San Diego, CA.

2장

김찬호. (2013). "가상 제품 개발 시스템, VPD", 『KISTI MARKET REPORT』 Vol.3 Issue 7, pp.3-6.

김찬호, 김은선, 최윤정 외. (2017). 『한국형 기술사업화 모델에 관한 연구』. 한국과학기술정보연구원 (KISTI).

송준영. (2025). "AI를 이용한 R&D Shift". 대한기계학회 가상제품개발연구회 2025년 춘계 심포지엄 발표 자료.

윤용상. (2025). "디지털 해석 기술을 활용한 항공엔진 개발과 항공엔진의 미래". 대한기계학회 가상제품개발연구회 2025년 춘계 심포지엄 발표자료.

이승철. (2025). "제품 가상화 설계를 위한 물리지식기반 인공지능의 역할". 대한기계학회 가상제품개발연구회 2025년 춘계 심포지엄 발표자료.

최동훈. (2025). "VPD 대중화로 가는 길(AI-Aided Design Optimization)". 대한기계학회 가상제품개발연구회 2025년 춘계 심포지엄 발표 자료.

M. Niknam, M. Gohari, & M. N. Ahmadabadi. (2022). Physics-informed machine learning: Concepts, methods, and applications. IEEE Access, 10, 42670-42691.

3장 AI와 R&D 사업화의 미래: 융합의 시대를 향하여

김종훈. (2025). "AI와 미래 산업기술 4: AI 시대, 세상을 바꾸는 산업기술 전문가의 미래." 동아닷컴, 18 June 2025,

김태형. (2025). "AI 국가 전략, '연결의 지혜'로 사람을 향해야 미래가 열린다." 전자신문. 2025.05.25.

성태웅. (2021). "인공지능과 기술가치평가" 한국통신학회지 (정보와통신) 제38권 제5호. pp55 – 61.

이현경. (2025). "AX 시대, AI 융합인재 양성 현황의 진단과 제언." KISTEP RESEARCH BRIEF 182 한국과학기술기획평가원(KISTEP).

장세훈. (2024). 『AI 레볼루션』, 클레버니스.

홍진배. (2024). "디지털·AI 미래, 사업화向 R&D 혁신으로," 전자신문, 2024.12.3.

4장

김동영. (2024). "디지털전환 시대, R&D에서 R&I로 전환이 필요하다." 전문가 기고. 전자신문(2024.02.29.).

김호인. (2018). 「R&D 디지털화, 4차 산업혁명 시대의 R&D 혁신」, POSRI 이슈리포트. 포스코경영연구원.

송영근, 박안선, 심진보. (2022). 「디지털 전환 개념과 디지털 전환 R&D의 범위」. ETRI Insight. 기술정책 트랜드 2022-02.

최병삼. (2018). "R&D의 디지털 전환, 어떻게 할 것인가?". 기술과혁신 웹진. 12월호. SPECIAL ISSUE 01.

한국경제신문. (2022.09.20). "AI·디지털트윈으로 연구개발한다 R&D 디지털화 가속도(종합)"

5장 AI 시대 R&D 사업화를 위해 넘어야 하는 '기술의 관문'과 '시장의 관문'

김도균. (2025). "기술을 수익과 혁신으로 잇는 의료기기 기술사업화 전략". 의료기기뉴스라인. 2025.07.11.
김찬호 (2013), 「기술사업화 성공과 실패 사례연구」, 한국과학기술정보연구원(KISTI).
손수정, 이윤준, 정승일, 임채윤. (2009).『기술사업화 촉진을 위한 기술시장 활성화 방안.』. 정책연구
    2009-08. 과학기술정책연구원(STEPI).
이동욱. (2015).『정부 R&D 투자와 기업 혁신활동 간의 상관관계 분석 연구』. 한국과학기술기획평가원(KISTEP).
정의영 외. (2013). 제조기업의 R&D 자원과 혁신 성과의 구조적 관계: 내부 R&D 역량, 외부 R&D 협력, 정부 지원을 중심으로, POSRI 경영경제연구, 13(1), 100-124.

제3부

1장

Blanes and Busom (2004), Who participates in R&D subsidy programs? The case of Spanish manufacturing firms, Research Policy, 33, 1459-1476.

Liebig, J. (1843). Die organische Chemie in ihrer Anwendung auf Agricultur und Physiologie.

OECD (2013). Commercialising Public Research: New Trends and Strategies.

2장 기술은 있는데 왜 수익은 없을까?: R&D 역량과 혁신역량의 차이

OECD (2005). Oslo Manual: Guidelines for Collecting and Interpreting Innovation Data (3rd Edition). OECD Publishing.

Tidd, J., Bessant, J. (2018). Managing Innovation: Integrating Technological, Market and Organizational Change. Wiley.

3장 기술은 넘었지만 시장은 못 넘는다: 무너진 혁신역량의 징후와 구조

Chesbrough, H. (2003). Open Innovation: The New Imperative for Creating and Profiting from Technology. Harvard Business School Press.

4장 혁신은 진단에서 시작된다: 약점을 전략으로 바꾸는 사업화 프레임

Teece, D. J. (2007). Explicating dynamic capabilities: The nature and microfoundations of (sustainable) enterprise performance, Strategic Management Journal, 28(13), 1319–1350.

Tidd, J., Bessant, J. (2020). Managing Innovation: Integrating Technological, Market and Organizational Change (6th ed.). Wiley.

5장 수치는 거짓말하지 않는다: R&D 혁신역량을 수치로 읽는 법

스티브 마크햄, 폴 머기 (지은이), 최종인 (옮긴이). (2016). 기술사업화: 죽음의 계곡을 건너다. 한경사.

Chesbrough, H. W. (2003). Open Innovation: The New Imperative for Creating and Profiting from Technology. Harvard Business School Press.

4부

1장

정유진 (2022). 국가연구개발사업 성과분석보고서. 한국과학기술기획평가원 (KISTEP)

Blank, S., & Dorf, B. (2020). The Startup Owner's Manual: The Step-by-Step Guide for Building a Great Company. Wiley.

Cambridge Institute for Manufacturing (IfM). (n.d.). Hewlett-Packard Return Map.

OECD. (2005). Oslo Manual: Guidelines for Collecting and Interpreting Innovation Data (3rd ed.). OECD Publishing.

2장

신기윤 외 (2024). 중소기업 기술혁신 지원제도 개선을 위한 성과분석 고도화 방안 탐색 연구. 과학기술정책연구원 (STEPI)
안승구 (2018). 규제정책이 중소기업의 기술혁신 및 성과에 미치는 영향. 한국과학기술기획평가원
윤선종 외 (2021). 4차 산업혁명기업의 기술혁신역량이 경영성과에 미치는 영향. 중소기업연구
Tidd, J., & Bessant, J. (2018). Managing Innovation: Integrating Technological, Market and Organizational Change. Wiley.

3장

FasterCapital (2023) Break Even Analysis Report: Case Study: Analyzing Break Even in a Startup Environment
Nataliya Chukhray 외 (2022) Holistic approach to R&D products' evaluation for commercialization. J. Open Innov. Technol. Mark. Complex
Newman Alexander 외 (2016). The influence of market orientation on innovation strategies. Journal of Service Theory and Practice

4장

Roger Calantone 외 (2014) Breakeven Time on New Product Launches: An Investigation of the Drivers and Impact on Firm Performance Journal of Product Innovation Management

Sangeeta Porwal (2021) Relevance of break-even points for start-ups in decision making. International Journal of Applied Research

5장

Chiara F. Del Bo (2016) The rate of return to investment in R&D: The case of research infrastructures. Technological Forecasting and Social Change

Frontier Economics (2022). Rate of Return to Investment in R&D.

OECD (2005). Oslo Manual: Guidelines for Collecting and Interpreting Innovation Data (3rd Edition). OECD Publishing.

6장

House, C. H., & Price, R. L. (1991). The Return Map: Tracking Product Teams. Harvard Business Review.

Wahyudi Sutopo 외 (2019) Accelerating a Technology Commercialization; with a Discussion on the Relation between

Technology Transfer Efficiency and Open Innovation. Journal of Open Innovation: Technology, Market, and Complexity

7장

OECD. (2018). Oslo Manual: GUIDELINES FOR COLLECTING, REPORTING AND USING DATA ON INNOVATION (4th ed.). OECD Publishing.

Peteraf, M. A. 외 (2003). Scanning Dynamic Competitive Landscapes: A Market-Based and Resource-Based Framework. Strategic Management Journal

Schein, E. H. (2010). Organizational Culture and Leadership (4th ed.). Jossey-Bass.

8장

한국산업기술진흥원(KIAT). (2021). 기술사업화 실무 가이드북

Bronwyn H. Hall 외 (2009) The Financing of R&D and Innovation. Handbook of Economics of Innovation

Chesbrough, H. (2003). Open Innovation: The New Imperative for Creating and Profiting from Technology. Harvard Business School Press.

Damodaran, A. (2012). Investment Valuation: Tools and Techniques for Determining the Value of Any Asset. Wiley.

[에필로그]

기술은 지도가 필요하다!
AI와 R&D 사업화의 미래

　기술이 스스로를 설계하고, 시장이 이전보다 훨씬 빠르게 재편되는 시대. 이 변화의 한복판에 'AI(인공지능)'가 있다. AI는 이제 단순한 도구를 넘어, 기술의 방향을 제안하고, 실패 가능성을 예측하며, 기술의 운명을 함께 설계하는 새로운 '동료'로 자리 잡았다.

　AI는 기술개발의 모든 과정에 깊이 스며들고 있다. 기술 로드맵을 자동으로 작성하고, 수천 건의 특허와 논문을 분석하며, 실시간 시장의 니즈를 추적하고, 시제품 없이도 가상 시나리오 속에서 제품을 검증한다. 개발 초기 단계에서부터 수익 가능성을 예측하는 것도 가능해졌다.

　그러나 이 모든 진보 앞에서도, 우리는 가장 근본적인 질문을 잊어서는 안 된다.

　"그 기술은 결국 수익을 만들어 내는가?"
　"그 혁신은 지속 가능한 비즈니스로 이어졌는가?"

　더 이상 기술은 '좋은 기술'이라는 찬사만으로는 살아남지 못한다. 기술은 수익의 언어로 번역되어야 하며, 시장과 고객, 투자자에게 설명이 가능한 구조로 재설계되어야 한다.

R&D 수익 맵은 무엇인가?

이 책에서 제안하는 '수익 맵(Return Map)'은 단순한 기술 로드맵이 아니다. 이는 기술과 수익성을 연결 짓는 전략의 지도이며, R&D라는 탐험이 끝난 뒤에도, 수익이라는 목적지에 도달할 수 있도록 안내하는 항로다. 앞으로의 R&D 사업화는 다음과 같은 흐름으로 진화할 것이다.

- AI 기반 기술 가치 예측
- 시장 적합성 모델링
- RF(Return Factor) 실시간 분석
- 유연한 사업화 전략 리디자인

이 모든 과정은 단 하나의 질문으로 수렴된다.
"이 기술은 지속 가능한 수익을 창출할 수 있는가?"

바보야, 문제는 R&D가 아니라 사업화야!

아무리 혁신적인 기술이 개발되었다고 해도, 그 기술을 시장과 연결하고, 수익으로 증명하는 일은 결국 사람의 전략과 실행에 달려 있다.

기술은 시작일 뿐이다. 기술의 완성은 실험실이 아니라 시장에서 이루어진다. 그 시장에서 기술은 숫자로 말하고, 수익으로 증명된다.

이제 우리는 기술이 아닌 '리턴(수익)'을 설계해야 하는 시대에 살고 있다. 기술의 관점이 아니라, 사업화의 관점에서 기술을 바라보고, AI

와 인간의 전략이 조화를 이룰 때, R&D는 비로소 '성공'이라는 이름을 얻을 수 있다.

미래를 설계하는 기술인에게 『바보야, 문제는 사업화야!』 이 책은 특별하다.

기술을 사랑하고, 더 나은 미래를 만들고자 하는 이들에게 새로운 나침반이 되기를 바라는 마음으로 쓴 책이기 때문이다.

이제 당신의 기술이 어디로 향하는지, 그 끝에 무엇이 기다리고 있는지를 묻는 여정의 출발점에 서 보라. AI와 함께 기술을 설계하고, 인간의 전략으로 시장을 연결하며, 수익으로 증명하라.

그것이 곧 미래의 R&D다.

저자 소개

김재수 김찬호 김명환 허성직

김재수

- 홍익대학교 초빙교수,
  전) 한국과학기술정보연구원(KISTI) 원장

홍익대학교에서 전자전산공학 박사학위(소프트웨어공학 전공)를 취득하였다. 한국과학기술정보연구원(KISTI)에서 다년간 데이터 및 인공지능 분야의 연구개발을 주도해 왔다. 정보 검색엔진 개발, 디지털 식별 체계 개발, 국가과학기술지식정보서비스(NTIS) 총괄 운영, 과학기술 AI 데이터 구축 등 국가 데이터 기반 연구와 인프라 조성에 핵심 역할을 맡아왔다.

KISTI 재직 중 NTIS 사업단장, 국가과학기술데이터 본부장, 과학기술연합대학원대학교(UST) 과학기술경영정책 전공 교수, 제9대 KISTI 원장(2021~2024)을 역임하며, 연구뿐 아니라 국가 연구개발 데이터 정책과 전략 수립을 이끌었다.

현재 홍익대학교 소프트웨어 융합학과 초빙교수로서 후학 양성에 힘쓰고 있으며, 한국과학기술단체총연합회

(KOFST) 부회장, 그리고 학회장을 맡은 바 있는 한국기술혁신학회의 이사장으로서 학술 및 정책 활동을 활발히 이어가고 있다.

그의 주요 관심 분야는 다음과 같습니다.

- 데이터 및 인공지능 기반 기술 융합
- 소프트웨어 융합 및 소리 지능(Auditory Intelligence)
- AI/데이터 기반 문제해결형 비즈니스(미래 농업, AI 국방, 산불 등 재난 안전 분야)

김재수 교수는 풍부한 연구 경력과 정책 리더십을 바탕으로, 인공지능과 데이터 기반의 기업 지원뿐만 아니라 국가 사회의 복잡한 현안 해결에 이바지하는 것을 사명으로 삼고 활동한다.

김찬호

- 한국과학기술정보연구원(KISTI) 기술사업화 연구센터 전문위원, 기술거래사, 기술가치평가사

고려대학교에서 커뮤니케이션 석사학위를, 핀란드 헬싱키 국제경제경영대학원(Helia, Helsinki School of Economics)에서 전자상거래 Executive MBA를 이수한 후, 「기술사업화 성공과 실패 사례연구」로 경제학 박사학위를 취득하였다.

현재 한국과학기술정보연구원(KISTI) 기술사업화연구센터 글로벌 R&BD 분석연구팀의 전문위원으로 재직 중이며, 한일·한미 기술 협력사업, APEC 테크노마트 등 다양한 국제 기술거래 프로젝트를 수행해 왔다. 「기술이전촉진법」 제정을 위한 정책연구에도 참여하며, 기술의 제도적 기반 마련에도 이바지하였다.

대전특허기술사업화협의회 회장을 역임하였으며, 산(産)·학(學)·연(硏)·관(官) 협력 기반의 지역 기술사업화 모델을 구축하고, 지역 경제 활성화에 힘썼다. 그의 주요 관심 분야는 다음과 같다.

- 한국형 기술사업화 모델 연구 및 생태계 구축
- 기업 맞춤형 R&D 사업화 전략 개발
- 중소기업의 R&D 혁신역량 진단 및 고도화
- 디지털 기술 기반의 기술 가치 검증 체계
- AI 기반 R&D 사업화 생태계 설계 및 플랫폼 개발

기술의 경제적 실현과 정책적 구현을 아우르는 이론과 실무 경험을 바탕으로, R&D와 비즈니스 간의 실질적 연결을 위한 다양한 분석과 연구 활동을 수행하고 있다.
기술거래사와 기술가치평가사 자격을 보유하고, 기술사업화 실무와 전략 수립, 가치 평가 및 이전 촉진 등 다양한 현장에서 전문성을 발휘한다.

김명환

- 의 생명 박사(Ph.D), (사)코스타트업 이사, 스타트업 C레벨(AI, 컨설팅) R&D·ESG 전문 컨설턴트, 창업 보육 매니저

고려대학교에서 생화학을 전공하여 박사학위를 취득했다. 헬스케어, AI, ESG 등 융합 영역에서 스타트업을 창업한 경험을 바탕으로 기술사업화 전(全) 주기에 걸친 실질적 경험을 축적해 왔다.

현재 AI 스타트업의 C레벨로 재직 중이며, 동시에 R&D와 ESG 분야의 전략 컨설턴트로서 다양한 기업과 기관의 사업화 역량 제고를 지원하고 있다. 특히 연구개발(R&D) 성과를 수익과 투자로 연결하는 구조에 주목하여, 혁신 기업의 성과를 시각화하고 투자 지표화하는 〈R&BD 대시보드 플랫폼〉을 기획·개발 중이다. 이 플랫폼을 통해 기업 맞춤형 펀드레이징, 내부 소통 강화, 투자 전략 수립을 통합한 성과 기반 경영의 실질적 도구를 제공하고자 한다.

주요 관심 분야는 다음과 같다.
- 한국형 R&D사업화 모델 연구 및 생태계 구축

• ESG/AI 중심 융합 사업화 및 창업 생태계 구축
• 스타트업 투자 및 인재 양성

최근 (사)코스타트업협회 부협회장에 내정되어 스타트업과 투자사의 연결고리가 되기 위해 노력하고 있을뿐아니라 고속 성장이 가능한 혁신 아이템을 발굴하고, 이를 구조화된 사업 플랫폼으로 연결하는 데 집중하고 있다. 또한 『지속가능경영을 위한 ESG 및 재무공시 컨설팅 가이드』(2025.08)의 공저자로 글로벌시장에서의 확장 및 지속가능성을 고려한 스케일업 전략 또한 함께 추진하고 있다.

나아가 정부 패키지 및 R&D 지원사업, 제조혁신 및 수출바우처, 고려대교원 및 개인 창업 등 현장 실무를 아우르는 경험을 바탕으로, "기술은 있으나 수익은 없는" 한국형 R&D 구조의 한계를 넘어서는 실질적 사업화 전략을 설계하고 실현해나가고자 한다.

허성직

- ㈜리베라젠컨설팅그룹 대표이사,
  (사)코스타트업 이사, ㈜공명파트너즈 이사,
  경영지도사, 재경관리사

서울시립대학교에서 행정학과 경제학을 복수전공으로 학사학위를 취득했다. 기업 재무관리와 정부 지원 기반 자금조달 전략 분야에서 탄탄한 실무 경험을 쌓아온 경영 컨설팅 전문가이다.

현재 ㈜리베라젠컨설팅그룹의 대표이사로서 경영을 총괄하고 있으며, (사)코스타트업 이사, ㈜공명파트너즈의 이사로 활동하며 스타트업 및 중소기업 관련 다양한 컨설팅 및 투자 경험을 축적하고 있다.

예비창업패키지, 초기창업패키지, 창업 도약 패키지, 청년창업사관학교 등 주요 창업 지원사업과 다수의 정부 R&D 과제를 성공적으로 수행하였다.

제조혁신 바우처 공식 수행기관(2024~2025)으로 지정되어 중소기업 대상 사업화 전략 수립 및 마케팅 컨설팅을 활발히 진행 중이다. 또한 나라장터 조달 입찰 컨설팅을 통해 누적 1억 원 이상의 낙찰 실적을 달성한 실무 중심의 성과도 보유하고 있다.

R&D 사업화 측면에서는 R&D 과제의 성과관리 지표

(KPI) 설계, 수익모델 검증, 투자 대응 전략 수립 등의 실행형 컨설팅을 다수 수행하였고, 개인 투자조합의 업무집행조합원(GP) 과정을 수료한 후 40개 회사 이상의 투자심사와 9개 회사 이상의 엔젤 투자에 참여하며 바이오·디지털 헬스케어 분야에서 실전 투자 경험도 축적하고 있다.

재무관리 특화 국가자격인 경영지도사(재무관리)와 재경관리사 자격을 보유하고 있으며, 고려대학교에서 예비·초기 창업자를 위한 8주간의 사업화 실무교육을 2회 운영하는 등 창업자 양성에도 기여하고 있다.

최근에는 '수익 맵(Return Map)' 기반의 중소·중견기업 맞춤형 전략 모델 개발과 함께, 바이오 투자조합의 엑시트 전략 설계 등 교차 분야 융합 연구도 적극 추진 중이다. 이론과 실무를 연결하는 전략가로서, 기업의 재무·기술·조직이익 간 균형 있는 사업화 전환을 지원하는 전문 자문 활동을 이어가고 있다.